Der Bodhisattva beschenkt Gopa

DIE LEGENDE VOM LEBEN DES

BUDDHA

In Auszügen aus den heiligen Texten

Aus dem Sanskrit, Pali und Chinesischen
übersetzt und eingeführt
von

ERNST WALDSCHMIDT

dharma edition

Vermehrter und verbesserter Nachdruck der 1929 im Volksverband der Bücherfreunde, Wegweiser-Verlag GmbH, Berlin, erschienenen Ausgabe. Zuerst durch Verlag für Sammler, Graz, 1981.

Umschlagbild: von einem Buchdeckel der tibetischen Kanjur aus der Staatsbibliothek Preußischer Kulturbesitz, Berlin.

Lizenzausgabe 1991

Herausgeber: Tibetisches Zentrum e. V., Hamburg

Lithos für Umschlag u. Farbtafeln: Scan Team, Hamburg
Druck: Clausen & Bosse, Leck

ISBN 3 927862 10 X

dharma edition · Hermann-Balk.Str. 106 · 2000 Hamburg 73
Tel. 040/6449828 Fax 040/6443515

INHALTSVERZEICHNIS

EINFÜHRUNG

1. Zur Buddhalegende

Siddhartha oder Sarvarthasiddha Gautama, der geschichtliche Buddha, wirkte um das Jahr 500 v. Chr. als Religionsstifter im nördlichen Vorderindien. Sein Geburtsort war Kapilavastu, eine Stadt an den Südabhängen des Himalaja, deren Gebiet heute zum Königreich Nepal gehört. In der Gegend von Benares hielt der „Erhabene", der große Meister der Buddhisten, seine erste Predigt.

„Buddha" bedeutet der „Erwachte", der „Erleuchtete". Diese Bezeichnung ist kein eigentlicher Name, sondern ein Titel, wie „Pfadvollender", „Sieger" u. a., die dem Religionsstifter früh beigelegt wurden. Jeder von uns kennt ihn, während der Familienname des Buddha weit weniger bekannt ist. So sehr ist im Buddhismus die irdische Persönlichkeit Gautamas mit der Zeit zurückgetreten. Aus einer in den ältesten Texten noch durchaus als Mensch greifbaren Gestalt ist im Laufe der Entwicklung der buddhistischen Kirche eine legendäre Persönlichkeit geworden.

Das Leben dieses legendären Buddha umfaßt eine lange Zeitperiode. Es beginnt nicht erst mit seiner irdischen Geburt. Denn der Buddha gehört schon von jeher dem unaufhörlichen „Kreislauf des Daseins" an und unterliegt, wie jedes andere Wesen, der ewigen Vergeltung aller Taten, die in einer späteren Wiedergeburt eintritt.

Dieser allgemeine Kreislauf des Daseins beschränkt sich nicht auf unsere Welt- und Zeitperiode. Im unendlichen Weltenraume wechseln seit ewigen Zeiten unaufhörlich die Perioden der Weltentstehung und der Weltvernichtung. Ganz analog dieser ewigen Wiederholung ist auch Gautama nicht der erste oder einzige Buddha, sondern schon seit undenklichen Zeiten sind wieder und wieder Buddhas in der Welt erschienen. Jeder Zeitabschnitt hat seinen eigenen Buddha.

Auch zu Zeiten dieser früheren Buddhas lebte der spätere Gautama, in einer Vorgeburt. Ja, er ist mit all diesen Buddhas zusammengetroffen und hat dann, von der Majestät der Erscheinung eines solchen Buddha begeistert, irgendein Geschenk dargebracht und dabei den brennenden Wunsch ausgesprochen, auch dermaleinst „ein Pfadvollender, ein Heiliger, ein vollkommen Erleuchteter zu werden, des Wissens und des Wandels teilhaftig, wohlgegangen, die Welt erkennend, ein allerhöchster Lenker der Männer, ein Meister der Götter und der Menschen zu sein". Und alle die früheren Buddhas haben ihm darauf die Prophezeiung seiner dereinstigen Erlöserlaufbahn erteilt.

Der Buddha hat, bevor er zu seiner hohen Würde gelangt, einen langen Weg der Läuterung zu durchwandeln. Er führt so lange noch nicht den Titel „Buddha", da er noch nicht der Erleuchtung teilhaftig geworden ist, sondern heißt „Bodhisattva", künftiger oder werdender Buddha, welche Bezeichnung er bis zu seiner endlichen Erleuchtung beibehält. Von Stufe zu Stufe muß der Bodhisattva auf seinem Wege fortschreiten und in den vielen vorausgehenden Geburten die „Vollkommenheiten" der Freigebigkeit, Selbstzucht, Geduld, Energie usw. beweisen. Bis zu den grausamsten, für uns fast grauenvollen Formen der Selbstaufopferung geht diese Tugendbetätigung: Hingabe der Hände, Füße, Ausreißen der Augen, Opferung von Weib, Kind und allem Besitz sind nicht ungewöhnlich.

So prädestinieren sowohl die eigenen aufopfernden Taten der früheren Geburten als auch die Weihe durch die Erleuchteten der Vorzeit Gautama zur Erreichung der höchsten Erkenntnis.

In seiner vorletzten Geburt war der Bodhisattva ein Prinz namens Vischvantara. Wegen übergroßer Freigebigkeit wurde er auf Verlangen des Volkes in die Einöde verstoßen und lebte hier mit Frau und Kind als frommer Büßer. Doch auch weiterhin war er unbegrenzt mildtätig und verschenkte an Bittsteller alle seine Habe, schließlich sogar Weib und Kinder. Für solch große Tugendbetätigung hat er dann einen hervorragenden Platz auf der Stufenleiter des Daseins erklommen und ist im Tuschitahimmel wiedergeboren worden. Dort thront er vor seinem Herabstieg auf die Erde als Herr einer Schar von Göttern und kostet himmlische Freuden.

Doch wie haben wir uns die Welt und den Himmel der Buddhisten vorzustellen?

Wie schon erwähnt, glaubt der Buddhist, die Zahl der Welten sei unendlich: „So weit wie Sonne und Mond umherwandeln und die Weltgegenden in Glanz erstrahlen lassen, so weit erstreckt sich tausendfach die Welt." Damit ist in dichterischer Sprache die Vorstellung ausgedrückt, daß unser Weltgebäude, soweit wir denken und forschen können, sich immer wieder nach gleichem Schema wiederholt. Jede dieser Welten hat ihre eigene Sonne, ihren eigenen Mond, ihren eigenen Himmel und ihre Höllen. Schrecklich malt man sich die sogenannten Zwischenwelträume aus. Sie entstehen dort, wo je drei Weltsysteme aneinanderstoßen; denn die Grenzen der Welten sind bogig, und darum legen sich die einzelnen Welten nicht unmittelbar aneinander, sondern lassen Zwischenräume frei. In diesen scheint weder Sonne noch Mond, und tiefste Finsternis herrscht; doch auch hier müssen bejammernswerte Wesen ihr Leben fristen.

Die einzelnen Weltsysteme setzen sich, wie das unsrige, aus mehreren Hauptteilen zusammen: aus einer Ober-, Mittel- und Unterwelt. Die mittlere Welt ist die Erde, der Aufenthaltsort der Menschen. Ihren Mittelpunkt bildet der Weltberg Meru, der vom Ozean umspült gedacht wird und um den sich vier Erdteile, je einer im Osten, Süden, Westen und Norden, lagern. Dschambudvipa im Süden, „die Insel des Rosenapfelbaumes", ist der bevorzugte Kontinent, wo die Buddhas zu erscheinen pflegen.

Die Unterwelt, unterhalb der Erde, ist das Reich der Dämonen. Dort befinden sich auch die Höllen, die Straforte für Übeltäter, wo diese jede nur erdenkliche Qual zu erdulden haben. Je tiefer nach dem Innern der Erde zu die Höllen liegen, desto grausamer werden die Peinigungen.

Die Ober- oder Himmelswelt dagegen ist über der Erde in einer Reihe von Etagen aufgebaut und wird von verschiedenen Klassen mehr oder weniger vollkommener Götter bewohnt. Diese Götter leben in himmlischen Palästen, die sich, gedankenschnell, durch den bloßen Wunsch, nach hier oder dort bewegen können. Mit allem Erwünschten versehen, weilen die Himmlischen darin in Lust, Wonne und Seligkeit. Doch auch dieses glückliche Dasein ist keins auf ewige Zeiten. Alle Zustände und Verhältnisse des Daseins sind endlich lebe man nun auf Erden, im Himmel oder in einer der Höllen.

Die guten oder bösen Taten bewirken, daß man in immer neue Existenzen gerät und, je nachdem, hier oder da geboren wird. Hat man die selbstverdiente Belohnung oder Strafe auf irgendeiner Stufe ausgekostet, so kann man aus dem Himmel wieder auf die Erde herabsteigen müssen, in die tiefste Hölle gelangen, aber auch ebensogut den umgekehrten Weg gehen.

Die buddhistische Weltvorstellung kennt eine ganze Anzahl von Götterklassen. Die niedrigste ist die der vier Himmelskönige. Auf diese folgen die Götter der Klasse der „Dreiunddreißig" mit ihrem Gebieter Schakra. Als übernächste höhere Stufe erscheinen die Tuschitagötter, deren Fürst der Bodhisattva vor seiner Herabkunft auf die Erde war.

Diese kosmologischen Vorstellungen überschneidet eine Einteilung aller Lebewesen nach drei Sphären von Daseinszuständen. Die erste Sphäre heißt „die Welt der Sinnlichkeit", die zweite ist die „Welt der Gestalten", die dritte „die Welt der Gestaltlosigkeit". Zur Sphäre der „Sinnlichkeit" gehört die große Anzahl aller Wesen, von den tiefsten Höllen bis einschließlich der ersten sechs Götterklassen.

Dann erst beginnt die Sphäre der „Gestalten". Hier besitzen die Wesen, wie der Name sagt, noch einen Körper, empfinden aber keine sinnliche Lust mehr. Gott Brahma mit seinen Scharen gehört in diesen Bereich. Darüber noch liegt die Sphäre der „Gestaltlosigkeit", wo den Wesen auch jede Körperlichkeit fehlt.

Jenseits aller irdischen und himmlischen Reiche befindet sich das Nirwana, das hohe Ziel des Buddhismus, zu dessen Beschreibung keine Worte gefunden werden können und dessen Erlangung das Aufhören der Wiedergeburten, die einzige und endgültige Erlösung aus dem unendlichen Kreislauf des Daseins mit seinem Leid und seiner Unruhe bedeutet.

Den Weg in dieses Reich des Friedens zu finden und den Menschen Kunde von diesem Wege zu geben, war die irdische Mission des Buddha.

2. *Über die Quellen*

Originale Literaturwerke, die das Leben des Buddha schildern, gibt es in stattlicher Anzahl und in einer ganzen Reihe von Sprachen. Für unsere Auswahl von Legenden waren die Miniaturen der tibetischen Tempelbilder, die hier zum ersten Male publiziert werden, bestimmend. Diese tibetischen Darstellungen schildern die Buddhalegende nach der Tradition einer bestimmten buddhistischen Schule, der der *Mūlasarvāstivādin*, deren Texte uns tibetisch und chinesisch erhalten sind. Wahrscheinlich sind unsere Künstler auch bereits mit der im Jahre 1734 aus kanonischen Texten kompilierten tibetischen Buddhalegende bekannt gewesen, die Schiefner 1849 im Auszuge mitgeteilt hat. Ich übersetzte nach der chinesischen Version der Mūlasarvāstivādin-Legende (Text I). Dieser Text bildet das Gerippe unserer Darstellung. Da er aber literarisch nicht immer sehr hoch steht, habe ich vielfach die entsprechenden Schilderungen aus lebendigeren Darstellungen übernommen, vor allem aus dem Sanskritwerk *Lalitavistara* (Text II). Der Abschnitt über die letzten Wochen und den Tod des Buddha ist aus dem Pali, der heiligen Kirchensprache Ceylons, Birmas und Siams, übersetzt. Es sind Auszüge aus dem *Mahāparinibbānasutta* des *Dīghanikāya* (Text III).

Diesen unseren Hauptquellen liegt ein gemeinsamer Kern von Geschehnissen zugrunde, der die wesentlichen Ereignisse der Buddhalegende umfaßt. Literarisch jedoch sind die einzelnen Werke bedeutend verschieden. Sogar in sich sind sie keineswegs aus einem Guß, sondern in ihren Teilen zu verschiedenen Zeiten entstanden und später zusammengeschweißt. Das gilt sogar für das altertümliche *Mahāparinibbānasutta,* das zu den ältesten buddhistischen Texten gehört. Da sehen wir auf der einen Seite den Buddha ganz menschlich erkranken oder väterlich besorgt mit seinen Schülern verkehren; andere Stellen unmittelbar daneben zeigen ihn Wunder aller Art bewirken oder fähig, sein Leben nach Wunsch zu verlängern. Noch stärker sind die Gegensätze im *Lalitavistara*. Dieser Text enthält viele sehr alte Stücke, die den geistigen Gehalt des ursprünglichen Buddhismus treu überliefern und von uns vorzüglich herangezogen worden sind. Das Werk ist aber später im Sinne der Mahayana-Lehre überarbeitet worden, so daß der äußere Rahmen den Buddha in eine Sphäre des Überirdischen versetzt, wie schon der Titel „die Entfaltung des (göttlichen) Spiels" andeutet.

Zu diesen Abweichungen in Auffassung und Darstellung der traditionellen Ereignisse des Buddhalebens kommen sachliche Verschiedenheiten in der Überlieferung der Einzelheiten dieser Ereignisse selbst. So kennt die *Pālitradition* mehrere nebeneinander vorkommende Namen für Buddhas Hauptgemahlin. Im *Lalitavistara* heißt Buddhas Weib im allgemeinen Gopa, doch erscheint sowohl in den poetischen wie auch Prosateilen dieses Textes der ganz abweichende Name Yaschovati, der eine Variante des in mehreren Texten geläufigen Namens Yaschodhara ist. Bei den *Mūlasarvāstivādin* sind Yaschodhara und Gopa zwei verschiedene Frauen, die der Buddha nacheinander heiratet. In unsern Textauszügen verschmelzen Yaschodhara und Gopa zu einer Gestalt, die wir mit dem Lalitavistara Gopa nennen.

Inhaltlich und kompositionell bedeutend verschieden sind die Schilderungen der sogenannten ersten Meditation. Nach der *Nidānakathā*, einem Palitext, spielt dieses Ereignis in der frühesten Jugend des Bodhisattva. Gelegentlich einer Pflügezeremonie, die König Schuddhodana vollzieht, wird der Knabe mit aufs Land genommen; man setzt ihn unter einen Rosenapfelbaum, und das Kind nimmt dann Büßerhaltung an und erreicht die erste Stufe der Meditation. Es geschieht auch ein Wunder, insofern der Schatten des Rosenapfelbaumes nicht von dem Bodhisattva weicht, obwohl die Sonne weiter wandert. Nach dem *Lalitavistara* dagegen ist der Bodhisattva schon halb erwachsen und erreicht, bei einem Ausflug aufs Land, unter dem Rosenapfelbaum alle vier Stufen der Versenkung. Fünf Seher schweben sodann herbei, um ihn zu preisen, und ein Hofbeamter bemerkt das Schattenwunder. Die *Mūlasarvāstivādin* endlich verlegen die „erste Meditation" in noch viel spätere Zeit. Der Bodhisattva ist danach etwa neunundzwanzig Jahre alt und hat die Erlebnisse der vier Ausfahrten bereits hinter sich (S. 91 ff.).

Eine andere größere Textverschiedenheit betrifft Buddhas Sohn Rahula. Der *Lalitavistara,* der die Buddhalegende nur bis zur ersten

Predigt fortführt, kennt Rahula oder einen Sohn des Buddha nicht, und nach den *Mūlasarvāstivādin* wird dem Buddha ein Sohn erst geboren, als er die Erleuchtung erlangt hat. Das ist immerhin einige Jahre nach seiner Weltflucht, und Yaschodhara (Gopa) gerät darum in den Verdacht des Ehebruchs (S. 174). In starkem Gegensatz zu diesen Texten steht die Version der *Nidānakathā*. Nach dieser ist Rahula bereits geboren, als der Bodhisattva beschließt, der Welt zu entsagen. Vor der Schilderung der großen Flucht findet sich dann die rührende Geschichte vom Abschied des Bodhisattva von Frau und Kind. Der Bodhisattva hat sich bereits das Pferd vorführen lassen, da kommt ihm der Gedanke an seinen Sohn, und er will ihn noch einmal sehen. Er öffnet die Tür zum Gemache seiner Frau und sieht beim Schein einer Lampe die Mutter mit dem Knaben an der Brust friedlich schlafen. Aus Furcht, die Gemahlin zu wecken und eine schmerzliche Trennungsstunde zu erleben, verzichtet der Bodhisattva aber dann darauf, den Sohn zum letztenmal an sich zu drücken, und begibt sich von dannen.

Diese wenigen Beispiele größerer Abweichungen unter den Texten mögen zur Charakterisierung der Überlieferung genügen. Manchmal liegt der gemeinsame Kern abweichender Legenden deutlich vor Augen; gelegentlich scheint auch noch greifbar zu sein, wie bestimmte innere Erlebnisse von der Legende zu äußeren Vorgängen umgedeutet wurden. Interessant in dieser Hinsicht sind die vier Begegnungen mit dem Alten, Kranken, Toten und Mönch (S. 85 ff.), die in den älteren Texten nur Erscheinungen vor dem geistigen Auge des Buddha, noch nicht aber reale Ereignisse sind.

3. Zu den Bildern

Die Illustrationen zu unserer Buddhalegende bestehen aus ganzen oder ausschnittweisen Wiedergaben von fünf tibetischen Tempelbildern im Besitz des Berliner Museums für Völkerkunde. Es sind hohe rechteckige Bilder, auf Stoff gemalt, die von Gold- und Seidenbrokat gerahmt werden. Sie lassen sich nach Art chinesischer Rollbilder aufwickeln.

Den Mittelpunkt jedes Bildes bildet die alles überragende Gestalt eines Buddha. Dazu sind um ihn herum, in vielen einzelnen Bildern, Episoden aus seiner Lebensgeschichte dargestellt. Der zentrale Buddha tritt uns überall in der indischen Büßerhaltung, auf einem Lotus thronend, entgegen. Er ist die Idealgestalt eines Weltüberwinders, und ihn umgibt der Strahlenkranz einer geflammten Mandorla mit Nimbus. Sein Körper weist die typischen Buddhamerkmale auf, deren kanonische Reihe im Text S. 52f. aufgezählt wird. In der bildlichen Darstellung am auffallendsten sind: der von Haaren überdeckte Schädelauswuchs, der als angeborener Turban erklärt wird und vielleicht eine umgedeutete Frisur ist; dann die Urna, ein rundes Haarflöckchen auf der Stirn zwischen den Brauen; endlich die lang herabhängenden Ohrläppchen, welche durch den einst getragenen schweren Ohrschmuck ausgeweitet sind und als Zeichen besonderer Schönheit gelten. Der Buddha trägt keinen Schmuck und ist mit dem einfachen Mönchsgewand bekleidet: einem lose um den Körper geworfenen Mantel, welcher die rechte Schulter frei läßt und so gerafft wird, daß ein Stück des leichtgeschürzten Untergewandes darunter hervorlugt. Die nackten Körperteile des Buddha zeigen ein helles leuchtendes Rot, während Hand- und Fußflächen karminrot gefärbt sind und das Rad, ein Symbol der Lehre, als Glückszeichen tragen.

Die Malerei unserer Bilder ist in Deckfarbentechnik auf Stoff, unter Zuhilfenahme gepauster Vorzeichnung, ausgeführt. Diese Vorzeichnung hat dem Maler aber nur einen Anhalt gegeben. Im übrigen arbeitet er frei, und individuelle Auffassung und Differenzierung der Typen sowie die geschickte Komposition einzelner Szenen in eine wechselnde Landschaft heben unsere Bilder qualitativ über das Niveau der meisten ähnlichen Stils hinaus.

Die allgemeine Farbstimmung hält sich an rote Töne für Gebäude und Personen, grün-blaue für Landschaften und Hintergründe. Dazu kommen weiße, blaue und einige braune Schattierungen; Gelb fehlt und wird durch Gold ersetzt. Gold spielt überhaupt eine recht bedeutende Rolle; es findet sich als Dekorationseffekt, als Kontur und als Glanzlicht. Die Farben werden oft nach rein dekorativen Prinzipien angewandt. Wir treffen blaues Haar, blaue Bäume, rosa Pferde u. ä., doch ohne daß die Gesamtwirkung unnatürlich wird.

Die technische Ausführung zeigt das Nebeneinander und die gegenseitige Durchdringung zweier verschiedener Kunstauffassungen, die jedoch nicht streng zu scheiden sind und namentlich bei der Darstellung von Blüten und Bäumen wechseln. Wir haben einerseits eine weiche, malerische Behandlung, die besonders für Landschaften, Wolken, Wasser und Tiere angewandt wird und durch das Ineinanderfließen der Farbe und Fehlen von Konturen charakterisiert ist, anderseits und überwiegend eine zeichnerische Auffassung mit gleichmäßigen Farben und festumrissenen Konturen, die auch die plastische Modellierung bewirken. Sie wird angewandt für alle Personen, Gebäude, Geräte und Bäume.

Im Stofflichen und in der Komposition unserer Bilder begegnen wir einer Mischung indischer, chinesischer und tibetischer Elemente.

Die indischen treten besonders stark hervor und beweisen eine gute alte Tradition. Viele einzelne Typen und das Kompositionsschema einer Reihe von Szenen sind aus Indien übernommen; und alle Hauptpersonen der Handlung sind in indischen, etwas weichen Typen wiedergegeben. Sie sind zum größten Teil nach alter indischer Sitte mit Wickelgewändern bekleidet, wobei Oberkörper und Füße nackt bleiben. Hals und Arme zeigen den reichen indischen Schmuck. Indisch ist auch die aufgebundene Haartracht der Brahmanen und Aszeten.

Der Buddha weist ebenfalls in den Nebenszenen die bereits beschriebenen Merkmale auf und trägt Mönchstracht. Doch erst seit er Buddha ist; als Bodhisattva oder werdender Buddha wird er wie ein weltlicher Fürst dargestellt und ist in indische Gewänder gekleidet. Vor wie nach der Erleuchtung ist der Buddha durch eine goldene Hautfarbe charakterisiert, und es ist auffallend, daß der Bodhisattva auch in Kindheitsszenen als Erwachsener erscheint. Nur in den Szenen des Geburtszyklus wird der Bodhisattva als Kind gegeben, ist da aber bereits mit allen Kennzeichen seiner späteren Buddhaschaft versehen.

Der chinesische Einfluß erstreckt sich auf die Umgebung der Personen: die Landschaft mit ihren zerklüfteten Felsen, den schäumenden Wellen der Gewässer, den phantastischen Wolkengebilden und die Architektur mit ihrer eigentümlichen, stark von oben gesehenen Perspektive, die dem Beschauer einen Blick in das Innere der Häuser, Gärten und Städte erlaubt.

Alle diese fremden Elemente hat der tibetische Künstler mit eigenen Vorstellungen vermischt. Er gibt den handelnden Personen Geräte in den landesüblichen Formen in die Hand und kleidet Profanpersonen in die Gewänder vornehmer Tibeter, so den König Schuddhodana regelmäßig in einen weiten Mantel aus chinesischer Seide. Noch stärker tritt tibetischer Geist in Szenen auf, die die eigene Phantasie des Malers schuf oder ausschmückte, wie in der eigenartigen Verbrennungsszene, die den Buddha in einer Art Stupa (tibetisch Tschorten) befindlich zeigt.

Die Bilder dürften ins 18. Jahrhundert zu datieren sein und gehören einer bekannten Klasse von tibetischen Darstellungen an.

*

Bemerkung zur Aussprache indischer Namen. Die Transkription indischer Wörter ist unwissenschaftlich und der deutschen Aussprache angepaßt. Man merke sich aber, daß y wie deutsches j und v wie deutsches w zu sprechen ist. Nur bei Wörtern wie Himalaja und Nirwana, die fest in den deutschen Sprachgebrauch übergegangen sind, steht j und w.

DER GEBURTSZYKLUS

TEMPELBILD I

Das erste Tempelbild (S. 16) illustriert einen in sich geschlossenen Abschnitt der Legende, in dessen Mittelpunkt die Geburt des Buddha steht. Dieser Abschnitt reicht vom Herabstieg des Bodhisattva aus dem Himmel der Seligen bis zur Prophezeiung des Sehers Asita.

Die einzelnen Szenen stellen folgende Vorgänge dar:

Oben Mitte:

Der Bodhisattva thront in einem Himmelspalast und krönt seinen Nachfolger Maitreya (Bildausschnitt S. 32, Text S. 26f.).

Rechts unten:

Die Königin Maya sucht König Schuddhodana in seinem Musikpavillon auf und bittet ihn um Erlaubnis zum Fasten (Text S. 29f.).

Rechts oben:

Die traumhafte Empfängnis der Königin Maya. Maya ruht auf dem Söller ihres Palastes und sieht den Bodhisattva als weißen Elefanten in einer Wolke zu sich herabschweben (Bildausschnitt S. 33, Text S. 33f.).

Unten Mitte:

Königin Maya begibt sich auf ihrem Prunkwagen in den Lumbinihain (Text S. 40f.).

Links unten:

Die Geburt des Bodhisattva. Sie erfolgt aus der Seite der Königin, als diese in die Zweige eines Plakschabaumes greift (Bildausschnitt S. 48, Text S. 42).

Links unten:

Zwei Götter, in einer Wolke schwebend, baden den Bodhisattva mit kaltem und warmem Wasser (Bildausschnitt S. 48, Text S. 43). In unserem Bilde ist das kalte Wasser durch eine Schale mit Schneebällen symbolisiert.

Links unten:

Der Bodhisattva tut sieben Schritte, wobei Lotusse unter seinen Füßen erblühen (Bildausschnitt S. 48, Text S. 43f.).

Rechts Mitte und links unten:

Gleichzeitig mit der Geburt des Bodhisattva erfolgt die Geburt verschiedener anderer Wesen. Die bezüglichen Legenden sind in unsere Textauszüge nicht aufgenommen. Die Szene rechts Mitte bezieht sich auf die gleichzeitige Geburt eines Sohnes des Königs Aranemi Brahmadatta von Schravasti, der den Namen Prasenadschit erhält. Die Szene links unten zeigt die gleichzeitige Geburt eines Elefanten und eines Pferdes. In dem Füllen haben wir nach der Legende Kanthaka, das Leibroß des Bodhisattva, zu sehen.

Links oben:

Der Seher Asita sitzt mit seinem Neffen Naradatta in einer Felsenhöhle des Himalaja und erzählt ihm von der Geburt des Bodhisattva (Text S. 48).

Links Mitte:

Asita und Naradatta fliegen nach Kapilavastu (Bildausschnitt S. 49, Text S. 49).

Links unten:

Asita und Naradatta vor dem Königspalast (Text S. 49). Im Gegensatz zu unserem Text begrüßt der König die beiden in eigener Person an der Tür des Palastes.

Links Mitte:

Die Weissagung des Sehers Asita (Bildausschnitt S. 49, Text S. 51 ff.). Der König hält den Knaben auf dem Schoß.

DIE EREIGNISSE IM HIMMEL VOR DEM HERABSTIEG DES ERLÖSERS

Der Bodhisattva im Himmel der Seligen

Gefeiert unter den Verehrungwürdigen weilte der Bodhisattva im prächtigen Heim des Tuschitahimmels. Die Weihe war ihm zuteil geworden. Hunderttausende von Göttern priesen, lobten, verherrlichten und rühmten ihn. Die Würde war sein; Wunschgelübde hatten ihn hohe Stufen ersteigen lassen; das Verständnis der Lehren aller Buddhas war ihm aufgegangen, und er hatte das weite, reine Auge der Erkenntnis gewonnen. Wohlig saß er in dem großen, auf zweiunddreißigtausend Erden ruhenden Wolkenpalast, der mit Terrassen, Türmen, Toren, Bogenfenstern, Erkern und Söllern reich geschmückt war. Schirme, Fahnen und Standarten ragten dort in die Lüfte; Netze und Girlanden, mit Edelsteinen und Glöckchen besetzt, waren ausgespannt, und eine Streu kleiner und großer Mandarava-Blüten überdeckte den Estrich. Leise erzitterte der Palast, den die schönsten Bäume aller Art zierten, der von güldenen Schleiern umhüllt und mit glückbedeutenden vollen Urnen ausgestattet war, unter dem vereinigten Spiel ungezählter Millionen von himmlischen Musikantinnen. Plan und Anlage des Palastes waren regelmäßig. Als Windzug wehten Blütendüfte darin, und die hingewandten Augen vieler Millionen von Göttern spendeten ihm Licht. Mächtig durchrauschten Gesang und Spiel des Gesetzes seine Räume und brachten jede Begierde, Lust, Erregung und sündiges Verlangen zur Ruhe. Zorn, Streit, Hochmut, Überhebung und Stolz waren vergangen, und Freude, Heiterkeit, Glück und ein geläutertes, umfassendes Verstehen daraus erwachsen.

Die Aufforderung zum Herabstieg ergeht an den Bodhisattva

Als nun der Bodhisattva so in süßer Ruhe dasaß, da wirkten sich die guten Taten, welche er in früheren Leben angehäuft hatte, aus; und in Tönen eines Orchesters von vierundachtzigtausend Musikinstrumenten erklangen die Strophen der an ihn ergehenden Aufforderung:

„Vieltugendsammler, gedenk deines Sinnens, deines Entschlusses und edelen Wandels! Entzünder des Lichtes unendlicher Weisheit! An Kraft Unvergleichlicher! Mächtiger Held! Gedenk auch der Worte des Buddha der Vorzeit!

Wieder erinnere dich deiner Seele, der weiten, reinen, von Schmutz nicht getrübten, in der keine Regung von Hochmut und Sünde! Du klarer, lautrer, hellstrahlender Geist! Gedenke der Opfer in früheren Leben!

Hohen Geschlechts edler Sprößling! Bring dir vor Augen die Seelenruhe, die Selbstbeherrschung, Geduld und Bezähmung, die männliche Kraft, Versenkung und Weisheit, die alle du pflegtest durch Weltaltermillionen!

Unendlich Berühmter, wolle bedenken die Scharen von Buddhas, die du verehrtest! Die Zeit ist gekommen, daß du nicht säumtest, du aller Wesen Erbarmenbereiter!

Hinab nun steige, du weißt, wie es geschehen soll, Vernichter von Alter, Tod und Sünden! Auf zu dir blicken, o Sündenloser, zahlreiche Götter, Dämonen und Schlangen, und auch der Genien und Elfen Scharen.

In Weltgezeiten, vieltausendfachen, jagten nach Lust sie, ohne Sättigung zu finden, gleich dem Durstenden am Wasser des Meeres. Sei gnädig also, o Weisheitssatter, und den so lange von Durst Gequälten spende nun den erquickenden Trank!"

Derart forderten mannigfache, aus dem Klang der Gesänge und Instrumente ertönende Strophen den Erbarmer auf: Die Zeit ist gekommen, säume nicht länger!

Der Bodhisattva überlegt, wann, wo und in welcher Kaste er geboren werden will

Nachdem so zur angemessenen Zeit die Aufforderung an ihn ergangen war, verließ der Bodhisattva den großen Götterpalast, um sich in dem Schlosse Dharmotschaya niederzusetzen und die Götter des Tuschitahimmels im Gesetz zu unterweisen. Er stieg zum Schlosse hinauf und setzte sich daselbst auf den von Löwenfüßen getragenen Thron „Gutes Gesetz", und auch die Göttersöhne, welche das Schicksal des Bodhisattva teilten und im gleichen Fahrzeug mit ihm weilten, stiegen hinauf. Ebenso taten alle Bodhisattvas, welche sich aus den zehn Himmelsgegenden zusammengefunden hatten und dem gleichen Lose unterworfen waren. Und ein jeder der Himmlischen setzte sich auf den ihm gebührenden Platz. Als nun die Scharen der himmlischen Gespielinnen und die Göttersöhne niederer Stufe sich entfernt hatten, bestand das ganze Gefolge nur noch aus Wesen gleicher Sinnesrichtung. Es waren aber viele tausend Millionen.

Allen wurde darauf kundgetan: „In zwölf Jahren wird der Bodhisattva in den Schoß einer Mutter hinabsteigen."

Und es stellte der Bodhisattva, im schönen Heime des Tuschitahimmels verweilend, vier große Erwägungen an: er erwog die geeignete Zeit, den Weltteil, die Gegend und das Geschlecht, in dem er erschiene.

Denn ein Bodhisattva steigt nicht in den Schoß einer Mutter hinab, wenn die Welt noch in der Entfaltung ist, wenn die Wesen sich noch entwickeln. Erst, wenn die Welt offenbar und reif geworden ist, und man Geburt, Alter, Krankheit und Tod in ihr findet, geht er in den Schoß einer Mutter ein.

Auch werden Bodhisattvas nicht in fernen Weltteilen geboren, nicht im Osten in Videha, nicht im Westen in Godaniya, noch im Norden in Uttarakuru, sondern sie erscheinen in Indien, dem Weltenteil des Rosenapfelbaumes.

Noch auch werden die Bodhisattvas in den Grenzprovinzen geboren. Denn dort sind die Menschen blind, geistesschwach und blöd wie die Schafe. Sie vermögen nicht gute Reden von bösen zu unterscheiden. Darum werden die Bodhisattvas in den Zentralprovinzen geboren.

Schließlich werden die Bodhisattvas nicht in verachteten Geschlechtern geboren, unter Parias, in Flötenmacher- oder Wagenbauer-Familien oder in Mischkasten. Sie erscheinen nur in zwei Geschlechtern, dem der Brahmanen und dem der Krieger. Wenn auf Erden die Brahmanen besonders angesehen sind, werden sie in einem Brahmanengeschlecht geboren, wenn aber die Krieger eine größere Rolle spielen, erscheinen sie in einer Adelsfamilie. Heute hat der Adel den Vorrang in der Welt, deswegen werden die Bodhisattvas in einem Adelsgeschlecht geboren.

Nachdem der Bodhisattva, in dem schönen Heime des Tuschitahimmels weilend, in dieser Hinsicht vier große Erwägungen angestellt hatte, verharrte er schweigend.

Und es fragten die Göttersöhne und Bodhisattvas einander: „In welch edlem Geschlecht und von welch einer Mutter wird der Bodhisattva nun geboren werden?" Da sagten die einen: „Da ist doch das Geschlecht der Vaidehi im Lande Magadha. Es blüht und gedeiht, lebt in Frieden und Wohlstand. Dort dürfte es für den Bodhisattva angemessen sein, im Schoß einer Mutter zu ruhen!" Andere aber sagten: „Es ist seiner nicht wert, denn es ist nicht rein von Mutters und von Vaters Seite her, ist unabgeklärt, wankelmütigen Sinnes; geringfügige Tugendhandlungen haben es in seine Stellung gebracht, wenige gute Werke weihen es. Das Gebiet dieses Geschlechtes ist nicht mit Gärten, Teichen und Seen überstreut und gleicht einem kümmerlichen Flecken in den Grenzlanden; darum ist dies nicht angemessen!"

Andere sagten: „Dann gibt es das Geschlecht der Koschala. Es besitzt viele Wagen, ein großes Gefolge und riesige Reichtümer. Es wäre dem Bodhisattva angemessen, dort seinen Aufenthalt im Mutterschoß zu nehmen." Andere jedoch entgegneten: „Auch dies ist seiner nicht wert: das Geschlecht der Koschalas stammt aus niedrigstem Stande; weder von Vaters noch von Mutters Seite her ist es rein, es neigt zum Niedrigen. Seine Abkunft ist nicht adlig und auch seine Reichtümer, Kostbarkeiten und Schätze sind nicht unermeßlich; darum ist es des Bodhisattva nicht wert."

Vierundsechzig hervorragende Eigenschaften müssen die Familie, zweiunddreißig die Mutter auszeichnen, die des Bodhisattva wert sein sollen

So betrachteten die Bodhisattvas und Göttersöhne alle hohen Königsgeschlechter in den sechzehn Reichen ganz Indiens und sahen, daß alle mit Fehlern behaftet waren. Als sie noch in diese Betrachtungen versunken waren, sprach der Gott Dschnanaketudvadscha, der, im

Anschluß an die große Laufbahn, unverrücklich nach der Erleuchtung strebte, zu dieser großen Versammlung von Bodhisattvas und Göttern: „Laßt uns doch, ihr Freunde, zum Bodhisattva selbst gehen und ihn befragen, welche Tugenden das Geschlecht besitzen muß, in dem ein Bodhisattva, der zum letztenmal ins Dasein tritt, geboren wird!" „Gut", sagten sie alle und begaben sich mit bittend vor der Brust zusammengelegten Händen zum Bodhisattva und fragten: „Mit welchen Tugenden muß das auserwählte Geschlecht edler Männer begabt sein, in dem ein Bodhisattva zum letzten Dasein geboren wird?"

Da blickte der Bodhisattva auf die große Schar der Bodhisattvas und Götter und sprach: „Solch ein Geschlecht ist mit folgenden vierundsechzig hervorragenden Merkmalen ausgezeichnet:

„Es ist rühmlichst bekannt, kennt keine Niedertracht, schädigt niemanden, ist von edler Geburt und aus edlem Stamm. Es ist in männlicher Linie und ohne Adoption fortgepflanzt, ist auch in der Vorzeit in direkter Linie vererbt und hat einen Stammbaum edler, ausgezeichneter und vornehmer Männer.

Es ist reich an Frauen und reich an Männern, ohne Furcht, wohlgemut und gerade, ohne Habgier, sittenstreng und weise. Die Minister wachen über ihm, wenn es sich dem Lebensgenuß hingibt; es pflegt nur ungefährliche Künste. Es hält fest an seinen Freundschaften, beraubt nicht einmal Tiere des Lebens, ist erkenntlich und dankbar. Es folgt weder der Willkür, dem Haß, der Verblendung, noch der Furcht. Es ist ohne Angst und Tadel, wandelt nicht im Irrtum, spendet reichlich Almosen, neigt zu frommen Handlungen, Opfern und Schenkungen. Es ist heldenhaften Gemüts, von festem Mut, von starker Kraft, von größter Tapferkeit, verehrt die Seher, Gottheiten, die heiligen Stätten und Manen; dazu ist es nicht an Feindschaften gefesselt, und sein Ruhm erklingt in allen zehn Himmelsgegenden.

Es hat eine große, zuverlässige und unübertreffliche Gefolgschaft, ist das älteste und würdigste der Geschlechter, von unumschränkter Gewalt über die andern, ist vornehm, achtet Vater und Mutter, ehrt Aszeten und Brahmanen. Es besitzt viele Kästen und Speicher voll Kostbarkeiten und Getreide. Ihm gehören große Mengen von gemünztem Geld, Edelmetall, Diamanten, Perlen, massivem Gold, Silber, dazu

Besitzungen und Geräte, viele Elefanten, Pferde, Kamele, Kühe und Schafe, Scharen von Sklaven und Sklavinnen, Handwerkern und Tagelöhnern. Es ist vor Angriffen sicher, erreicht alle seine Ziele, ist das Geschlecht eines Weltbeherrschers, unterstützt und begünstigt von den guten Taten, die es in der Vorzeit gepflegt hat. Es entstammt dem Geschlecht eines Bodhisattva, ist ohne jeden Makel der Geburt und des Rufes in dieser Welt samt ihren Göttern, Mara, Brahma und der ganzen Nachkommenschaft von Büßern und Brahmanen.

Solchermaßen ist das Geschlecht ausgezeichnet, in welchem ein Bodhisattva zum letzten Dasein geboren wird.

Zweiunddreißig hervorragende Eigenschaften aber" — fuhr der Bodhisattva fort — „schmücken die Frau, in deren Schoß der Bodhisattva zum letzten Dasein eingeht.

Solch eine Frau ragt hervor unter allen, ist fehlerlosen Wandels, von hoher Geburt, aus edlem Geschlecht, schön und angesehen. Sie besitzt schwellende Hüften, eine schlanke Taille, hat noch nicht geboren, ist sittenstreng und hingebungsvoll. Ihr Antlitz lächelt freundlich, sie greift zu mit der Rechten, ist offen, wohlerzogen, gewandt, wohlunterrichtet, ohne Falsch, ohne Trug, ohne Zorn, ohne Eifersucht, ohne Neid, ohne Leichtsinn, ohne Unruhe und Geschwätzigkeit. Sie ist geduldig, angenehm, schamhaft, zurückhaltend, gibt kaum der Leidenschaft, dem Haß und der Verblendung nach, ist ohne die üblichen Fehler der Frauen, dem Gatten treu, voll Tugenden aller Art. — So ist die Frau, in deren Schoß der Bodhisattva zu seinem letzten Dasein eingeht!"

Weiter sprach der Bodhisattva: „Und der Bodhisattva geht auch nicht in der dunklen Monatshälfte in den Schoß der Mutter ein, sondern in der lichten Hälfte, am fünfzehnten Tage des Monats, wenn Vollmond ist, und der Mond in Konjunktion mit dem Sternbild Puschya steht."

Die Wahl fällt auf das Geschlecht der Schakyas und die Königin Maya

Als die Bodhisattvas und Göttersöhne so aus dem Munde des Bodhisattva selbst von der Erlesenheit des Geschlechtes und der Mutter gehört hatten, überlegten sie hin und her: Welches mag nun das einzigartige Geschlecht sein, das mit so hervorragenden Eigenschaften ausgestattet ist, wie sie das edle Wesen beschrieben hat? Und es fiel ihnen ein: Da gibt es doch das Geschlecht der Schakyas. Es blüht und gedeiht, lebt in Frieden und Wohlstand, ist überaus volkreich und ein erfreulicher Anblick. Und König Schuddhodana ist rein von väterlicher und von mütterlicher Seite, wählte sich eine makellose Gattin, ist stattlich und von schöner Gestalt, verständig, strahlend vom Glanze der Tugenden, in einem angesehenen Geschlecht geboren und Sproß einer Weltbeherrscherfamilie. Er besitzt unermeßliches Vermögen, Schätze und Kostbarkeiten, ist auf fromme Werke bedacht und pflegt keine verwerflichen Pläne. Im ganzen Reiche der Schakyas ist er der alleinige König; er ist geehrt und geschätzt bei den Hausherrn, Kaufleuten, Ratgebern und Gefolgsmännern, ist gnädig, ansehenswert, nicht zu alt, nicht zu jung, wohlgestaltet und mit allen hervorragenden Eigenschaften versehen. Er versteht sich auf die Künste, die Zeitrechnung, das innerliche Selbst, die Religion, die wahre Wesenheit, die Welt und bestimmende Merkmale. Als König des Rechts regiert er nach dem Gesetz, und die große Stadt Kapilavastu ist ein Aufenthaltsort von Wesen geworden, welche die Anlagen zum Guten in sich entwickelt haben, da alle, die dort leben, ihm an Charakter gleichwerden.

Maya aber — dachten sie sodann — die Königin und Gemahlin König Schuddhodanas, ist eine Tochter des Schakyafürsten Suprabuddha; sie ist jung und zart, mit Schönheit und Tugend begabt, hat noch nie geboren, ist kinderlos, schön wie ein feingezeichnetes Gemälde, lieblich wie ein Göttermädchen, das mit allen Schmuckstücken geziert ist. Sie ist frei von den üblichen Fehlern der Frauen, ohne Tadel, sie lügt nicht, ist ohne Rauheit, Schärfe und Unbestand. Ihre Stimme klingt süß wie die des Kokila, doch ist sie nicht schwatzhaft und redet nur Angenehmes und Liebes. Sie ist frei von Zorn, Erregung, Stolz, Hochmut und Groll, ist ohne Eifersucht und redet nur, wenn es an der Zeit ist. Sie ist entsagungsvoll, sittenstreng, zufrieden, ihrem Manne treu und denkt nicht heimlich an andere Männer. Ihr Kopf, ihre Ohren und Nase sind wohlgebildet, ihre Haare schwarz wie Bienen, ihre Stirne schön, und nie runzelt sie ihre feinen Brauen. Ihren Mund umspielt ein Lächeln, sie ist zuvorkommend in der Unterhaltung, spricht in sanften und süßen Worten, greift mit der rechten Hand, ist aufrecht, unumwunden, ohne Falsch, ohne Trug, schamhaft, zurückhaltend, ohne Unruhe, ohne Leichtsinn und schwatzt nicht; sie schmäht niemanden, besitzt kaum eine Spur von Leidenschaft, Haß und Verblendung, ist geduldig und wohlgefällig. Sorgsam wacht sie über ihre Glieder und Augen. Sie hat weiche und zarte Hände und Füße, angenehm zu berühren wie ein glatter, weicher Stoff; ihre Augen sind glänzend hell wie die frischen Blätter einer blauen Lotusblüte; die Nase ist schön gefärbt und edel geschwungen; die Glieder sind fest, der Arm spannt sich wie ein Regenbogen, alle Körperteile und Glieder sind wohlgerichtet und gut proportioniert, untadelig die Linien, bimbarot ihre Lippen, lieblich und wie Jasminblüten glänzend und rein die Zähne, regelmäßig der Hals, wohlgefügt die Schultern, die Arme gleichmäßig schön gewachsen, der Leib wie ein Bogen geschwungen; unverdorben ist ihre Taille, tief liegt der Nabelkreis. Die Hüften sind rund und breit, weich und schwellend; diamantenfest gefügt sind die Glieder. Vereinigt wirken ihre Schenkel wie ein Elefantenrüssel, die Beine sind schlank wie die der Gazelle, Hände und Füße rot wie Lack. So entzückt sie die Augen aller Wesen. Kaum ist es möglich, den Blick von ihr zu wenden, so lieblich ist sie anzusehen, die an Schönheit erlesene Perle der Frauen, die einem Zauberbilde gleicht und auch Maya, „Zauber", mit Namen heißt.

Der Bodhisattva krönt seinen Nachfolger im Tuschitahimmel

Der Bodhisattva aber stieg, nachdem er die Erwägung über das Geschlecht, in dem er geboren werden sollte, angestellt hatte, hinauf zu dem großen Wolkenpalast „Hohe Standarte", der im Reiche der Tuschitagötter liegt und sich über ein Gebiet von vierundsechzig Meilen erstreckt. In diesem pflegte sich der Bodhisattva jedesmal niederzusetzen, wenn er den Tuschitagöttern das Gesetz predigte.

Sodann erbaute und erhob, erfreute und befriedigte er die große Götterversammlung durch eine religiöse Unterweisung und sprach zu dieser Zuhörerschaft von glückbringender Vorbedeutung: „Freunde, ich will nun in das Land des Rosenapfelbaumes ziehen! Denn, als ich ehemals auf Erden die Laufbahn des Bodhisattva wandelte, habe ich die Wesen durch die vier Äußerungen des Wohlwollens an mich herangezogen: durch Schenkungen, liebevolles Gespräch, zweckdienliche Behandlung und Gleichachtung. Darum würde es unpassend von mir und gedankenlos sein, wenn ich nicht bald zur vollständigen Erleuchtung erwachen wollte."

Da umfaßten die Götter des Tuschitahimmels weinend die Füße des Bodhisattva und sprachen: „O Edler, wenn du uns verläßt, wird unser Tuschitaheim all seinen Glanz verlieren." Doch der Bodhisattva antwortete der großen Versammlung von Göttern: „Der Bodhisattva Maitreya hier wird euch in der Lehre unterweisen." Und er nahm Stirnbinde und Diadem vom Kopf, legte sie auf das Haupt des Bodhisattva Maitreya und sprach: „Nach mir wirst dann du, o adliger Mann, zur vollkommenen Erleuchtung erwachen!"

Die Götter stellen Erwägungen an über die Gestalt, welche der Bodhisattva bei der Empfängnis annehmen soll

Nachdem der Bodhisattva so den Maitreya zum Nachfolger im Tuschitahimmel eingesetzt hatte, sprach er wiederum zu der großen Versammlung von Göttern: „In welcher Gestalt soll ich nun in den Schoß der Mutter eingehen?" Da sagten einige: „In Gestalt eines Menschen", andere: „in Gestalt Indras", „in Gestalt Brahmas", „in Gestalt eines Großkönigs", „in Gestalt des Himmelskönigs Vaischravana", „in Gestalt eines himmlischen Genius", „in Gestalt eines Vogelelfen", „in Gestalt eines Schlangendämons", „in Gestalt des Schiva", „in Gestalt des Mondes", „in Gestalt der Sonne", „in Gestalt des Vogels Garuda".

Unter der Menge aber befand sich ein Göttersohn aus der Gemeinschaft Brahmas, namens Ugratetschas, der in seiner früheren Geburt ein Seher gewesen war und in der allerhöchsten vollkommenen Erkenntnis unbeirrt feststand. Der sprach also:

„Der Bodhisattva hat in der Gestalt in den Schoß seiner Mutter einzugehen, die sich aus dem Wortlaut der brahmanischen Sprüche und den Lehren des Veda ergibt, das heißt, als ein großer, prächtiger Elefant mit sechs Stoßzähnen, weiß wie ein Schneefeld, strahlend, mit gerötetem Kopf, aufgeplatzter, Saft träufelnder Stirn und in schöner Gestalt!"

DIE EMPFÄNGNIS

Königin Maya erbittet die Erlaubnis zum Fasten

Zu dieser Zeit hatte die Königin Maya eben gebadet, ihre Glieder gesalbt, verschiedenartige Schmuckstücke um ihre Arme gelegt und ihre weichsten und schmiegsamsten Gewänder angezogen. Dann begab sie sich, voll Freude, Entzücken und Heiterkeit, an der Spitze von zehntausend Frauen, in den Konzertpavillon König Schuddhodanas, wo dieser eben in angenehmer Muße saß. Sie setzte sich zu seiner Rechten auf einen Thron, der mit Edelsteinnetzen überdeckt war, und wandte sich lächelnden Antlitzes, ohne mit den Brauen zu zucken und mit freundlicher Miene in folgenden Strophen an den König:

„Höre mich, edler König und Schützer der Erde, ich möchte dich bitten! Gewähre mir heute einen Wunsch, dessen Beschluß mir Herz und Sinn mit Freude erfüllt. Vernimm diesen Wunsch und sei auch froh und begeistert!

Aus Liebe zu den Geschöpfen dieser Welt, o König, will ich Gelübde und strenge Fasten auf mich nehmen und die achtgliedrige Enthaltsamkeit üben. Ich möchte abstehen von der Verletzung irgendwelcher Lebewesen, ständig reiner Denkart sein und ebensolche Liebe wie zu mir selbst zu anderen Wesen beweisen.

Mein Herz ist frei von Trug; ich bin ohne Gelüste und Begierde und wünsche nicht, o König, falscher Leidenschaft zu fröhnen. Ich bleibe bei der Wahrheit, bin ohne Niedertracht und Flecken und werde keinen schlechten Verkehr und schmutziges Plaudern pflegen.

Darum nahe auch du, o König, dich mir nicht in sinnlicher Begierde, wenn ich mich der Gelübde freue und mich zurückgezogen habe, und willige freudig ein in mein Gelübde und Fasten, auf daß es dir in Zukunft einmal zum Heile sei.

Mein Verlangen, o König, ist jetzt einzig, mich eilends auf die Zinnen des Palastes zu begeben, dahin wo die wilden Gänse weilen, und, immer nur von Freundinnen umgeben, mich auf einem weichen, duftenden, blumenüberdeckten Lager des Glückes zu freuen!

Nicht Kämmerer, Diener und Pagen, noch gewöhnliche Frauen, sollen mich dort dienend umgeben! Und fern sein möge mir jeder unerfreuliche Anblick, Klang und Geruch! Nur angenehme, süße, wohlklingende Töne mag ich vernehmen!

Als der König diese erhabenen Worte vernommen hatte, sprach er: „Alles geschehe wie du es wünschest! Deine Wünsche sind wohlüberlegt; jedes Verlangen will ich dir gewähren!"

Und der edle König befahl seinem Gefolge auf der höchsten Zinne des Palastes alle Vorbereitungen der Verschönerung zu treffen, Blumen zu streuen, duftenden Weihrauch zu brennen und eine Reihe von Palmen mit Schirmen und Bannern aufzustellen.

Viele Götter beschließen, den Bodhisattva auf die Erde zu begleiten

Als nun die Zeit des Herabstieges nahte, kamen viele Hunderttausende von Göttern zusammen und sprachen zueinander: „Es würde ungehörig von uns sein und undankbar, wenn wir den Bodhisattva allein und ohne ihn zu geleiten, von hinnen ziehen ließen." Da wandten sich die Vornehmsten unter ihnen zu der großen Götterversammlung mit den Strophen:

„Hört, ihr Fürsten der Unsterblichen, auf unser Wort und vernehmt, welchen Entschluß wir bei diesem Anlaß in die Tat umsetzen wollen: Reichtum, Liebe und Lust und das hohe Glück der Versenkung werden wir lassen und diesem höchsten reinen Wesen folgen.

Denn es ist unser Entschluß, den Weisen freudigen Sinnes hinabzubegleiten und ihn zu verehren, schon während er unbefleckt von den drei Arten des Schmutzes im Mutterleibe weilt, wie auch, wenn er geboren wird, der künftige Besieger des Todes.

Wir alle wollen den großen Seher nicht verlassen, bis er die Aufgabe eines Buddha in den dreitausend Welten erfüllt und unzählige Millionen von Wesen zur Unsterblichkeit geführt hat, bis er den Weg zum Nirwana, zur vollkommenen Beruhigung des Herzens, geschritten ist.

Unter Gesang, Spiel und den Klängen der Instrumente laßt uns die Vorzüge und Vollkommenheiten dieses Ozeans der Tugenden preisen, dann werden sich Götter und Menschen freuen und die Wesen, die es hören, ihren Sinn ganz auf die Erleuchtung richten."

Göttinnen besingen die Schönheit der Königin Maya

Die Göttermädchen aber, welche in den Reichen der Sinnenlust herrschen, hatten die Vollkommenheit der Gestalt des Bodhisattva geschaut und überlegten: „Wie mag die Jungfrau aussehen, die dies reinste Wesen unter dem Herzen tragen darf?" Und von Neugierde gepackt, ergriffen sie das Schönste, was es an Blumen, Weihrauch, Lampen, Parfüm, Kränzen, Schminken, Puder und Gewändern gab, legten ihr himmlisches, geistiges Selbst an und hoben sich auf Grund der Macht, die ihnen aus früheren guten Taten herangereift war, im gleichen Augenblick aus ihrem Heim in der Stadt der Unsterblichen hinweg. Darauf erschienen sie in der großen, mit hunderttausend Gärten geschmückten Stadt Kapilavastu, im Hause des Königs Schuddhodana, in dem großen, einer Götterwohnung gleichen Palaste Dhritaraschtra. Mit langwallenden Gewändern angetan, von klarem, reinem Glanze umschimmert, die Arme mit himmlischen Schmuckstücken beladen, schwebten sie in der Luft, deuteten mit dem Finger auf die Königin Maya, die auf ihrem prächtigen Lager ruhte, und sangen einander die Strophen zu:

„Der Liebesgöttin gleicht sie und ist mit hervorragenden Eigenschaften ausgezeichnet, diese Mutter des besten der Männer! Es wird sein, wie wenn eine kostbare Perle in einem schönen Kästchen ruht, sobald die Königin das Gefäß für den Gott der Götter ist.

Von den Handflächen und Sohlen der Füße hinauf ist ihr Leib herzentzückend und übertrifft den aller himmlischen Wesen, so daß das Auge nie Genüge findet, sie anzusehen, und immer aufs neue Herz und Gemüt sich freut.

Wie der Mond am Himmel strahlt ihr Gesicht und leuchtet der Glanz ihres Körpers. Wie die fleckenlose Sonne, wie der lichte Mond ist der Schimmer, der ihrem inneren Wesen entströmt.

Wie Gold, wie edelmetallenes Erz funkelt die Schönheit der Königin; schwarz wie Bienen sind ihre Haare, und süß duften ihre weichen Locken.

Ihre Augen gleichen Lotusblättern; ihre Zähne blinken wie die Sterne am Himmel; ihr zarter Leib wölbt sich wie ein Bogen, und ihre Taille ist hoch, straff und ohne Falten.

Schenkel und Waden gleichen Elefantenrüsseln, die Knie sind schön geformt und treten regelmäßig hervor, Handflächen und Füße sind glatt und lieblich gerötet. Unzweifelhaft kann sie nur ein Göttermädchen sein."

So betrachteten sie die Königin in jeder Richtung, bewarfen sie mit Blumen und umwandelten sie feierlich in dem Gedanken: Lieblich und rühmenswert ist die Mutter des Siegers. Dann kehrten die Jungfrauen mit Blitzesschnelle in die Götterstadt zurück.

Der Aufbruch des Bodhisattva aus dem Himmel unter Wundererscheinungen

Der Bodhisattva aber hatte sich unter den Blicken aller Götter und Schlangen in seinem Lusthaus auf den Thron „Schrigarbha" niedergesetzt und bewegte sich dann mit den übrigen Bodhisattvas an der Spitze eines Gefolges ungezählter Millionen von Göttern, Schlangen und Genien zur Tuschitawohnung hinaus.

Als der Bodhisattva so aufbrach, strahlte sein Körper einen solchen Glanz aus, daß die vieltausendfache Welt weit und breit von dem mächtigem Schein erfüllt war. Dieser Schein war schon in der Vorzeit am Bodhisattva hervorgetreten und übertraf den Glanz der Himmlischen. Selbst die bösen und finsteren Zwischenwelten, die sonst dunkel und ohne Licht sind, wurden damals von dem mächtigen Scheine erfüllt. Dort rufen ja Sonne und Mond, die großen Wundertäter, die Starken, Gewaltigen, mit ihrem Scheinen, Leuchten und Strahlen nie Licht, Farbe oder Glanz hervor, noch wärmen und strahlen sie, und die dort geborenen Wesen sehen nicht einmal ihre eigenen Arme, wenn sie sie ausstrecken. Doch jetzt, von diesem Glanze umleuchtet,

Die Krönung Maitreyas
im Tuschita-Himmel

Mayas
Empfängnis

sahen die dortigen Wesen einander in wahrer Gestalt, und sie bemerkten einander und sprachen: „Es gibt ja noch andere Wesen, die hier weilen!"

Und der vieltausendfachen Welt widerfuhren mancherlei Veränderungen und Zeichen. Sie zitterte, zitterte heftig und zitterte auf allen Seiten. Sie schüttelte sich, schüttelte sich heftig und schüttelte sich auf allen Seiten. Sie regte sich, regte sich heftig und regte sich auf allen Seiten. Sie schwankte, schwankte heftig und schwankte auf allen Seiten. Sie erklang, erklang heftig und erklang auf allen Seiten. Sie donnerte, donnerte heftig und donnerte auf allen Seiten. Sie senkte sich an den Enden und hob sich in der Mitte. Sie senkte sich in der Mitte und hob sich an den Enden. Sie neigte sich im Osten und hob sich im Westen. Sie neigte sich im Westen und hob sich im Osten. Sie beugte sich im Süden und reckte sich im Norden. Sie beugte sich im Norden und reckte sich im Süden. Gleichzeitig aber hörte man Freude und Zufriedenheit verbreitende Töne, lieblich, erheiternd, aufmerkenswert, erquickend, denkwürdig, entzückend, angenehm und beruhigend.

Die traumhafte Empfängnis der Königin

Und nach Verlauf der kalten Jahreszeit kam im Gefolge des Gestirns Vischakha der Monat Mai heran. Es war Frühling, die schönste der Jahreszeiten. Die Bäume standen in reichem Blätterschmuck, die herrlichsten Blüten zierten sie in Überfülle. Kälte, Hitze, Dunkelheit und Staub waren vergangen. Junger, weicher Rasen bedeckte den Boden.

Da ließ sich der Herr der drei Welten, der von allen Wesen verehrte Bodhisattva, nach genauer Prüfung, zur richtigen Zeit aus dem Tuschitahimmel herab. Es war am fünfzehnten Tage des Monats, und der Vollmond stand in Konjunktion mit dem Sternbild Puschya. Klar und bei vollem Bewußtsein ging er, als ein junger weißer Elefant mit sechs Stoßzähnen, zur rechten Seite in den Leib seiner Mutter ein, als diese gerade Fasttage hielt. Sein Kopf war purpurfarben, die Reihe der Zähne blitzte wie Gold, und er war mit allen Körperteilen wie

Gliedern wohlversehen und von vollkommenen Organen. Im Mutterleibe aber lag er immer auf der rechten und nie auf der linken Seite.

Die Königin Maya war beseligt auf ihrem Lager eingeschlafen und träumte:

Ein Prachtelefant, strahlend wie Schnee und Silber, ist tänzelnden Schrittes und mit diamantfesten Gelenken in meinen Leib eingegangen. Sechs war die Zahl seiner Stoßzähne, schön waren seine Füße, anmutig der Rüssel und rosig der Kopf.

Nie vorher habe ich etwas so Schönes gesehen und gehört, nie ähnliche Wonne empfunden. Es war ein Gefühl körperlichen Glücks und gleichzeitiger Beseligung des Gemüts, daß ich wie in tiefste Versenkung entrückt war.

Der König wird gerufen

Dann erhob sich die Königin Maya von ihrer Lagerstatt. Ihre Gewänder waren von Schmucksachen übersät. An Körper und Geist hocherquickt, voll Freude, Entzücken und Heiterkeit, stieg sie vom Söller des Palastes hinunter und begab sich an der Spitze eines Gefolges von Frauen in den Aschokapark. Dort ließ sie sich nieder und sandte einen Boten an König Schuddhodana mit der Bitte: „Der König möge sich nahen, die Königin wünscht ihn zu sehen." König Schuddhodana hörte diese Worte und war entzückt. Mit vor Erregung zitternden Gliedern stand er von seinem Throne auf und begab sich zum Park, umgeben von Ministern, Höflingen, Ratsherrn und Verwandten. Dort angelangt, hatte er nicht die Kraft, den Park zu betreten, und es erschien ihm, als wenn die Glieder ihm immer schwerer würden. So stand er an der Pforte des Parkes und sprach nach kurzem Nachdenken die Strophe:

„Ich erinnere mich nicht, meinen Körper jemals als so schwer empfunden zu haben wie heute, selbst dann, wenn ich an der Spitze von kampfwütigen Kriegern stand. Jetzt aber habe ich nicht einmal die Kraft, den eigenen Palast zu betreten. Was steht mir bevor? Wen könnte ich darum befragen?"

Da schwebten Götter durch die Luft herbei, machten sich bis zu den Hüften sichtbar und wandten sich an den König mit der Strophe:

„Das große Wesen, der Bodhisattva, der verehrenswert in allen drei Welten ist, hat Gelübde und Kasteiung betätigt und ist, bewegt von Liebe und Mitleid, geweiht durch Wissen und gute Taten, aus seiner Tuschitawohnung herabgestiegen und in den Schoß der Maya eingegangen, um dein Sohn zu werden."

Da legte der König alle zehn Finger vor der Brust zusammen, schüttelte den Kopf und trat starr vor Staunen ein. Und er sah Maya, deren Brust von Selbstgefühl und Stolz geschwellt war, und sprach zu ihr: „Befiehl, was ich für dich tun soll! Was ist geschehen? Sprich!"

Die Königin antwortete:

„Vernimm, daß ein prächtiger Elefant hochgemut in meinen Leib eingegangen ist. Weiß war er wie Schnee und Silber und übertraf den Mond und die Sonne an Glanz. Schön waren seine Füße, er war wohlgebaut, hatte sechs Stoßzähne; festgefügt und stark waren seine Gelenke und herrlich die Gestalt.

Verschwunden ist die Dunkelheit, in hellem Glanze sehe ich die dreitausendfache Welt, und unzählige Götter preisen den Gott und sein Fahrzeug. Ich fühle, daß ich keinerlei Haß, Zorn oder Verblendung mehr kenne; ich empfinde das Glück der Meditation, bin gesammelt und ruhigen Gemüts.

Bitte, o König, laß Brahmanen herbeiholen, die sich auf die heiligen Schriften und die Traumdeutung verstehen und die Sternbilder kennen! Laß sie diesen meinen Traum der Wahrheit gemäß deuten und sagen, ob er mir Heil bringt oder von Unheil für die Familie ist!"

Als der König diese Worte gehört hatte, ließ er sogleich der heiligen Schriften kundige und in den Wissenschaften bewanderte Brahmanen holen.

Und Maya sprach, vor den Brahmanen stehend: „Ich habe einen Traum gehabt, hört darum zu!"

Da antworteten die Brahmanen: „Berichte, Herrin, welchen Traum du sahst, auf daß wir hören und verstehen!"

Und nachdem die Brahmanen ihre Worte gehört hatten, sprachen sie: „Große und undenkliche Freude bedeutet das und kein Unheil für die Familie! Du wirst einen Sohn gebären, dessen Glieder mit besonderen Kennzeichen geschmückt sind, einen Sproß aus edelstem Königsgeblüt, einen geistesgewaltigen Weltherrscher! Doch wenn er Lust, Königreich und Palast aufgibt, aus Mitleid mit den Geschöpfen in die Heimatlosigkeit zieht und Gleichmut übt, wird er ein Buddha werden, verehrungswürdig in allen drei Welten, und alle Wesen mit dem lauteren Safte der Unsterblichkeit sättigen."

Als König Schuddhodana diese Worte der in der Zeichendeutung, Wahrsagerei und Traumerklärung bewanderten Brahmanen vernommen hatte, war er aufs höchste erfreut. Er ließ den Brahmanen besonders wohlschmeckende feste und weiche Speisen bis zur Sättigung vorsetzen und sie zum Zulangen nötigen. Dann schenkte er ihnen schöne Gewänder und verabschiedete sie. Gleichzeitig aber ließ er an den vier Toren der Stadt und auch an allen Straßenkreuzungen und Plätzen Almosen austeilen: Speise an die, welche der Speise bedurften, Getränke denen, die des Tranks bedurften, und ebenso gewährte er den darum Bittenden Gewänder, Wagen, Wohlgerüche, Kränze, Salben, Betten, Sitzkissen und Unterhalt. Das alles tat er, um dem Bodhisattva Ehre zu erweisen.

Wundergeschehnisse und Wunderkräfte des Kindes im Mutterleib

Und in jener Nacht, in welcher der Bodhisattva in den Schoß seiner Mutter hinabstieg, erhob sich aus dem Ozean unter der Welt eine Lotusblüte, welche die große Erde auf Hunderttausende von Meilen durchbrach und aufragte bis in die Welt Brahmas. Niemand aber sah diese Lotusblüte außer dem Lenker und Besten der Männer selbst und dem großen Brahma, dem Beherrscher der Welten. Alles das aber, was es in den vieltausend Welten an Kraft, Rahm und Saft gab, befand sich in Gestalt eines Honigtropfens konzentriert in dieser Lotusblüte. Diesen Tropfen goß dann Brahma in eine reine Kristallschale und reichte diese dem Bodhisattva dar. Der Bodhisattva nahm sie entgegen und trank, um Gott Brahma eine Gunst zu erweisen. Doch außer einem Bodhisattva, der in seiner letzten Geburt weilt und alle Stufen durchlaufen hat, kann kein körperliches Wesen diesen Tropfen aller Essenzen genießen und glücklich verdauen.

Und dann kamen von Osten, Westen, Süden und Norden, aus der Tiefe und von oben her, aus allen zehn Himmelsgegenden, viele Hunderttausende von Bodhisattvas herbei. Sie alle wollten den Bodhisattva sehen, ihn begrüßen, ihm dienen, seine Predigt hören und dem Rezitieren der Lehrsprüche beiwohnen. Da entließ der Bodhisattva aus seinem Körper einen Lichtglanz, verwandelte die Strahlen desselben in Thronsessel für die Herbeigekommenen und hieß die Bodhisattvas darauf Platz nehmen. Niemand jedoch sah die Herbeigeeilten, außer den Göttern der Gemeinschaft.

Mayas glückseliger Zustand

Trotzdem nun der Bodhisattva in ihren Mutterschoß eingegangen war, empfand die Königin Maya keinerlei Körperschwere, sondern fühlte sich leicht, angenehm und wohl. Sie hatte auch keine Leibesschmerzen und wurde nicht von der Glut der Leidenschaften, des Hasses oder der Verblendung verzehrt. Sie sann weder auf sinnliche Lust, noch auf Unglücksbereitung oder Schädigung, empfand weder Kälte noch Hitze, Hunger noch Durst, kannte weder Verfinsterung des Geistes noch Leidenschaft und Sünde. Und nichts, was ihr unangenehm zu sehen, zu hören, zu riechen, zu schmecken oder zu fühlen hätte sein können, trat an sie heran. Sie hatte keine bösen Träume. Weiberlaunen, Tücke, Eifersucht und Frauenschlechtigkeiten quälten sie nicht. Sie hielt die fünf Gebote, war fromm und befolgte den Pfad der zehn Tugendhandlungen. Sie faßte keine Leidenschaft zu irgendeinem Manne, und auch keinen Mann packten in ihrer Nähe sündige Gedanken. Alle Frauen, Männer, Jünglinge und Jungfrauen in Kapilavastu oder unter anderen Völkern aber, die von einem Gott, Halbgott oder Dämon irgendeiner Art besessen waren, erlangten, wenn sie die Mutter des Bodhisattva sahen, ihr Gedächtnis und ihre Gesundheit zurück; denn die Unholde machten sich eilends auf und davon. Und die Wesen, die von irgendwelchen Krankheiten befallen waren, mochten sie nun leiden unter Krankheiten, die durch das Zusammentreten von Wind, Galle und Schleim entstehen, oder mochten sie von Augen-, Ohren-, Nasen-, Zungen-, Lippen-, Zahn- oder Halsleiden, von Kropf, Brustschwellungen, Geschwüren, Aussatz, Schwindsucht, Irrsinn, Fallsucht, Fieber, Beulen, Rose, Krätze oder anderen Krankheiten gequält werden, alle die wurden gesund, wenn ihnen die Mutter des Bodhisattva ihre rechte Hand auf den Kopf legte, und kehrten alsbald geheilt in ihre Häuser zurück. Ja, wenn die Königin Maya ein Grasbüschel aus dem Boden rupfte und es den Kranken reichte, genasen diese sogleich und waren wiederhergestellt.

Blickte aber die Königin Maya auf ihre rechte Seite, dann sah sie den Bodhisattva im Mutterschoß sitzen. Sie sah ihn so deutlich wie das eigene Gesicht, wenn man es in einer reinen Spiegelfläche sieht, und sie war hochentzückt bei diesem Anblick. Solange aber der Bodhisattva in ihrem Schoße lag, ertönte für ihn immerdar, bei Tag und Nacht, himmlische Musik, regneten fort und fort himmlische Blüten herab, und im Lande fiel zur rechten Zeit der Regen, wehten rechtzeitig die Winde, wechselten rechtzeitig die Jahreszeiten und die Sternbilder, und das Reich genoß Frieden, Überfluß und Freude.

Indessen hatten die Schakyas im schönen Kapilavastu und die anderen Wesen vollauf zu essen und zu trinken. Und sie ergötzten sich, spielten, lustwandelten, spendeten Almosen und taten gute Werke. Wie bei dem großen viermonatigen Fest brachten sie ihre ganze Zeit in Glück und Vergnügen hin. König Schuddhodana jedoch hatte sich von den Regierungsgeschäften zurückgezogen, führte einen keuschen Wandel, hielt sich vollkommen rein und lebte nach dem Gesetz, wie einer, der in den Büßerwald gezogen ist.

DIE GEBURT

Die Geburtsstunde naht. Zweiunddreißig Vorzeichen kündigen das Ereignis an

Als nun zehn Monate vergangen waren und damit die Geburtsstunde des Bodhisattva herangenaht war, zeigten sich im Palastgarten des Königs Schuddhodana zweiunddreißig Vorzeichen:

Die Kelche der Blumen blühten nicht auf, die blauen und weißen Wasserrosen, die Tag- und Nachtlotusse in den Teichen öffneten ihre Knospen nicht. Blüten- und Fruchtbäume, die dem Erdboden bereits entsprossen waren und angesetzt hatten, reiften nicht. Acht Edelsteine tragende Bäume aber zeigten sich; viele hunderttausend Kammern mit Kostbarkeiten tauchten auf und boten sich dem Blick. In den Frauengemächern sah man Kleinodien aufsprießen, und duftende Wasser, mit wohlriechendem Öl parfümiert, flossen in kalten und warmen Strömen dahin. Junge Löwen kamen vom Himalaja herbei, begrüßten die Stadt Kapilavastu, umwandelten sie feierlich dreimal und legten sich zu Füßen der Tore nieder, ohne irgend jemandem ein Leid zu tun. Auch fünfhundert junge weiße Elefanten kamen und betasteten die Füße des Königs Schuddhodana mit der Spitze ihres Rüssels. In den Gemächern der Frauen des Königs aber waren mit Gürteln umwundene Götterkinder zu sehen, die sich ihnen nacheinander auf den Schoß setzten. In der Luft zeigten sich Schlangenmädchen mit halbem Leib. Die einen hielten verschiedene heilige Geräte in den Händen und beugten sich herab. Zehntausend andere, mit Fächern aus Pfauenschwänzen in der Hand, verharrten dagegen ruhig im Luftraum. Gleichzeitig sah man zehntausend mit glückbedeutenden Dingen gefüllte Krüge in Prozession um die Stadt Kapilavastu ziehen, während zehntausend Götterjungfrauen mit Töpfen wohlriechenden Wassers auf dem Kopf, und andere zehntausend, mit Schirmen, Fahnen und Standarten in den Händen, sich aufgestellt hatten. Viele Hunderttausende von himmlischen Musikantinnen endlich standen abwartend da und hatten ihre Muscheln, Pauken, Trommeln und Tamburine vom Hals herabhängen.

Kein Wind wehte. Alle Flüsse und Rinnsale hielten in ihrem Laufe inne. Die Paläste von Sonne und Mond und die Scharen der Sternbilder und Himmelslichter regten sich nicht. Der Mond stand in Konjunktion mit dem Sternbild Puschya.

König Schuddhodanas Haus war von Edelsteinnetzen überspannt, doch das Opferfeuer brannte nicht. Auf Terrassen, Söllern, Torbogen und Türen hingen Perlen und Edelsteine. Die Aufbewahrungsräume für Kleiderstoffe und die Schatzkammern für die verschiedenen Kostbarkeiten standen weit offen. Das Geschrei der Krähen, Eulen, Geier, Wölfe und Schakale war verstummt, und nur angenehm klingende Laute ließen sich hören. Die Arbeiten aller Menschen waren unterbrochen. Die Unebenheiten des Erdbodens waren verschwunden; alle Straßen, Kreuzwege, Plätze, Fahrstraßen und Basare waren eben wie eine Handfläche und glänzten von einer Fülle über sie gestreuter Blumen. Alle Schwangeren hatten leichte Geburten, und die Baumgottheiten in den Schalahainen traten mit halbem Körper aus den Blättern der Bäume heraus und verbeugten sich.

Die Königin erkennt ihren Zustand und begibt sich in den Lumbinihain

Als nun die Königin Maya erkannte, daß die Geburtsstunde des Bodhisattva gekommen war, begab sie sich in der ersten Nachtwache zum König Schuddhodana und redete ihn an mit den Strophen:

„Vernimm, o Herr, daß ich schon seit langem im Sinn habe, unsern Park aufzusuchen. Wenn es dich nicht erzürnt, dir verhaßt ist oder törícht erscheint, will ich mich sogleich in den Lusthain begeben.

Du selbst bist von der Aszese hart mitgenommen und hast deinen Sinn allein auf das Gesetz gerichtet, und ich trage seit langer Zeit ein reines Wesen unter dem Herzen. Nun knospen die schönsten Bäume;

die Schalas sind von Blüten überdeckt; darum ist es an der Zeit, o Herr, die Gärten zu besuchen!

Wir haben jetzt die schönste der Jahreszeiten. Es ist Frühling, wo die Frauen sich zu schmücken trachten. Die Bienen summen; Kokilas und Pfauen singen ihr Lied; und reiner, glänzender Blütenstaub wirbelt durch die Lüfte. – Bitte, gib Befehl, und laß uns unverzüglich ziehen!"

Als der König diese Worte gehört hatte, freute er sich und sprach froh zu seinem Gefolge: „Macht Pferde, Elefanten, Wagen und Sänften bereit und schmückt den an Vorzügen reichen Lumbinihain!"

Darauf brach die Königin Maya auf, und mit ihr zogen achtzigtausend mit Pferden bespannte, schmucküberladene Wagen, achtzigtausend reich gezierte Elefantengefährte und ein Geleit von achtzigtausend Fußsoldaten, sämtlich kühne und starke Helden, schön, wohlgestaltet und mit festgefügten starken Rüstungen gepanzert. Hinter ihr folgten sechzigtausend Schakyamädchen und eine besondere Schutztruppe von vierzigtausend älteren, jüngeren und im besten Alter stehenden Schakyas, nur aus solchen Familien, die dem König Schuddhodana verwandt waren. Zum weiteren Gefolge gehörten sechzigtausend Frauen aus dem Harem des Königs, die Konzert von Gesang und Instrumentalmusik veranstalteten, und angeschlossen hatten sich je achtzigtausend prächtig geschmückte Götterjungfrauen, Schlangenmädchen, himmlische Musikantinnen, und Frauen von Halbgöttern und Dämonen. In mannigfachen Gesängen und Melodien der Königin Ruhm verkündend, gaben ihr alle diese das Geleit.

Der ganze Lumbinihain aber war mit duftendem Wasser gesprengt und mit himmlischen Blumen überstreut worden, und alle Bäume gaben unzeitgemäß Blätter, Blüten und Früchte.

Im Lumbinihain angekommen, stieg die Königin von ihrem kostbaren Wagen ab, streifte, umgeben von irdischen und himmlischen Frauen, von Baum zu Baum und wandelte von Gebüsch zu Gebüsch. Baum für Baum sah sie sich an und gelangte schließlich zu einem großen Plakschabaum.

Der war eine Perle unter den Bäumen, mit wohlproportionierten Zweigen und gleichmäßig verteilten Blättern und Blütenknospen. Mannigfache himmlische und irdische Blumen überdeckten ihn, denen der Duft der vortrefflichsten Wohlgerüche entströmte. Von den Zweigen hingen verschiedenfarbige Gewänder herab; und der Baum glänzte in dem bunten Farbenspiel unzähliger ihn zierender Perlen. Wurzeln, Stamm, Zweige und Blätter waren mit edlen Steinen aller Art geschmückt. Die Zweige dehnten sich in prächtigem Wuchs in die Breite, während die Standfläche eben wie ein Handteller war. Über den Boden breitete sich grünes Gras von Pfauenhalsfarbe und so angenehm anzufühlen wie ein weicher Stoff gleichmäßig aus.

Unter diesem Baum hatten auch die Mütter der früheren Buddhas geweilt, und er war oft in den Liedern der Götter besungen worden. Rein, fleckenlos und lauter ist er, und Hunderttausende der in ihrem Inneren zur Ruhe gekommenen Götter der reinen Sphären hatten sich schon verehrend mit den Köpfen vor ihm verneigt, so tief, daß Flechten und Diademe zu Boden hingen.

Als die Königin nach dem Zweige eines Baumes greift, wird der Bodhisattva aus ihrer rechten Seite geboren

Und es neigte sich, infolge der Majestät des Bodhisattva, der Plakschabaum und grüßte. Da streckte die Königin Maya ihren rechten Arm aus, so schnell, daß es schien, als wenn ein Blitz die Luft durchzuckte, ergriff den Plakschazweig und stand, den Blick gen Himmel gerichtet und sich anmutig dehnend, da. In diesem Augenblick näherten sich Hunderttausende von himmlischen Jungfrauen, die von den Göttern der Sinnenreiche her herbeikamen, der Königin Maya, um ihr aufzuwarten. Und als so die zehn Monate voll waren, trat der Bodhisattva, der schon im Mutterleibe mit solchen Fähigkeiten zu Wundern ausgestattet war, zur rechten Seite seiner Mutter heraus. Er war bei vollem Bewußtsein und nicht mit dem Schmutz des Mutterleibes behaftet.

Und in diesem Augenblick standen Schakra, der Götterkönig, und Brahma, der Herr der Geschöpfe, vor der Königin, nahmen den Bodhisattva höchst ehrerbietig und bedacht entgegen und hüllten ihn sorgsam mit allen Gliedern in ein himmlisches Seidengewand.

Der Bodhisattva wird gebadet

Kaum war der Bodhisattva geboren, da ließ er sich auf die Erde hinunter. Doch während er sich hinstellte, spaltete sich sogleich die Erde, und eine große Lotusblüte kam zum Vorschein. Und zwei Schlangenkönige: Nanda und Upananda zeigten sich mit halbem Körper in der Luft, brachten zwei Wasserströme hervor, einen kalten und einen warmen, und badeten den Bodhisattva. Auch Schakra, Brahma, die Welthüter und alle andern hunderttausend Götter wuschen mit verschiedenen wohlriechenden Wassern den eben geborenen Bodhisattva und überstreuten ihn mit frischen Blumen. Und im Luftraum erschienen zwei Fliegenwedel und ein mit Juwelen besetzter Schirm. Der Bodhisattva aber blickte, auf dem großen Lotus stehend, in alle vier Himmelsgegenden und überschaute sie mit dem Blick des Löwen, mit dem Blick des großen Mannes.

Der Bodhisattva macht sieben Schritte nach jeder Himmelsrichtung und verkündet die Aufgaben und Ziele seines Erdenwandels

Zu dieser Zeit entstand dem Bodhisattva das göttliche Auge, das aus dem Reifwerden der in früheren Leben gepflanzten Wurzeln zum Guten hervorgeht und dessen Blick kein Hindernis hemmen kann. Mit diesem Auge schaute er hin auf die vielen tausend Welten samt ihren Städten, Dörfern, Ländern, Königreichen, Residenzen, ihren Göttern und Menschen. Und er erkannte das Sinnen und Betragen aller Wesen und überlegte: Gibt es denn ein Wesen, das mir gleichkäme an sittlicher Zucht, Versenkung, Erkenntnis und Pflege der Wurzeln des Guten? Und er sah in all den vieltausend Welten kein Wesen, das ihm gleichkam. Da fühlte sich der Bodhisattva furchtlos, ohne Schrecken oder Angst wie ein Löwe. Und nachdem er bescheiden überlegt und gesonnen hatte und ihm das Trachten und Tun aller Wesen klar geworden war, machte er, ohne gestützt zu werden, sieben Schritte nach Osten und sagte: „Ich will ein Beispiel all der Eigenschaften sein, die im Guten wurzeln!“

Als der Bodhisattva so dahinschritt, folgten ihm – von niemandem gehalten – oben im Luftraum der große, weiße, himmlische Schirm und die prächtigen Fliegenwedel. Wohin aber der Bodhisattva trat, da kamen Lotusblüten zum Vorschein.

Auch nach Süden machte der Bodhisattva sieben Schritte und sagte: „Ich werde verehrungswürdig sein für Götter und für Menschen."

Weiter tat er sieben Schritte nach Westen. Beim siebenten Schritte blieb er stehen und sprach mit Löwenstimme die herzerquickenden Worte: „Ich bin der Erste in der Welt! Ich bin der Größte in der Welt! Dies ist meine letzte Geburt! Ein Ende werde ich den Leiden des Geborenwerdens, Alterns und Sterbens bereiten!"

Dann machte der Bodhisattva sieben Schritte nach Norden und sprach: „Ich werde das höchste aller Wesen sein."

Bei der Geburt geschehen Wunderzeichen in der Natur
Alle Wesen sind in glückseligem Zustand

Wenn aber ein Bodhisattva zum letzten Dasein geboren wird und wenn er zur allerhöchsten Erleuchtung erwacht, dann geschehen durch ihn Wunderzeichen übernatürlicher Macht, wie sie jetzt erschienen:

Alle Wesen erregten sich so, daß sich selbst die Härchen in ihren Poren sträubten. Ein großes Erdbeben erschütterte die Welten, ein schreckliches, angsterregendes. Ohne angeschlagen zu sein, erklangen Musikinstrumente im Himmel und auf Erden. Bäume aller Jahreszeiten und aller Welten trugen Blüten und Früchte. Aus klarem Himmel ertönte der Donner, und bei wolkenloser Luft rieselte ein feiner Regen. Lieblich duftende Winde wehten einher, die Schauer himmlischer Blumen, Kleidungsstücke, Schmucksachen, Wohlgerüche und Sandelpulver mitbrachten und ungemein angenehm zu empfinden waren. Alle Gegenden des Himmels erglänzten klar, und es gab nirgendwo Dunkelheit, Nebel oder Rauch. Aus dem oberen Luftraum wurden feierlich erhabene Klänge unsichtbarer Herkunft vernehmbar. Ja, die Strahlen von Mond und Sonne, Schakra, Brahma und die der Welthüter waren dahin, denn ein überirdischer Glanz, der ungemein wohltuend war, bei allen Wesen körperliches und seelisches Glücksempfinden hervorrief und in viel tausend Farben gleichzeitig erschien, erfüllte plötzlich alle Welten.

Kaum war der Bodhisattva geboren, da fühlten sich alle Wesen vollkommen wohl. Verschwunden war alle Leidenschaft, Haß, Verblendung, Stolz, Unbehagen, Verzagtheit, Furcht, Habsucht, Eifersucht und Neid. Alle schlechten Handlungen hörten auf. Die Krankheiten aller Leidenden erreichten ein Ende. Der Hungrigen und Durstenden Verlangen wurde gestillt. Die von Branntwein Berauschten wurden nüchtern. Die Irren erhielten ihr Gedächtnis zurück, die Blinden ihre Augen, die Tauben ihr Gehör. Die an einem Glied oder Körperteil Verstümmelten gewannen ihre unversehrten Organe wieder. Die Armen erlangten Reichtum, die in Fesseln Geschlagenen wurden von ihren Banden befreit. Die Quälereien aller Art, die den Verdammten in den Höllen bereitet werden, wurden eingestellt. Das gegenseitige Sichauffressen und die sonstigen Leiden der Tierwelt fanden Ruhe, ebenso wie Hunger, Durst und alle anderen Qualen der Bewohner des Totenreiches.

Die Königin Maya stirbt

Bei der Geburt des Bodhisattva aber war die Seite des Mutterleibes, zu der er heraustrat, unversehrt und unbeschädigt geblieben und genau so wie früher. Trotzdem zeigten sich zur Bedienung für die Mutter dreifach sprudelnde Wasserbrunnen und Lotusteiche voll duftenden Öls. Fünftausend Götterfrauen aber, die nach himmlischen Wohlgerüchen duftendes Öl in den Händen trugen, traten an die Mutter des Bodhisattva heran und fragten sie, ob sie glücklich geboren habe und ob ihr Körper nicht erschöpft sei. Die gleichen teilnehmenden Fragen stellten viermal fünftausend Götterfrauen, die himmlische Salben, Töpfe voll himmlisch duftenden Wassers, himmlische Knabengewänder oder Schmucksachen mitbrachten, und weitere fünftausend, die ein Konzert auf himmlischen Musikinstrumenten hören ließen.

Fremde Seher aber aus ganz Dschambudvipa, die über die fünf übernatürlichen Erkenntnisse verfügten, kamen durch die Luft herbei, blieben vor dem König Schuddhodana stehen und brachten ihm ihre Sieges- und Glückwünsche dar.

Und der eben geborene Bodhisattva wurde im Lumbinihain mit himmlischen und irdischen Musikdarbietungen aufs höchste gefeiert. Gutschmeckende harte und weiche Speisen wurden ausgeteilt, während Scharen von Schakyas zusammenkamen. Sie alle stießen Freudenrufe aus, spendeten Almosen und taten Gutes. Viele hunderttausend Brahmanen wurden Tag für Tag gespeist, und allen Bedürftigen wurde nach Wunsch gegeben.

Doch als seit der Geburt des Bodhisattva sieben Tage verflossen waren, da starb die Königin Maya und wurde sogleich im Himmel der dreiunddreißig Götter wiedergeboren. Sie hatte das äußerste Maß ihres Lebens erreicht. Auch die Mütter der Bodhisattvas der Vergangenheit sind sieben Tage nach der Geburt gestorben. Denn wenn ein Bodhisattva herangewachsen ist und mit voll ausgebildeten Organen die Mutter verläßt, dann springt ihr das Herz.

Der Prinz kehrt aus dem Lumbinihain zurück

Und am siebenten Tage zog der Bodhisattva mit ähnlichem, aber noch vielhundertmillionenfach größerem Gepränge als das, mit dem sich die Königin Maya aus der Stadt in den Hain begeben hatte, in Kapilavastu ein.

In dieser Perle aller Städte aber hatten fünfhundert Schakyas bereits je ein Haus für den Bodhisattva erbauen lassen. Und alle diese Schakyas standen beim Einzug des Bodhisattva auf den Schwellen ihrer Häuser, legten die Hände ehrerbietig vor der Brust zusammen, verbeugten sich und sprachen ehrfurchtsvoll: „Bitte, tritt hier ein, o Herr der Götter; tritt hier ein, du reines Wesen; hier, du bester der Lenker; hier, du Freude- und Entzückenbereiter; hier, du Träger untadeligen Ruhmes; hier, der du das Auge überall hast; hier, du Unvergleichlicher; hier tritt ein, der du von seltenen Eigenschaften leuchtest und dessen Körper von den zweiunddreißig Kennzeichen und den achtzig Nebenmerkmalen schön geschmückt ist!"

Mahapradschapati Gautami, die Schwester der verstorbenen Königin Maya, wird zur Pflegemutter des Prinzen ausersehen

Da ließ König Schuddhodana, um allen diesen zu willfahren, den Bodhisattva in sämtliche Häuser eintreten und brachte ihn erst nach Verlauf von vier Monaten in seinen eigenen Palast. Und der Bodhisattva bezog das Palais „Mannigfache-Juwelen-Häufung". Dort kamen dann die ältesten Schakyas zusammen und überlegten: Welche Frau ist nun imstande, in liebevoller Zuneigung, nur auf sein Wohl bedacht, das Herz voll guter Eigenschaften und in freundlicher Gesinnung, den Bodhisattva zu hüten, mit ihm zu spielen und ihn zu betreuen? Und fünfhundert Schakyafrauen erboten sich alsbald, sich des Knaben anzunehmen. Da aber sagten die ältesten unter den Schakyas: „Alle diese Frauen sind jung, zart und empfindlich, geschwellt von Schönheit, Jugend und Übermut; darum sind sie nicht imstande, sich des Bodhisattva ordentlich anzunehmen. Doch Mahapradschapati Gautami hier, die Schwester der Mutter des Knaben, ist in der Lage, ihn glücklich aufzuziehen und den König Schuddhodana zu unterstützen." Da stimmten alle diesen Worten bei und ermunterten Mahapradschapati Gautami, die Aufgabe zu übernehmen. So kam es, daß diese den Knaben aufzog.

Danach wurden für den Bodhisattva zweiunddreißig Ammen angestellt, acht, die ihn zu tragen hatten, acht, die ihm Milch gaben, acht, die ihn sauber machten, und acht, die mit ihm spielten.

Dann dachte König Schuddhodana: Welchen Namen soll ich dem Knaben geben? Und er überlegte: Durch seine Geburt sind alle meine Ziele erfüllt worden, deswegen will ich ihm den Namen Sarvarthasiddha, „der alle Ziele erfüllt hat", geben. Und der König gab dem Bodhisattva unter hohen Ehrerweisungen diesen Namen, indem er verkündete: „Der Knabe soll den Namen Sarvarthasiddha tragen!"

DIE WEISSAGUNG DES SEHERS ASITA

Der Seher Asita erkennt aus Wunderzeichen, daß der Bodhisattva geboren ist, und fliegt zum Palaste des Königs Schuddhodana

Zu dieser Zeit wohnte an den Abhängen des Himalaja, des Königs der Berge, ein großer, mit den fünf übernatürlichen Erkenntnissen begabter Seher, namens Asita, zusammen mit seinem Neffen Naradatta. Dieser Seher bemerkte, als der Bodhisattva geboren wurde, viele übernatürliche Wundererscheinungen, sah Götter durch die Luft fliegen, welche vom Buddha erzählten, ihre Gewänder hin und her bewegten und freudig von hier nach dort umherschweiften. Und da dachte er: Ich muß doch sehen, was es gibt, überblickte mit dem göttlichen Auge ganz Indien und sah, daß in der großen Stadt Kapilavastu, im Hause des Königs Schuddhodana ein Knabe geboren worden war, der machtbegabt war durch die Kraft von hundert guten Taten, der von aller Welt verehrt wurde und dessen Glieder die zweiunddreißig Kennzeichen eines großen Mannes schmückten.

Da sprach er zu dem jungen Brahmanen Naradatta: „Wisse, Naradatta, im Lande des Rosenapfelbaumes ist ein großer Edelstein erschienen. In der großen Stadt Kapilavastu, im Hause des Königs Schuddhodana, ist ein Knabe geboren worden, der mit den zweiunddreißig Merkmalen eines großen Mannes ausgezeichnet ist. Wenn er das Weltleben nicht verschmäht, wird er ein siegreicher, Heere aller vier Truppengattungen befehligender Weltherrscher werden, ein frommer und gerechter König, der der Kraft und dem Mut seines Volkes trauen darf und die sieben Kleinodien des Rades, des Elefanten, des Pferdes, der Perle, der Frau, des Haushalters und des Heerführers besitzt. Ihm werden tausend Söhne geboren werden, starke Helden von schönen Gliedern, die die feindlichen Heere zermalmen. Und so wird er, nachdem er den gesamten meerumschlossenen Erdkreis, ohne Strafen und ohne Schwertstreich, allein durch die Macht seiner Persönlichkeit unterworfen hat, das Reich regieren, als oberster Herrscher über

Geburt, erste Schritte und
Bad des Bodhisattva

Asitas Prophezeiung

alle. Wenn er aber aus dem Hause in die Heimatlosigkeit fortziehen sollte, wird er ein Pfadvollender werden, ein Heiliger, ein vollkommen Erleuchteter, ein selbständiger Führer, ein Meister sein, der hier auf Erden ganz erwacht ist. Laß uns deshalb hingehen, um den Knaben zu betrachten!"

Da erhob sich der Seher Asita mit seinem Neffen Naradatta wie eine Wildgans in die Lüfte und begab sich in Riesenschwüngen zur Stadt Kapilavastu. Dort angekommen, zog er die übernatürlichen Fähigkeiten wieder in sich zurück, betrat die große Stadt zu Fuß, nahm seinen Weg zur Wohnstätte des Königs Schuddhodana und blieb an dessen Haustür stehen.

Der König empfängt den Seher

Als der große Seher Asita bemerkte, daß an der Tür des Königs Schuddhodana viele Hunderttausende von Wesen zusammengekommen waren, begab er sich zum Türsteher und sagte: „Geh, Diener, und melde dem König Schuddhodana, daß ein Seher an der Tür wartet." „Schön", versprach ihm der Türsteher, ging zum König Schuddhodana, legte die Hände ehrerbietig vor der Brust zusammen und meldete, ein alter, hochbetagter Seher warte an der Tür und wünsche den König zu sehen.

Da ließ König Schuddhodana einen Sitz bereitstellen und befahl, den Seher eintreten zu lassen. Der Diener begab sich nach draußen und forderte den Seher zum Eintritt auf.

Da trat Asita an den König heran, stellte sich vor ihn hin und begrüßte ihn mit den Worten: „Sieg wünsche ich dir, großer König, langes Leben und daß du gerecht herrschen mögest."

Und König Schuddhodana ließ dem Seher Wasser für die Füße reichen, empfing ihn ehrenvoll und freundlich und lud ihn ein, Platz zu nehmen. Als er dann sah, daß jener bequem saß, redete er ihn voll Achtung und Ehrerbietung an: „Ich erinnere mich nicht, o Seher, dich schon einmal gesehen zu haben. Weswegen bist du hierhergekommen? Welcherart ist dein Anliegen?" Darauf antwortete ihm Asita: „Ein

Sohn ist dir geboren, o Großkönig; in dem Wunsche, ihn zu sehen, bin ich hierhergekommen!" „Der Knabe schläft, gedulde dich darum die kurze Weile, bis er erwacht." Da antwortete der Seher: „O Großkönig, ein solch hohes Wesen schläft nicht lange. Wach zu sein, ist die Gewohnheit derart bedeutender Männer!"

Und in diesem Augenblick zeigte der Bodhisattva, um Asita eine Freude zu machen, daß er erwacht war. Und König Schuddhodana nahm den Knaben mit beiden Händen vorsichtig auf und reichte ihn dem Seher.

Asita sieht den Knaben und bricht in Tränen aus

Asita betrachtete den Bodhisattva, der mit den zweiunddreißig Kennzeichen eines großen Mannes versehen war und dessen Glieder die achtzig Nebenmerkmale zierten. Sein Leib war edler gestaltet als der Schakras, Brahmas und der Himmelskönige; er strahlte heller als hunderttausend Sonnen und war schön an allen Gliedern. Als Asita ihn so sah, tat er den begeisterten Ausspruch: „Ein wunderbares Geschöpf fürwahr ist hier in der Welt erschienen!"

Damit stand er von seinem Sitz auf, legte betend die Hände vor der Brust zusammen und warf sich zu Füßen des Bodhisattva nieder, umwandelte ihn feierlich, nahm ihn auf seinen Schoß und saß in Nachdenken versunken da. Und er bemerkte, daß der Bodhisattva die zweiunddreißig Kennzeichen des großen Mannes besaß, und erinnerte sich, daß, wer mit diesen behaftet ist, nur zwei Wege einschlagen kann und keinen andern: verweilt er im Weltleben, so wird er ein weltbeherrschender König; wenn er aber aus dem Hause in die Heimatlosigkeit fortzieht, wird er ein Pfadvollender, ein berühmter und vollkommen Erleuchteter. Als Asita den Knaben so betrachtete, weinte er, seine Tränen rannen, und er stöhnte tief auf.

Der Seher beklagt, die Zeit nicht mehr erleben zu können, da der Bodhisattva die rechte Lehre predigen wird

König Schuddhodana aber bemerkte, daß Asita weinte. Da schrak er zusammen und sprach aufs äußerste bestürzt zu dem Seher: „Warum, o Seher, weinst du, läßt deine Tränen rinnen und stöhnst tief auf? Steht dem Knaben ein Unglück bevor?“ Darauf antwortete Asita: „Ich weine nicht um des Knaben willen; ihm steht auch kein Unglück bevor. Doch über mich selbst weine ich, denn ich bin alt und hochbetagt. Sicherlich wird der Knabe Sarvarthasiddha einst zur allerhöchsten vollkommenen Erleuchtung erwachen und das vortreffliche Rad der Lehre in Bewegung setzen, das noch von keinem auf Erden in richtiger Weise bewegt worden ist, sei es von Aszeten, Brahmanen, Göttern, Mara oder irgendeinem anderen. Er wird die Lehre predigen zum Heil und zum Glück für die ganze Welt samt ihren Göttern. Er wird den Wesen die sittliche Zucht verkünden, die trefflich am Anfang, trefflich in der Mitte und trefflich am Ende ist, die einen gut faßlichen Sinn hat, ausgezeichnete Merkmale trägt, die rein, vollkommen, klar und lauter ist. Und wenn die Wesen von ihm die Lehre gehört haben, werden sie, von Natur der Geburt unterworfen, von weiterem Geborenwerden erlöst sein und ebenso auch von Alter, Krankheit, Tod, Kummer, Wehklage, Leid, Trübsinn und Unruhe befreit werden. Und allen denen, welche von dem Feuer der Leidenschaft, des Hasses und der Verblendung durchglüht sind, wird er durch einen Regen, dessen Wasser die wahre Lehre ist, Beruhigung verschaffen. Dazu wird er die, welche auf einem schlechten Pfade wandeln und in das Dickicht der mannigfachen schlechten Lehrmeinungen geraten sind, auf den rechten Pfad und auf den Weg ins Nirwana führen. Die in dem Gefängnis des immer wieder Geborenwerdens Eingekerkerten und durch die Bande der Sünde Gefesselten wird er aus ihren Ketten erlösen, und all denen, deren Augen durch den dunklen Schleier der Finsternis ‚Unwissenheit‘ verhüllt werden, wird er den Blick der Erkenntnis entstehen lassen. Den Wesen endlich, in denen der Dorn der bösen Leidenschaften steckt, wird er diesen ausreißen.

O Großkönig, so wie eine Udumbarablüte nur ganz selten auf Erden erblüht, so erstehen auch die erhabenen Buddhas nur ab und zu, nach Verlauf von vielen Millionen von Zeitaltern in der Welt. Dieser Knabe wird sicherlich zur allerhöchsten vollkommenen Erleuchtung erwachen und dann unzählige Millionen von Wesen aus dem Ozean der Wiedergeburt an das andere Ufer retten und sie in die Unsterblichkeit heimführen!

Ich aber werde diesen Edelstein eines Buddha nicht mehr sehen, so denke ich, o Großkönig, und weil ich seine Wirksamkeit nicht mehr erleben kann, weine ich und seufze betrübt und schwer."

Asita erklärt die zweiunddreißig Merkmale eines großen Mannes an dem Knaben

„Denn sieh, o König, genau wie wir es in den heiligen Sprüchen und Lehrbüchern erfahren, ist der Knabe Sarvarthasiddha mit den zweiunddreißig Kennzeichen eines großen Mannes versehen:

Sein Haupt hat einen naturgewachsenen Turban. Sein Haar ist dunkelblau wie Augenschminke oder ein Pfauenschweif, ist gelockt und dreht sich von links nach rechts. Seine Stirn ist flach und breit. Mitten zwischen seinen Augenbrauen glänzt ein Haarflöckchen, leuchtend hell wie Schnee oder Silber. Seine Augen haben dichte und gleichmäßige Wimpern und sind von dunkler Farbe. Er hat vierzig glatte, lückenlose, reine Zähne. Seine Stimme ist tief und ehrfurchtgebietend; sein Geschmack ausgesucht fein; seine Zunge groß und dünn. Seine Kinnladen sind wie die eines Löwen. Seine Schultern sind voll, und auch Halsansatz, Handflächen und Fußsohlen zeigen keine Gruben oder Höhlungen. Die Brust ist gewölbt, die Haut zart und von goldener Farbe. Seine Arme reichen im Stehen, ohne daß er sich beugt, bis an die Knie herab. Sein Oberkörper ist stattlich wie der eines Löwen. Seine Taille gleicht einem Feigenbaum. Aus jeder seiner Poren wächst nur ein einziges Härchen, und diese Härchen drehen sich von der Spitze aus nach rechts herum. Seine Geschlechtsteile liegen versteckt. Das Gesäß ist wohlgerundet. Seine Beine sind wie die einer Gazelle.

Seine Finger sind lang. Die Füße haben langgestreckte Fersen und bilden eine gerade Fläche. Hände und Füße sind weich und zart. Zwischen Fingern und Zehen hat er eine Schwimmhaut. Die Zehen sind lang, und unter den Fußsohlen finden sich zwei glänzende Räder mit tausend Speichen, Radkranz und Nabe. Seine beiden Füße stehen fest und gleichmäßig auf dem Boden.

Mit diesen zweiunddreißig Kennzeichen eines großen Mannes ist der Knabe versehen. Nur Bodhisattvas haben derartige Merkmale. Sicherlich wird er einst hinausziehen, um die Heimatlosigkeit zu suchen."

Als König Schuddhodana diese Prophezeiung des Sehers Asita über den Knaben gehört hatte, war er hocherfreut. Und er stand von seinem Sitze auf, warf sich dem Bodhisattva zu Füßen und sprach die Strophe:

„Götter und Götterkönige ehrten dich, und Seher haben dir gehuldigt. So begrüße auch ich den Heiland aller Welt in dir, o Herr!"

Dann ließ König Schuddhodana dem Seher Asita und seinem Neffen Naradatta ein angemessenes und reichliches Mahl vorsetzen, ließ ihnen Gewänder reichen und umwandelte sie feierlich zum Abschied. Und Asita entfernte sich mit Hilfe seiner Zaubermacht durch die Luft und kehrte in seine Einsiedelei zurück.

DIE JUGEND

TEMPELBILD II

Die Szenen des 2. Tempelbildes (S. 64) stellen Ereignisse aus der Jugend des Bodhisattva dar. Ein großer Teil illustriert die Siege des Bodhisattva in den verschiedenen Wettkämpfen. Der Inhalt ist im einzelnen folgender:

Rechts unten:

Der Bodhisattva besucht den Tempel des Familienschutzgottes der Schakyas, des Dämon Schakyavardhana (Schakya-Wachstum). Wir sehen rechts unten den Dämon auf der Terrasse seines Tempels. Damit verbunden — unten Mitte —, wie sich der Bodhisattva mit Begleitern dem Tempel nähert. Der Dämon steht in der Tür und bezeigt dem Bodhisattva Verehrung. Der Bodhisattva ist als Erwachsener dargestellt. Der Vorgang entspricht dem Tempelbesuch unserer Textauszüge (S. 59 ff.). Wir haben eine andere hübschere Version als die dem Bilde genau entsprechende für den Text gewählt.

Links unten:

Eine goldene Schüssel und die beiden Elefanten im Hintergrunde charakterisieren die Szene als Wiedergabe der Legende, wonach dem Prinzen einst eine goldene Schüssel nicht entrissen werden kann, und er sich als stärker als tausend Elefanten zeigt (Text S. 61 f.).

Links Mitte:

Der Bodhisattva in der Schule (Bildausschnitt S. 65, Text S. 62 f.).

Unten Mitte:

Die Legende von der Fortschleuderung des Elefanten (Text S. 64 f.). — Devadatta tötet den Elefanten durch einen Schlag auf die Stirn. — Der tote Elefant. — Sundarananda zieht den toten Elefanten beiseite. — Der Bodhisattva ergreift den Elefanten mit den Zehen seines rechten Fußes am Schwanz, um ihn über die Stadtmauer zu werfen.

Links unten:

Der Bodhisattva beim Wettkampf im Schreiben und Rechner (Text S. 65 ff.).

Unten Mitte:

Der Bodhisattva schleudert beim Wettkampf im Ringen seinen Gegner durch die Luft (Text S. 67 f.).

Rechts oben:

Der Sieg im Bogenschießen (Bildausschnitt S. 80, Text S. 68 ff.). Man sieht die sieben Palmen, dazwischen Metalltrommeln und an der letzten Palme das Bild eines Ebers. Der Bodhisattva hat geschossen, alle Ziele durchbohrt, und der Pfeil verschwindet im Boden, wobei eine Quelle hervorsprudelt.

Die folgenden Szenen stellen Wettkampfsiege des Bodhisattva dar, die in unsern Textauszügen nur kurz erwähnt werden (S. 70 f.).

Rechts oben:

Der Wettkampf im Schwimmen. Der Prinz gleitet leicht über die Wogen dahin, während sein Gegner zu ertrinken droht.

Links oben:

Der Bodhisattva reitet einen weißen Elefanten, während sein Gegner abgeworfen ist.

Oben Mitte:

Der Bodhisattva zeigt sich als Meister im Baumfällen. Er durchschneidet mit dem Schermesser einen Baum in so feinem Schnitt, daß die Baumkrone stehenbleibt und erst bei einem Windstoß umfällt.

Rechts unten:

Der Bodhisattva beschenkt Gopa (Yaschodhara) mit einem Ring (Bildausschnitt S. 3, Text S. 78 f.).

KINDHEIT UND JÜNGLINGSALTER

Tempelbesuch. Die Götter huldigen dem Prinzen

Und es versammelten sich die Ältesten der Schakyas, begaben sich zum König Schuddhodana und erinnerten ihn, daß der Prinz in den Tempel geführt werden müsse. Der König stimmte freudig bei und befahl, aus diesem Anlaß die Stadt zu schmücken: die Wege, Kreuzungspunkte, Plätze, Basare und Fahrstraßen zu verzieren; alles Unglückbedeutende wie Einäugige, Bucklige, Taube, Blinde, Stumme, Lahme, Mißgestaltete und ihrer Sinnesorgane nicht vollkommen Mächtige, beiseite zu schaffen; alles Glückbedeutende dagegen hervorzuholen:

„Die Glückspauken laßt ertönen, die Freudenglocken schlagen, die Stadttore bekränzen und fröhliche Musikweisen spielen! Die Burggrafen sollen sich sammeln und auch die Kaufleute, Haushalter, Hofbeamten, Kämmerer und Gefolgsleute zusammentreten! Schirrt Wagen an für die jungen Mädchen, stellt mit glückbedeutenden Dingen gefüllte Krüge auf! Holt Brahmanen zum Rezitieren der Sprüche herbei und verschönert alle Tempel!"

Und es geschah wie der König befohlen hatte.

Darauf betrat König Schuddhodana die inneren Gemächer und sprach zu Mahapradschapati Gautami: „Schmücke den Knaben; er soll in den Tempel geführt werden!" Und Mahapradschapati Gautami antwortete zustimmend und schmückte ihn. Während aber dies geschah, sprach der Knabe lächelnden Antlitzes, ohne die Brauen zu runzeln und mit süßer Stimme zu seiner Muhme: „Mutter, wohin soll ich geführt werden?" Diese antwortete: „In den Tempel der Götter, Kind!" Da lächelte der Knabe ein wenig und sprach heiteren Gesichts zu seiner Muhme die Strophen:

„Als ich geboren wurde, da zitterten die dreitausend Welten, und Schakra, Brahma, die Dämonen und großen Schlangen, aber auch Sonne, Mond, der Himmelskönig Vaischravana und Kumara, der

Kriegsgott, neigten ihr Haupt tief, bis auf meine Füße, und verehrten mich.

Welch anderer Gott könnte mich nun noch so überragen, daß du mich heute zu ihm bringst, Mutter? Ich bin der oberste Gott der Götter, bin der höchste von allen. Keiner kommt mir gleich! Wie sollte mich einer überragen?

Doch ich will mich dem Weltenbrauch anpassen und gehen, o Mutter! Dann wird das Volk, hingerissen und von Staunen bewegt, wenn es meine Wunderkräfte wirken sieht, mir maßlose Verehrung bezeigen, und Götter und Menschen werden erkennen: Er ist fürwahr ein Gott der Götter!"

Und nachdem dann der Wagen des Knaben in den Frauengemächern geschmückt worden war, machte sich König Schuddhodana mit einem Gefolge von Brahmanen, Städtern, Kaufleuten, Haushaltern, Hofbeamten, Burggrafen, Kämmerern, Gefolgsleuten, Freunden und Verwandten auf den Weg, während ihm von überall her Lobpreisungen und Glückwünsche entgegenschollen. Straßen, Kreuzungspunkte, Plätze, Basare usw. waren mit einer Überfülle von Zierat geschmückt, und den Weg, den Schuddhodana mit dem Knaben zog, umwölkte Weihrauch und übersäten frischgebrochene Blumen. Ein Gewirr von Pferden, Elefanten, Wagen und Fußgängern erfüllte die Straße. Schirme, Fahnen und Standarten waren daran errichtet, und der laute Schall ungezählter Musikinstrumente ertönte. Hunderttausende von Göttern zogen den Wagen des Bodhisattva, und gleichzeitig erschienen Millionen von Götterknaben und himmlischen Jungfrauen in der Luft, ließen einen Blumenregen herabrieseln und spielten ihre Musikinstrumente.

So trat König Schuddhodana unter Entfaltung der größten königlichen Pracht, Majestät und Würde mit dem Knaben in den Tempel ein.

Doch kaum hatte der Bodhisattva die Sohle seines rechten Fußes hineingesetzt, da erhoben sich alle die unbeseelten Götterbilder: Schiva, Skanda, Narayana, Kubera, Mond, Sonne, Vaischravana, Schakra, Brahma, die Welthüter usw., von ihren Plätzen und fielen zu Füßen des Bodhisattva nieder. Hunderttausende von Göttern und Menschen aber stießen ebenso viele Laute der Verwunderung aus und schwenkten erregt ihre Kleider. Gleichzeitig erzitterte ganz Kapilavastu auf sechsfache Weise, regneten himmlische Blumen herab, und Hunderttausende von Musikinstrumenten erklangen, ohne angeschlagen zu sein.

Und die Gottheiten, deren Bilder im Tempel standen, zeigten sich in ihrer wirklichen Gestalt und sprachen die Strophen:

„Niemals wird sich der Meru, der König und höchste der Berge, vor einem Senfkorn verneigen; niemals auch der Ozean, die Wohnstätte der Schlangen, vor einer Pfütze; niemals endlich Sonne und Mond, die strahlenden Lichter, vor einem Glühwürmchen! Wie könnte sich da ein Wesen von edlen Eigenschaften, hervorgegangen aus dem Geschlecht der Weisheit und der Tugend, vor einem Gotte beugen?"

Der Knabe ist stärker als tausend Elefanten

Einst saß der Bodhisattva auf dem Schoß seiner Amme und aß aus einer goldenen Schale duftenden Milchreis. Er aß sehr viel und wollte gar nicht aufhören. Die Amme sah, daß er zu viel nahm, und versuchte, ihm die Schüssel zu entziehen. Der Bodhisattva aber klammerte sich mit der Hand an die goldene Schale, und die Amme vermochte nicht, sie ihm zu entwinden. Nun versuchten alle seine acht Ammen ihm die Schale fortzunehmen, jedoch erfolglos. Sie begaben sich darauf gemeinsam zum König und meldeten ihm den Vorgang. Darauf versuchten der König und die Dienerschaft gemeinsam, dem Bodhisattva die Schale fortzunehmen. Ebenfalls erfolglos. Da berief der König alle seine Beamten und ließ sie es gleichfalls versuchen. Mit Stricken und Haken zogen sie an der Schale, ohne sie ihm entreißen zu können. Nach diesem Versuch holte man fünfhundert große Elefanten und ließ sie mit Tauen an der Schale ziehen.

Da erst bemerkte der Bodhisattva, daß alle diese Leute sich eifrig darum bemühten, ihm die Schale wegzunehmen. Und er dachte: Wollen diese Menschen etwa meine Kraft prüfen? Und mit dem Finger zog er die Schale an sich und machte die vorwärtsziehende Kraft der Elefanten so zunichte, daß sie alle rückwärts gehen mußten.

Als König Schuddhodana dies sah, dachte er: Wenn der Bodhisattva mit einem Finger an der Schale zieht und damit fünfhundert große Elefanten zum Rückwärtsgehen bringt, dann muß er, wenn er beide Hände gebraucht, mindestens tausend zurückreißen. Darum verdient er den Namen „Stark wie tausend Elefanten!"

Der erste Schulgang

So wuchs der Prinz heran und wurde zu angemessener Zeit unter hunderttausend Zeremonien in die Schule geführt, um Schreiben zu lernen. Zehntausend Knaben gaben ihm das Geleit, und zehntausend Wagen, entweder mit wohlschmeckender fester und weicher Speise oder mit Edelmetall und gemünztem Gold beladen, folgten ihm. Überall auf den Wegen, an Kreuzungspunkten, auf Fahrstraßen und in den Basaren der Stadt Kapilavastu wurde davon ausgeteilt und verschenkt, während hunderttausend Musikinstrumente ertönten und ein großer Blumenregen herabfiel. Ungezählte reichgeschmückte junge Mädchen aber standen auf den Terrassen, Balkons, an den Toren, Guckfenstern, auf den Dächern der Gebäude und den Böden der oberen Stockwerke, um nach dem Bodhisattva auszuschauen und bewarfen ihn mit Blumen. Und achttausend Himmelsmädchen, mit herabwallendem Schmuck und Geschmeide angetan und Glücksedelsteinen in den Händen, zogen vor dem Bodhisattva her und reinigten den Weg. Götter, Schlangen, Halbgötter, himmlische Musikanten, Dämonen und andere übermenschliche Wesen aber zeigten sich mit halbem Körper und ließen Blumen, Bänder und Gewinde aus der Luft herabhängen. Und sämtliche Schakyas, König Schuddhodana an der Spitze, zogen vor dem Bodhisattva her. Unter solcher Prachtentfaltung geleitete man den Bodhisattva in den Schreibsaal.

Dort wurden zunächst den Ammen und den Scharen der Dienerinnen Aufenthaltsplätze angewiesen, während die übrigen Schakyas unter König Schuddhodana herantraten. Dann nahm der Bodhisattva ein Schreibbrett von himmlischer Farbe, das aus bestem Sandelholz hergestellt, mit Gold verziert und überall mit Perlen eingelegt war, und sprach zu dem Lehrer Vischvamitra: „Welche Schrift, o Meister, willst du mich lehren? Die Brahmi, die Kharoschthi, die Puschkarasari, die Schrift von Anga, Vanga oder Magadha?" Und so zählte der Bodhisattva die verschiedensten Schriften auf und schloß mit den Worten: „Welche von diesen vierundsechzig Schriften also willst du mich lehren, Meister?"

Da staunte Vischvamitra, der Lehrer der Knaben, lächelte und sprach ohne Stolz, Hochmut und Überhebung die Strophen:

„Es ist erstaunlich, wie sich das reine Wesen hier auf Erden dem Brauche der Welt anpaßt. Trotzdem es alle Lehrbücher bereits studiert hat, ist es doch in die Schule gekommen!

Schriften, deren Namen ich nicht einmal kenne, sind ihm geläufig, und doch ist es in die Schule gekommen!

Ich vermag nicht einmal sein Gesicht und sein Haupt anzusehen, wie sollte ich da den mit der Kenntnis aller Schriften Vertrauten zu unterrichten vermögen?

Er ist der Gott der Götter, der Übergott, der höchste aller Götter, der Herr ohnegleichen, vor allen ausgezeichnet, und niemand in allen Welten kommt ihm nahe!"

Es lernten aber zehntausend Knaben mit dem Bodhisattva Schreiben. Und wenn diese Knaben zum Beispiel das Alphabet aufsagten, sprach der Bodhisattva bei jedem Buchstaben eine fromme Sentenz. So sagte er, als sie den Buchstaben *A* aussprachen: „*A*lle Formen des Daseins sind unbeständig!" und äußerte sich ähnlich bei den übrigen Buchstaben.

Der Prinz wird in den Waffenkünsten unterwiesen

Einst versammelte König Schuddhodana seine Beamten und fragte die Minister um Rat mit den Worten: „Wer weiß, wo es einen Lehrer gibt, der besonders tüchtig ist und so viel von den Heeres- wie von den Waffenkünsten und -methoden versteht, daß er meinen Sohn, den Prinzen Sarvarthasiddha, unterweisen kann?" Da antworteten die Beamten dem Könige ehrerbietig: „Ew. Majestät möge zur Kenntnis nehmen, daß Kschantideva hier, der Sohn des Schakya Suprabuddha, würdig sein dürfte, den Prinzen in den Regeln des Waffengebrauches zu unterrichten."

Als König Schuddhodana diese Worte hörte, wurde er von Herzen froh und befahl den Beamten, Kschantideva herbeizuholen. Dieser kam, und alsdann sprach der König zu ihm: „Kschantideva, vermagst du den Prinzen Sarvarthasiddha in den Waffenkünsten zu unterweisen?" Da erklärte Kschantideva dem König untertänig, er sei dazu wohl imstande. Und der König sagte weiter: „Wenn du dich darauf verstehst, so belehre meinen Sohn gründlich, auf daß er es zur Meisterschaft bringt!"

Damals ließ König Schuddhodana den Garten „Fleißige Anstrengung" als Spielplatz für den Prinzen anlegen, und der Prinz besuchte den Garten, vergnügte und erfreute sich und ließ sich dort massieren. Einst führte Kschantideva den Prinzen in den Garten, um ihm Unterweisung in den Waffenkünsten zu erteilen. Er nahm die verschiedenen Waffen zur Hand und begann, den Prinzen darin zu unterrichten. Doch der Prinz sah sich die Waffen an, warf sie alle beiseite und sprach zu Kschantideva: „Belehre die Söhne der übrigen Schakyas, ich verstehe mich darauf von selbst und brauche den Gebrauch nicht mehr zu erlernen!" Da unterrichtete Kschantideva die übrigen Schakyas im Umgang mit Waffen. Und nach einem kurzen Studium war jeder von ihnen ausgebildet und wohl vertraut mit den neunundzwanzig Arten von Fertigkeiten, vom Reiten des weißen Elefanten, Wagen- und Pferderennen bis zum Bogenschießen.

Darauf ließ König Schuddhodana in der ganzen Stadt Kapilavastu unter Schellenklang bekanntmachen: „In sieben Tagen zeigt der Prinz seine Fähigkeiten in den verschiedenen Wettkämpfen. Alle, die sich auf diese Künste verstehen, sollen sich dazu versammeln!"

Der Bodhisattva schleudert einen Elefanten weit über die Stadtmauer

Am festgesetzten Tage zog Prinz Devadatta vor allen andern zur Stadt hinaus. Während er aber das Tor durchschritt, wurde ein großer weißer Elefant, der für den Bodhisattva bestimmt war, in die

Thaṅka 2 – Lesung der tibetischen Beischriften siehe S. 249f.

6

12 8

10

5 11

7

4

1

3 2

9

Thaṅka 2 – Lesung der tibetischen Beischriften siehe S. 249f.

6

8

12

10

11

5

7

4

1

2

3

9

Die Jugend des Bodhi=sattva

Der erste Schulgang

Stadt hineingebracht. Und Devadatta packte, von Neid beseelt, im Rausche seiner Kraft und seines Schakyatums den Elefanten mit der linken Hand beim Rüssel und tötete ihn mit einem einzigen Schlag seiner flachen rechten Hand.

Bald nach Devadatta zog der junge Sundarananda zur Stadt hinaus, sah den toten Elefanten im Stadttor liegen und fragte: „Wer hat ihn getötet?" Und die Volksmenge antwortete: „Devadatta." Da sprach Sundarananda: „Das war nicht schön von Devadatta;" nahm den Elefanten beim Schwanz und zog ihn vom Stadttor weg beiseite.

Gleich darauf verließ der Bodhisattva zu Wagen die Stadt, sah den erschlagenen Elefanten und fragte: „Wer hat ihn getötet?" Man antwortete: „Devadatta". Da sprach der Bodhisattva: „Das war nicht schön von Devadatta! Aber wer hat ihn aus dem Tor weggezogen?" Man antwortete: „Sundarananda!" Da sprach der Bodhisattva: „Das war gut von Sundarananda; doch das Tier hat einen riesigen Körper und wird, wenn es in Verwesung gerät, die ganze Stadt mit üblem Geruch erfüllen." Damit streckte der Bodhisattva einen Fuß vom Wagen auf die Erde hinunter, packte den Elefanten mit dem großen Zehen am Schwanz und warf ihn über die sieben Mauern und sieben Gräben der Stadt hinaus noch eine Rufweite weit nach außerhalb fort. Und an dem Ort, an welchem der Elefant niederfiel, entstand ein Loch, das noch heute „Elefantenloch" genannt wird.

Der Bodhisattva bleibt Meister beim Wettkampf im Schreiben

So zogen die fünfhundert jungen Schakyas zur Stadt hinaus und begaben sich auf den Platz, wo sie ihre Künste zu zeigen pflegten. Auch König Schuddhodana, die Ältesten der Schakyas und eine große Menge Volks fanden sich dort ein, begierig, das Können des Bodhisattva und der übrigen jungen Schakyas zu sehen.

Und zunächst wollten die jungen Schakyas, die sich auf die Regeln der Schreibkunst verstanden, mit dem Bodhisattva im Schreiben wetteifern, und der Lehrer Vischvamitra wurde von den Versammelten als Preisrichter eingesetzt. Er sollte prüfen, welcher Knabe sich in der

Kenntnis des Schreibens auszeichne, sei es durch schöne Schrift, sei es durch die Beherrschung vieler Schriftarten. Vischvamitra aber, der Zeuge von der Schriftkenntnis des Bodhisattva gewesen war, lächelte und sprach die Strophen:

„Wie viele Schriftarten es auch in irgendeiner Welt geben mag, in der Welt der Menschen, Götter, himmlischen Musikanten oder Dämonen, dies reine Wesen hat sie sich alle zu eigen gemacht!

Schriftarten und Buchstaben, deren Namen weder ich noch ihr wißt, kennt dieser Mond unter den Menschen. Ich bin sein Zeuge, daß er siegen würde!"

Der Bodhisattva siegt beim Wettkampf im Rechnen

Da sprachen die Schakyas: „Wenn der Prinz nun auch in der Kenntnis der Schriften so hervorragend bewandert ist, muß er doch seine Kenntnis der Arithmetik noch beweisen und sich darin auszeichnen." Und ein hoher Rat aus der Schar der Schakyas, namens Ardschuna, der mit der Arithmetik und Rechenkunst vollkommen vertraut war, wurde zum Richter bestellt, um zu prüfen, welcher Knabe sich in der Wissenschaft der Arithmetik auszeichne.

Dann stellte der Bodhisattva eine Aufgabe, und ein junger Schakya rechnete, vermochte sie aber nicht zu lösen. Dann rechneten einer, zwei, drei, vier, fünf, zehn und schließlich alle fünfhundert Schakyaknaben sie gleichzeitig und vermochten nicht die Aufgabe des Bodhisattva zu lösen. Darauf sprach der Bodhisattva: „Stellt ihr jetzt eine Aufgabe, und ich will sie rechnen." Und dann stellte ein Schakyaknabe dem Bodhisattva eine Aufgabe, die diesem keine Schwierigkeiten machte; dann stellten zwei, drei, fünf, zehn und schließlich alle fünfhundert Schakyaknaben gleichzeitig verschiedene Aufgaben, konnten dem rechnenden Bodhisattva aber keine Schwierigkeiten machen. Da sprach der Bodhisattva: „Genug mit diesem Durcheinander, tut euch nun zusammen und stellt eine gemeinsame Aufgabe! Ich will sie rechnen." Und dann einigten sich die fünfhundert Schakyaknaben auf ein Beispiel und stellten eine gemeinsame, so schwierig noch niemals gestellte Aufgabe; doch der Bodhisattva löste sie, ohne sich irremachen zu lassen. So geschah es, daß alle die Schakyaknaben ihre Aufgabe nicht zu Ende brachten und nur dem Bodhisattva die Lösung gelang.

Da wunderten sich die Versammelten sehr und riefen in höchstem Erstaunen wie aus einem Munde: „Sieg, Sieg für den Prinzen Sarvarthasiddha!" Und alle standen von ihren Sitzen auf, legten ihre Hände ehrerbietig vor der Brust zusammen, verbeugten sich vor dem Bodhisattva und sprachen zu dem König Schuddhodana: „Welch ein Gewinn für dich, o Großkönig, wie bist du zu beglückwünschen, daß dein Sohn so schnell, leicht, hurtig und flink fragt und auch Lösungen findet!"

Der Bodhisattva gewinnt den Wettkampf im Ringen

Dann aber hieß es: „Jetzt hat der Prinz noch seine Überlegenheit in körperlichen Wettkämpfen zu beweisen."

Und es geschah, daß der Bodhisattva allein auf der einen Seite stand, während die fünfhundert Schakyas vereint zum Kampf antraten. Zweiunddreißig Knaben waren zum Ringkampf bereit. Nanda und Ananda traten zuerst an den Bodhisattva heran, um mit ihm zu ringen. Kaum aber hatte der Bodhisattva sie mit der Hand berührt, da versagte ihre Kraft vor seiner Gewalt und Energie, und sie fielen zu Boden. Sogleich trat nun Prinz Devadatta, eingebildet, hochmütig, auf seine Kraft pochend und von Stolz auf seine Abstammung aufgeblasen, zum Wettstreit mit dem Bodhisattva an, umwandelte feierlich den Kampfplatz und stürzte sich dann, wie wenn er nur mit ihm zu spielen brauchte, auf den Bodhisattva. Dieser aber packte ihn ruhig, ohne Überstürzung oder Anstrengung mit der rechten Hand, schleuderte ihn, um seinen Übermut ein wenig zu dämmen, dreimal in der Luft herum und warf ihn, sorgsam darauf bedacht, ihn nicht zu verletzen, auf den Boden. Devadattas Körper nahm darum keinen Schaden.

Dann sprach der Bodhisattva: „Genug jetzt mit diesem Einzelkampf! Kommt nun alle vereint zum Ringkampf heran!" Da stürzten sie sich alle zusammen fröhlich auf den Bodhisattva. Doch kaum berührte sie dieser, da schwand all ihre Stärke vor der Majestät, Gewalt, Körperkraft und Macht des Bodhisattva, und sie fielen, von ihm nur eben berührt, auf den Boden nieder. Hunderttausende von Göttern und Menschen aber stießen Rufe des Staunens und der Verwunderung aus.

Das große Bogenschießen

Da sprach Dandapani, einer der Fürsten, zu den jungen Schakyas: „Was wir vom Ringkampf zu wissen wünschten, haben wir gesehen; wohlan, zeigt jetzt, wie ihr mit Pfeilen schießen könnt." Da wurde für Ananda in der Entfernung von zwei Rufweiten eine eherne Trommel als Ziel aufgestellt, unmittelbar hinter dieser, in der Entfernung von vier Rufweiten, eine für Devadatta, in der Entfernung von sechs Rufweiten eine für Sundarananda, in der Entfernung von zwei Meilen eine für Dandapani. Für den Bodhisattva aber wurde in der Entfernung von zehn Rufweiten eine eherne Trommel aufgestellt und unmittelbar dahinter stellte man noch sieben Palmen und, mit diesen durch eine Vorrichtung verbunden, das eherne Bild eines Ebers auf. Und Ananda traf auch die Trommel in der Entfernung von zwei Rufweiten, konnte aber nicht darüber hinaus. Ebenso traf Devadatta die in vier Rufweiten, Sundarananda die in sechs Rufweiten, und Dandapani traf und durchbohrte die Trommel in zwei Meilen Entfernung, vermochte aber auch nicht darüber hinauszukommen. Als nun die Reihe an den Bodhisattva kam, und man ihm den Bogen zum Schießen reichte, zerbrach er alle Bogen nacheinander beim Auflegen der Sehne.

Darauf sprach der Bodhisattva: „Gibt es, o König, hier in der Stadt irgendeinen anderen Bogen, der die Kraft meines Körpers aushält und es erträgt, wenn ich ihn besehne?" Der König antwortete: „Es gibt einen, mein Sohn." Der Prinz fragte: „Und wo, König?" Der König antwortete: „Dein Großvater väterlicherseits, mein Sohn, hieß Sinhahanu. Der besaß einen Bogen, den man jetzt im Tempel mit Wohlgerüchen und Kränzen verehrt; denn nach ihm hat noch kein anderer vermocht, ihn zu besehnen oder gar zu spannen." Der Bodhisattva sprach: „Laß diesen Bogen herbeibringen, o König, ich bin begierig ihn zu erproben!“

Als nun der Bogen herbeigebracht war, zerrten alle anwesenden jungen Schakyas mit äußerster Anstrengung daran, vermochten aber nicht, den Bogen zu besehnen oder gar zu spannen. Darauf reichte man ihn dem Schakya Dandapani. Da riß dieser die ganze Kraft seines Körpers zusammen und begann den Bogen zu spannen. Doch auch ihm gelang es nicht ganz. Endlich reichte man dem Bodhisattva den Bogen. Der nahm ihn, ohne von seinem Sitz aufzustehen, zog im Sitzen ein Bein an den Leib heran und besehnte den Bogen mit einer Fingerspitze seiner rechten Hand. Doch als er die Sehne so auf den Bogen spannte, durchdrang ein Ton die ganze Stadt Kapilavastu. Und alle Leute daselbst wurden bestürzt und fragten einander: „Was ist das für ein Laut?“ Andere entgegneten: „Prinz Sarvarthasiddha hat den Bogen seines Großvaters besehnt und daher rührt der Klang.“ Da stießen Hunderttausende von Göttern und Menschen alle möglichen Rufe der Verwunderung aus, und Götter im Luftraum sprachen zum König Schuddhodana und der großen Volksmenge die Strophe:

„Wie der Weise jetzt leicht den Bogen gespannt hat, ohne von seinem Sitz aufzustehen und den Boden zu berühren, so leicht wird er sicherlich einst auch das Heer des Bösen besiegen und sein Ziel erreichen!“

Nachdem nun der Bodhisattva den Bogen gespannt hatte, nahm er einen Pfeil und schoß ihn mit solcher Gewalt ab, daß er die Trommeln Anandas, Devadattas, Sundaranandas und Dandapanis durchbohrte, danach seine eigene eherne Trommel, die in der Entfernung von zehn Rufweiten stand, und auch das Bild des Ebers, das an den sieben Palmen befestigt war. Schließlich bohrte sich der Pfeil noch so tief in die Erde, daß er nicht mehr zu sehen war. An dem Platz aber, wo der Pfeil den Boden durchbrochen hatte und in ihn eingedrungen war, entstand ein Brunnen, der heute noch „Brunnen des Pfeils“ genannt wird.

Bei diesem Ereignis brachen Hunderttausende von Göttern und Menschen in alle möglichen Laute des Erstaunens aus. Auch die Scharen der Schakyas waren sehr überrascht und dachten: Fürwahr, höchst wunderbar ist dies, kaum begreiflich, solch eine Kunstfertigkeit! Die Götter in der Luft aber sprachen zum König Schuddhodana: „Warum wundert ihr euch, ihr Menschen? Einst wird er sich im Ring der Erleuchtung auf den Thron der früheren Buddhas setzen, den Bogen ‚Ruhe' ergreifen, mit den Pfeilen ‚Erkenntnis der Leere und der Wesenlosigkeit' den Feind ‚Sünde' erlegen, das Netz der falschen Ansichten spalten und als Ziel die höchste, selige, lautere und kummerlose Erleuchtung erlangen."

Nachdem die Götter so gesprochen hatten, überstreuten sie den Bodhisattva mit himmlischen Blumen und gingen davon.

Und der Bodhisattva zeichnete sich noch weiterhin in allen weltüblichen sowohl wie in anderen, himmlische und irdische Maße übertreffenden, Fähigkeiten und Künsten aus. So im Springen, in der Kenntnis der Schrift, der Siegel, des Zählens und Rechnens, im Ringen, Bogenschießen, Laufen, Schwimmen, Bootfahren, Schleudern von Geschossen, im Hantieren mit Bogen und Köcher sowohl auf dem Nacken eines Elefanten wie auf dem Rücken eines Pferdes oder zu Wagen, im Ertragen und Aushalten, im mutigen Handeln, in den Kraftübungen der Arme, im Lenken vermittels des Elefantenhakens wie des Zügels, im Auf-, Aus- und Absteigen, in Hand- und Fußbindungen, im Flechten der Haare, im Zerschneiden, Zerspalten, Abbröckeln, Schlagen, im Durchbohren des Unangreifbaren, Treffen der Blößen, Treffen des Ziels allein auf Grund eines Schalls, Austeilen heftiger Hiebe, im Würfelspiel, Verfassen von Kunstgedichten, Fügen der Worte, in der Malerei, Bildniswiedergabe und Plastik, in der Unterhaltung der Opferfeuer, im Schlagen der Laute, in der Musik, in Tanz, Gesang, Rezitieren, Erzählen, in Späßen, Pantomime, Mimik, Spott, im Winden von Kränzen, im Massieren, im Färben von Edelsteinen und Gewändern, in Zauberei, Traumdeutung, im Verstehen von Vogelstimmen, im Erkennen der Merkmale der Frauen, Männer, Pferde, Elefanten, Kühe, Ziegen, Schafe und Hunde, in der Kenntnis der Wörtersammlungen, der Wortursprünge, der Mythen, Legenden, des heiligen Wissens, der Grammatik, Etymologie, der Lehre von den grammatischen Elementen, der Metrik, der Logik, der Opferriten, der Astronomie, im System des Sankhya, im System des Yoga, in der Vollziehung der Opferhandlungen, in der Liebeskunst, im Vaischeschikasystem, in der Kenntnis des praktischen Lebens, in der Beredsamkeit, in der Wunderhervorbringung, in dämonischen Kräften, in der Sprache der Tiere und Vögel, in der Dialektik, in der Verfertigung von Geweben, in der Bearbeitung von Wachs, in den Arbeiten mit Nadel oder Span, im Schneiden von Blättern, in der Bereitung von Wohlgerüchen usw.

Der erste Streit mit Devadatta

Es geschieht aber notwendig beim Erscheinen eines Bodhisattva in der Welt, daß ein Baum namens „Höchst-Fest" entsteht. Kaum entsprossen, wird er in der Mitte der ersten Nacht bereits hundert Ellen hoch. Sein Stamm aber ist in der Nacht seines Entstehens, solange ihn das Sonnenlicht noch nicht beschienen hat, weich und kann mit den Fingernägeln zerkratzt und zerschnitten werden. Hat er jedoch das Sonnenlicht geschaut, dann wird er fest und ist nicht einmal mit einer spitzen Axt oder durch heftiges Feuer zu zerstören.

Als der Bodhisattva Schakyamuni auf der Welt erschien, gab es zwischen den beiden Städten Kapilavastu und Devadescha einen großen Strom; der hieß Rohita. An seinen Ufern war dieser Baum gewachsen. Die Wasser des Stromes aber schwemmten, fluteten, wogten, trommelten und spritzten über den Sand, untergruben Erde und Steine der Böschung und zerrten die Wurzeln und Fasern des Baumes „Höchst-Fest" auseinander. Als sie dann gänzlich frei lagen, stürzte der Baum, von starkem Sturm gepackt, um. Dabei legte er sich quer über den Rohitafluß und bildete so einen Damm, an dem das Wasser nicht vorbei konnte.

Die Stadt Kapilavastu versank nach und nach im Hochwasser, und in der Stadt Devadescha herrschte Dürre. Der König von Devadescha beauftragte daraufhin einen Boten, dem König Schuddhodana zu melden: „Der große Baum liegt nun quer im Fluß! Im Lande des Königs von Kapilavastu aber gibt es viele starke Jünglinge; der König möge diese beauftragen, den Baum herauszuholen!" Da antwortete

König Schuddhodana: „Ich weiß noch nicht, wie ich diese Angelegenheit regeln kann."

Es gab in der Stadt Kapilavastu einen Minister namens Tschanda. Der trat vor den König hin und sprach ehrerbietig: „Ew. Majestät möge mir die Erledigung dieser Angelegenheit übertragen! Ich kenne ein Mittel, unsere Prinzen zu veranlassen, den Befehl des Königs nicht zu umgehen und den Baum von selbst herauszuholen." Der König antwortete: „Es sei!" – Da ließ der Minister Tschanda auf einer Waldlichtung am Ufer des Flusses sprengen und fegen und sie zum Besuch herrichten. Dann bat er alle Prinzen das Wäldchen aufzusuchen, um sich dort zu vergnügen. Jeder dieser Königssöhne bestieg nun einen kostbaren Wagen, und so zog der Minister, auf allen Seiten von Prinzen umgeben, zu dem Wäldchen. Dort angekommen, breitete sich jeder ein Lager aus, und alle gaben sich ausgelassenen Vergnügungen hin.

Zu dieser Zeit flog eine Wildgans durch die Luft vorüber. Devadatta spannte seinen Bogen und schoß sie herunter. Die Gans fiel aber vor dem Platz des Bodhisattva nieder. Dieser nahm sie auf, zog ihr den Pfeil heraus, behandelte sie mit Arzeneien und heilte sie bald. Da schickte Devadatta einen Boten an den Bodhisattva und ließ ihm sagen: „Ich habe die Gans heute vor dir erlegt; darum hast du sie mir zurückzugeben!" Der Bodhisattva gab ihm durch den Boten zur Antwort: „Seit langer Zeit strebe ich durch Opfer jeder Art nach der Erleuchtung, und alle Lebewesen sind in früheren Geburten einmal mein gewesen. Wie könntest du diese Gans vor mir besessen haben?" Auf diese Worte hin packte den Devadatta, der bereits seit fernster Vergangenheit mit dem Bodhisattva verfeindet war, aufs neue Zorn und Wut, und so kam es, daß der Bodhisattva in seiner letzten Verkörperung mit keinem Lebewesen mehr in Haß verbunden war, außer mit Devadatta. Zu dem allein war das Verhältnis noch anders, und die Gans war damals Anlaß zum ersten Streit mit Devadatta in des Bodhisattva letzter Geburt.

Der Bodhisattva hebt den gestürzten Riesenbaum

Nachdem der König von Devadescha den König Schuddhodana vergeblich gebeten hatte, den Baum herausholen zu lassen, befahl er allen Einwohnern seines Landes, gemeinsam an dem Baum zu ziehen. Und alle diese Menschen arbeiteten und mühten sich nun, schrien und lärmten. Der Bodhisattva hörte es und fragte die ihn Umgebenden: „Was ist das für ein Lärm?" Da berichtete ihm der Minister Tschanda ausführlich davon, wie jener Baum das Wasser hemme. Als der Bodhisattva das gehört hatte, sprach er zu den Versammelten: „Wir wollen hingehen und den Baum herausholen!" Und dann begab er sich zusammen mit allen Prinzen dorthin.

Plötzlich kam aus einem Loch zu seiten des Weges eine giftige Schlange hervor. Udayi sah die Schlange und zog in der Befürchtung, sie könne den Bodhisattva verletzen, ein scharfes Messer und zerschnitt sie in zwei Stücke. Die Schlange aber spie ihren giftigen Atem aus und traf Udayi. Da verwandelte sich dessen Körperfarbe, und er wurde schwarz. Darum nannte man ihn seitdem den „schwarzen Udayi".

Am Ziel angelangt, strengten sich alle die Prinzen wetteifernd an, den Baum „Höchst-Fest" aus dem Fluß zu ziehen. Als erster erschöpfte Devadatta, schwer keuchend, seine Kraft daran, vermochte aber kaum, ihn zu bewegen. Endlich ließ er davon ab. Prinz Nanda gelang es nur, ihn ein wenig über den Boden zu erheben; der Bodhisattva aber warf ihn mit den Händen hoch in die Lüfte, dabei zerbrach der Baum in zwei Stücke, und je ein Teil fiel auf beiden Ufern nieder. Da sprach der Bodhisattva zu den Anwesenden: „Dieser Baum ‚Höchst-Fest' ist ein kühlendes Heilmittel, das Hitzeerkrankungen zum Schwinden bringt. Ihr müßt ihn sehr fein zerteilen, und wenn ihr dann bösen Atem oder Geschwüre habt, euch damit einreiben, dann werdet ihr allesamt Besserung erlangen!" Darauf bestiegen die Prinzen ihre Wagen und kehrten nach der Stadt Kapilavastu zurück.

Damals aber lebte ein Schakyamädchen, Gopa genannt. Sie wohnte in dem Dorfe „Glockenklang" und stand gerade auf dem Söller, um nach hier und da Ausschau zu halten. Wie nun der Bodhisattva in die Stadt zog, erblickte er das Mädchen von weit her und drückte, überrascht, mit der Fußspitze so auf seinen Wagen, daß dieser stehenblieb. Gopa aber schaute auf den Bodhisattva und dachte bei sich: Einstmals hielt der Bodhisattva eine eiserne Keule in der Hand und zerbröckelte sie mit den Fingern in viele kleine Stückchen. Und sie blickte den Bodhisattva an und drückte mit den Zehen so gegen den Söller, daß die Halle ein Loch bekam. Das sahen viele Menschen und sagten sich: Dies Mädchen müßte wohl imstande sein, das Herz des Bodhisattva zu gewinnen.

DIE HEIRAT

Der Prinz wird zur Heirat aufgefordert

Als nun der Knabe herangewachsen war, saß einst König Schuddhodana mit dem Rate der Schakyas im Versammlungshaus. Und da erinnerten die ältesten Schakyas König Schuddhodana daran, daß dem Prinzen Sarvarthasiddha mehrfach von vorzeichenkundigen Brahmanen und einsichtmächtigen Göttern folgendermaßen prophezeit worden sei: „Wenn der Prinz die Welt flieht, wird er ein Pfadvollender, ein Heiliger, ein vollkommen Erleuchteter werden. Wenn er aber nicht in die Heimatlosigkeit zieht, steht ihm bevor, ein weltbeherrschender König und Befehlshaber aller vier Truppengattungen zu sein und als ein gerechter König nach dem Gesetz zu regieren." Und sie fuhren fort: „Laß drum den Prinzen heiraten. Im Kreise seiner Frauen wird er die Sinnenlüste kennenlernen und nicht daran denken, in die Heimatlosigkeit zu ziehen. So bleibt unser erlauchtes Herrschergeschlecht nicht ohne Erben, und wir werden von allen Vasallen geehrt und geachtet sein."

König Schuddhodana antwortete: „Wenn ihr so meint, dann tut euch einmal um, welches Mädchen dem Bodhisattva wohl am ebenbürtigsten wäre." Da erklärten fünfhundert Schakyas dem Könige einzeln, ihre Töchter seien schön und dem Prinzen ebenbürtig. Der König entgegnete aber, der Prinz sei schwer zufriedenzustellen, und deswegen wollten sie ihn lieber selbst in Kenntnis setzen und befragen, welches Mädchen ihm am besten gefalle. Darauf versammelten sich alle und trugen dem Prinzen das Anliegen vor. Der Prinz antwortete ihnen: „Am siebenten Tage sollt ihr meine Antwort hören."

Dann überlegte der Bodhisattva bei sich: Ich kenne die Übel der Sinnenlust. Sie sind zahllos, haben Streit, Feindschaft und Kummer im Gefolge und sind die Wurzeln aller Leiden. Sie gleichen furchtbaren Giftblättern, züngeln wie Feuerflammen und sind spitz und scharf wie Schwertschneiden. Darum fühle ich keine Begier und Verlangen nach den Freuden der Sinnenlust, und auch Frauen reizen mich nicht. Soll ich drum nicht lieber still im Walde Aufenthalt nehmen und im Glück der Versenkung den Frieden meines Herzens suchen?

Dann aber bewies der Bodhisattva seine Erfahrenheit im Gebrauch der Überlegung, dachte an das Reifen und die Fortentwicklung der Geschöpfe, faßte großes Mitleid mit diesen und sprach die Strophen:

„Nur in einem blütenüberdeckten Teiche wird der Lotus groß, nur in einem dichten Menschengewühl erlangt ein König Verehrung, und Bodhisattvas geleiten erst dann, wenn sie ein Heer von Jüngern gewinnen, Millionen von Wesen zur Unsterblichkeit!

Auch haben alle die weisen Bodhisattvas der Vorzeit Frau, Kind und einen Harem besessen. Trotzdem aber wurden sie nicht von Leidenschaft erregt und sind nicht dem Glück der Versenkung untreu geworden. Wohlan, auch ich will ihrem Tugendbeispiel folgen!"

Welche Tugenden und guten Eigenschaften die künftige Gemahlin des Bodhisattva aufweisen muß

Und der Bodhisattva stellte eine in Versen geschriebene Liste von Vorzügen auf und sprach dazu: „Ein Mädchen, welches über alle diese Tugenden verfügt, wählt mir aus! Eine gewöhnliche Frau, ohne Erziehung, paßt nicht für mich. Die Eigenschaften, die ich hier beschrieben habe, muß sie besitzen; solch eine Frau sucht mir aus!

Die erste soll sie sein an Liebreiz und Jugend, aber nicht eingebildet auf ihre Schönheit; liebevoll sich um mich sorgen wie eine Mutter oder eine Schwester. Des Opfers soll sie sich freuen und Aszeten und Brahmanen eifrig Geschenke geben. Eine solche Frau wähle mir, o Vater!

Eine, die ohne Stolz ist, ohne Verstocktheit, Fehler, Hinterlist, Eifersucht und Tücke, die nicht von der rechten Sitte abweicht, nicht einmal im Traum Verlangen zu einem anderen Manne faßt, die ohne Leichtsinn ist und zufrieden mit ihrem eigenen Manne schläft.

Sie sei nicht aufgeblasen, hochmütig oder dreist, sondern bescheiden, ohne Selbstgefälligkeit und gebare sich wie eine Dienerin. Sie soll nicht gierig nach Trank, Genüssen, Musik und Wohlgerüchen sein, sondern frei von Begierde und Habsucht mit dem eigenen Vermögen zufrieden leben!

An die Wahrheit soll sie sich halten, ohne Launen und Umschweife, auch nicht heftig oder übermütig sein. Und sie sei züchtig gekleidet, nicht versessen auf Augenschmaus und Feiern, immer dem Recht verbunden und immerdar rein mit Körper, Mund und Gedanken!

Sie soll nicht faul und träg sein, sich nicht von Einbildungen den Kopf verwirren lassen, sondern nachdenkliche Betrachtung pflegen. Sie soll nur Gutes tun, immerdar nach dem Gesetz wandeln, den Schwiegereltern in Liebe zugetan sein wie einem Lehrer und gegen Sklavinnen und Weiber so gut sein wie gegen sich selbst!

Gewandt soll sie sein in den Regeln der Liebeslehrbücher wie eine Hetäre; soll spät schlafen gehen und sich als erste vom Lager erheben, liebevoll und aufrichtig handeln und sich wie eine Mutter benehmen!

Eine solche Frau wähle mir, o König!"

Der Hauspriester macht ein geeignetes Mädchen ausfindig

König Schuddhodana las diese Strophen und sprach zum Hauspriester: „Geh, o großer Brahmane, suche alle Häuser in Kapilavastu auf und sieh dir die Mädchen an. Wenn du bei irgendeiner diese Eigenschaften findest, dann gib mir von dem Mädchen Bescheid, einerlei ob es aus der Kaste der Krieger, Brahmanen, Kaufleute oder der Niedriggeborenen ist; denn der Prinz sieht nicht auf die Familie und auf das Geschlecht, sondern allein auf die guten Eigenschaften."

Da nahm der Hauspriester die aufgestellte Liste, ging in Kapilavastu forschend von Haus zu Haus, streifte herum und suchte nach einem Mädchen. Er fand aber nicht eins, das mit solchen Eigenschaften ausgestattet war. Schließlich kam er dann, der Reihe nach herumgehend, zur Wohnung des Schakya Dandapani.

Als er dort eingetreten war, sah er ein überaus schönes, gefälliges und liebliches Mädchen, das mit dem höchsten Reichtum an Schönheit ausgestattet war; es war nicht zu groß, nicht zu klein, nicht zu dick, nicht zu mager, nicht zu hell, nicht zu dunkel, stand in der Blüte der ersten Jugend und war in Wahrheit das, was man ein Kleinod an Frau nennt.

Und das Mädchen umfaßte die Füße des Hauspriesters und sprach: „Was kann ich für Euch tun, großer Brahmane?"

Der Hauspriester antwortete: „Der schöne Sohn des Schuddhodana, der die zweiunddreißig Merkmale eines großen Mannes an sich trägt und mit dem Glanz vortrefflicher Eigenschaften ausgezeichnet ist, hat die Tugenden der Frauen hier in poetischer Form zusammengestellt. Das Mädchen, welches diese Tugenden besitzt, soll seine Gemahlin werden!"

Damit übergab er dem Mädchen die Aufstellung. Dieses las die Zeilen, lächelte und sprach zu dem Hauspriester die Strophe:

„O Brahmane, ich besitze alle diese notwendigen Eigenschaften. Er soll mein Gatte sein, der so lieblich und schön ist! Melde dem Prinzen, er möge nicht zögern, wenn es so geschehen soll; auf daß er nicht mit einer niedrigstehenden, gewöhnlichen Frau zusammenleben muß."

Der Bodhisattva zeigt Zuneigung zu der Erwählten

Da begab sich der Hauspriester zum König Schuddhodana zurück und meldete ihm: „Ich habe, o König, ein Mädchen gefunden, das dem Prinzen ebenbürtig ist." Der König fragte: „Wessen Tochter ist es?" Und der Brahmane antwortete: „Die des Schakya Dandapani."

König Schuddhodana aber dachte: Der Prinz ist schwer zufriedenzustellen und sieht sehr auf Schönheit. Auch finden sich im allgemeinen bei den Frauen keine der näheren Prüfung standhaltenden Tugenden, selbst wenn ein einzelner solche zu erkennen glaubt. Darum will ich jetzt Brautgeschmeide herstellen lassen, und die soll der Prinz persönlich allen jungen Mädchen überreichen. Wenn das Auge des Prinzen dabei auf einem der Mädchen haften bleibt, will ich ihm dies zur Gemahlin wählen.

Und König Schuddhodana ließ Kleinodien aus Gold, Silber und verschiedenen Edelsteinen herstellen und in der Stadt Kapilavastu unter Schellenklang verkünden: „Heute in einer Woche wird der Prinz eine Audienz abhalten und Geschmeide an alle jungen Mädchen austeilen. Diese mögen sich dazu in der Versammlungshalle einfinden!"

Nach Verlauf von sieben Tagen begab sich der Bodhisattva dann in die Versammlungshalle und ließ sich auf einem Thronsessel nieder. König Schuddhodana aber stellte Spione auf, denen er die Anweisung gab: „Meldet mir, auf welchem Mädchen das Auge des Prinzen längere Zeit verweilt!"

Und die Mädchen aus ganz Kapilavastu kamen in die Versammlungshalle. Dort traten sie an den Bodhisattva heran, um ihn zu sehen und die Kleinodien in Empfang zu nehmen. Und der Bodhisattva überreichte allen, die herbeikamen, von den Schmuckstücken. Die Mädchen aber vermochten die Majestät und den Glanz des Bodhisattva nicht zu ertragen und gingen so eilig wie möglich mit ihren Kleinodien davon.

Schließlich kam Gopa, die Tochter des Schakya Dandapani, an der Spitze eines Gefolges von Sklavinnen, in die Versammlungshalle, trat an den Bodhisattva heran und stellte sich etwas beiseite hin, indem sie den Bodhisattva mit beiden Augen und ohne mit der Wimper zu zucken betrachtete. Der Bodhisattva aber hatte alle Kleinodien bereits verteilt.

Da sprach Gopa lächelnd zu ihm: „Prinz, habe ich dich verletzt, daß du mich mißachtest?"

Der Bodhisattva antwortete: „Ich mißachte dich nicht. Aber du bist zu spät gekommen."

Damit zog er einen Ring, der viele Hunderttausende wert war, von seinem Finger und reichte ihn ihr.

Sie aber sprach: „Nur soviel bin ich dir wert, o Prinz?"

Da antwortete er: „Nimm alle diese meine Schmuckstücke!"

Sie jedoch sagte: „Ich will den Prinzen seines Schmuckes nicht berauben, eher selbst ihn zieren!"

Mit diesen Worten ging sie davon.

Dazumal berichteten die Spione dem König Schuddhodana den Vorgang mit den Worten: „O König, auf der Tochter des Schakya Dandapani, namens Gopa, weilte das Auge des Prinzen, und die beiden haben gar eine Weile miteinander gesprochen."

Der Bodhisattva heiratet Gopa

Als König Schuddhodana dies hörte, schickte er seinen Hauspriester zu Dandapani mit der Botschaft: „Gib meinem Sohne deine Tochter zur Frau."

Zu dieser Zeit gab dann der Schakya Dandapani seine Tochter Gopa dem Bodhisattva zur Frau. Und auch König Schuddhodana erkor Gopa ordnungsmäßig zur Gattin des Bodhisattva. Der Bodhisattva selbst aber lebte, zum Schein und nur um sich dem Treiben der Welt anzupassen, inmitten einer Schar von vierundachtzigtausend Frauen, pflegte der Lüste und vergnügte sich. Gopa jedoch, das Schakyamädchen, wurde feierlich zur ersten Gemahlin unter diesen vierundachtzigtausend Frauen geweiht.

Das große Bogenschießen

Die Welt=entsagung

Thaṅka 3 – Lesung der tibetischen Beischriften siehe S. 250ff.

8 1

9

3

7

2

10

5

6

4

13

14

15

17

18 16 11

12

Thaṅka 3 – Lesung der tibetischen Beischriften siehe S. 250ff.

1 8

9

3

7

2

10

5 6

4

13

14 15

17

18

11 16

12

DIE WELTENTSAGUNG

TEMPELBILD III

Die Nebenszenen des dritten Tempelbildes (S. 81) haben die Ereignisse kurz vor und nach der Weltflucht zum Hauptinhalt. Dargestellt sind:

Links oben:

Die von uns im Text vorweggenommenen Begebenheiten am Flusse Rohita (Text S. 71ff.). – Der gestürzte Baum, der das Wasser des Flusses staut. – Devadatta schießt die Wildgans. – Der Bodhisattva heilt die Gans. – Devadatta fordert die Auslieferung der Gans. – Der Bodhisattva empfängt eine Botschaft. – Udayin tötet die Giftschlange. Der Bodhisattva schleudert den gestürzten Baum fort. – Der in zwei Stücke gebrochene Baum.

In den Jugendzyklus hineingenommen ist auch folgende Szene:

Links Mitte:

Der Bodhisattva erblickt Gopa und hält seinen Wagen an (Text S. 73f.). Dazu gehört die Szene darüber: Der Bodhisattva und Gopa im Palast (nicht in unseren Textauszügen; es sei nochmals darauf hingewiesen, daß Gopa und Yaschodhara in den Mulasarvastivadin-Texten zwei verschiedene Frauen sind, die in unseren Textauszügen miteinander verschmolzen sind.) Die dritte Hauptgemahlin des Bodhisattva heißt Mrigadscha. Wir lernen sie in der Szene rechts unten kennen, wo sie, in einem Fenster liegend, die Frau, die den Bodhisattva besitzen darf, glücklich preist. Diese Legende ist ebenfalls in unsere Textauszüge nicht aufgenommen.

Rechts Mitte:

Die vier Begegnungen des Bodhisattva mit dem Alten, mit dem Kranken, mit dem Toten, mit dem Mönch (Bildausschnitt S. 88, Text S. 85ff.). Die einzelnen Szenen sind stark ineinandergeschoben. In dem Bildausschnitt S. 88 erscheint die Gestalt des Bodhisattva dreimal. Die mittlere steht in nur loser Beziehung zu dem Alten, und unten, bei der Begegnung mit dem Kranken, ist der Bodhisattva nicht wiederholt.

Rechts oben:

Der Ausflug aufs Land (Text S. 89 ff.), daneben nach der Mitte zu, die erste Meditation (Text S. 91 ff.). König Schuddhodana und die fünf Seher sind zu Füßen des Bodhisattva sitzend dargestellt.

Links unten:

Der Bodhisattva bittet seinen Vater, in die Einsamkeit fliehen zu dürfen. (Bildausschnitt S. 96, Text S. 97 f.).

Links unten:

Tschandaka führt dem Bodhisattva das Leibroß Kanthaka vor (Bildausschnitt S. 96).

Unten Mitte:

Des Bodhisattva Flucht durch die Luft mit Hilfe der Götter (Bildausschnitt S. 97).

Links unten:

Zur Verfolgung ausreitende Schakyas (nicht im Text vorkommend).

Unten Mitte:

Tschandaka und Kanthaka (liegend) werden vom Bodhisattva heimgeschickt (Text S. 111). Die Gestalt des Bodhisattva fehlt und wird durch Anfügung an die Szene des Ausritts ersetzt.

Links unten:

Der Bodhisattva schneidet sich das Haar ab (Text S. 110). Daneben ein Stupa, das Denkmal, worin die Götter den abgeschnittenen Zopf aufbewahren.

Links unten:

Der Bodhisattva tauscht die Gewänder mit einem Göttersohn (Text S. 111).

Unten Mitte:

Der Bodhisattva als Schüler des Aszeten Arada Kalapa (Text S. 121 f.). Der Bodhisattva ist von jetzt ab in der Tracht und mit den Merkmalen eines Buddha dargestellt.

Rechts unten:

König Bimbisara erblickt von seinem Palaste aus den bettelnden Bodhisattva (Text S. 123).

Rechts unten:

König Bimbisara besucht den Bodhisattva (Text S. 123 ff.).

ZUR FLUCHT BESTIMMENDE ERLEBNISSE

Auf einer Ausfahrt begegnet der Bodhisattva einem Greise

Einst sprach der Bodhisattva zu seinem Wagenlenker: „Schirre schnell den Wagen an! Ich möchte in die Parkanlagen vor der Stadt fahren.“ Darauf begab sich der Wagenlenker zum Könige Schuddhodana und machte ihm von dem Befehl des Bodhisattva Mitteilung. König Schuddhodana überlegte: Niemals noch habe ich den Prinzen in die Gärten hinausziehen lassen, um die landschaftliche Schönheit zu genießen, darum will ich den Prinzen nun eine Ausfahrt machen lassen! Und erfüllt von Liebe und Hochschätzung für den Bodhisattva, ließ er in der Stadt unter Schellenklang bekanntmachen: „Heute in sieben Tagen wird der Prinz zum Genuß der landschaftlichen Schönheiten die Parkanlagen vor der Stadt besuchen. Beseitigt dort alles, was unschön ist, auf daß der Prinz nichts Widerwärtiges sehe.“

Am siebenten Tage war nun die ganze Stadt geschmückt, und auch die Parkanlagen waren verschönt worden. Man hatte verschiedenfarbige Stoffe baldachinartig ausgespannt, auch Schirme, Fahnen und Standarten zur Zierde aufgestellt, und der Weg, auf dem der Bodhisattva hinauszog, war gesprengt, gefegt, mit wohlriechendem Wasser beträufelt und mit frisch gebrochenen Blumen überstreut worden. Vielerlei Weihrauchgefäße spendeten ihren Rauch; spezereigefüllte Töpfe bekränzten den Weg. Kadalibäume waren an der Straße aufgebaut und Stoffbaldachine in verschiedenen Farben ausgespannt; Netze mit Edelsteinen und Glöckchen, Perlketten und Perlschmuck aus vielen Dutzend Ketten hingen herunter. Als Gefolge des Bodhisattva aber zog ein zur Schlacht gerüstetes Heer aller vier Truppengattungen mit hinaus, um den Frauen des Prinzen glanzvolles Auftreten zu gewähren.

Doch als nun der Bodhisattva mit großem Pomp durch das östliche Stadttor in die Parkanlagen hinausfuhr, führten ihm Gottheiten auf dem Wege voraus einen abgezehrten Greis vor Augen, dessen Glieder von hervortretenden Adern überspannt waren. Seine Zähne zeigten Lücken, Runzeln überdeckten den Körper, und seine Haare waren ergraut. Dazu war er krumm und schief wie ein Dachgestühl, geknickt, auf den Stock angewiesen, leidend. Die Kraft der Jugend war von ihm geflohen, und aus seiner Kehle kamen nur noch krächzende Laute. Sein Körper hing nach vorn über; dazu stützte er sich auf einen Stab und zitterte an allen Körperteilen und Gliedern.

Als der Bodhisattva diesen bemerkte, sprach er zu seinem Wagenlenker: „Was ist mit diesem schwachen, kraftlosen Mann, der ganz aus dürrem Fleisch und verdorrtem Blut, aus Haut und Sehnen zusammengesetzt scheint? Der, weißen Haares, voller Lücken in den Zähnen, abgemagert und auf einen Stock gestützt, mühsam und strauchelnd daherkommt?"

Der Wagenlenker antwortete: „Dies ist, o Herr, ein Mann, den das Alter überwältigt hat, dessen Sinnesvermögen nachlassen, der Qualen leidet und dessen Kraft und Stärke hin ist. Verachtet von seinen Verwandten, ohne jemanden, der ihn schützt, körperlich unfähig, ließ man ihn im Walde zurück, wie man ein wertloses Stück Holz fortschleudert."

Da sprach der Bodhisattva: „Sage mir treulich: sind dies Eigenschaften, die nur in seiner Familie erblich sind, oder ereilt dieser Zustand auch alle anderen Wesen? Sage mir schnell, wie es sich damit verhält! Hören will ich, wie es in Wahrheit darum steht und dann von Grund auf darüber nachdenken!"

Der Wagenlenker antwortete: „O Herr, das Alter ist keine Eigenschaft einer bestimmten Familie oder eines besonderen Landes, nein, es vernichtet die Jugend jeglichen Geschöpfes. Auch deine Eltern, Verwandten und Angehörigen wird es nicht verschonen. Es gibt keinen Ausweg für irgend jemand!"

Und der Bodhisattva sprach: „Oh, wie jämmerlich, Wagenlenker, ist es dann bestellt um die Einsicht der Wesen, der unerleuchteten, törichten, die da, infolge ihrer Jugend von Übermut trunken, das Alter nicht sehen! Wende schnell den Wagen, ich will wieder nach Hause zurückkehren! Was sollen mir Spiele und Liebesvergnügungen, wenn das Alter auch von mir Besitz ergreift!"

Damit wandte der Bodhisattva den Wagen und kehrte in die Stadt zurück.

Der Bodhisattva trifft einen Kranken

Ein andermal zog der Bodhisattva mit großem Gepränge durch das südliche Stadttor in die Parkanlagen hinaus. Und er sah auf dem Wege einen Mann, der von Krankheiten befallen war. Gemartert, von Leibschmerzen überwältigt, lag er ohne Hilfe und Schutz da; geschwächten Leibes versank er in seinen eigenen Exkrementen und konnte nur mit Mühe atmen. Als der Bodhisattva ihn sah, fragte er den Wagenlenker: „Was ist, Wagenlenker, mit diesem Mann, der da mit blassen Gliedern, zerrütteten Organen, mühsam atmend, mit vertrockneten Gliedmaßen und aufgetriebenem Leib, von Beschwerden gepeinigt, in seinen eigenen ekelerregenden Exkrementen liegt?"

Der Wagenlenker antwortete: „Dies, o Herr, ist ein Siecher, der, dem Tode nahe, unter den Schrecknissen einer Krankheit leidet; der Glanz der Gesundheit ist von ihm gewichen; seine Kraft ist dahin; er findet nirgends Rettung und Schutz und ist ohne einen Freund."

Da sprach der Bodhisattva: „So ist ja die Gesundheit wesenlos wie ein Traumspiel, und furchtbar erweisen sich die Schrecken der Krankheit! Welcher Wissende könnte, nachdem er den wahren Sachverhalt erkannt hat, noch Freude an Liebesspielen oder Empfindung für Schönheit haben?"

Damit wandte der Bodhisattva den Wagen und kehrte in die Stadt zurück.

Der Bodhisattva sieht einen Leichenzug

Zu wieder einer anderen Zeit zog der Bodhisattva mit großem Pomp zum westlichen Tore der Stadt hinaus, um die Parkanlagen zu besuchen. Und da sah er, wie man einen Toten dahertrug, dessen Leichnam auf ein Tragbett gelegt und mit einem Gewande überdeckt war. Viele Verwandte gaben ihm das Geleit, und alle weinten, schrien und klagten. Mit aufgelösten Haaren, das Haupt mit Staub bedeckt, zogen sie hinterher, schlugen sich die Brust und jammerten. Da fragte der Bodhisattva wiederum den Wagenlenker: „Was ist, Wagenlenker, mit diesem Mann, den man dort auf einem Bette trägt? Und wer sind jene, die ihre Haare raufen, Staub auf ihr Haupt werfen, sich die Brust schlagen und Klagelaute aller Art ausstoßen?"

Der Wagenlenker antwortete: „Diesen Mann, o Herr, hat der Tod von hier abberufen. Er wird seine Eltern, Kinder und Frauen nicht mehr sehen. Sie alle und die Schar der Freunde und Verwandten mußte er verlassen und hat eine andere Welt erreicht. Nie wieder wird er seine Angehörigen sehen!"

Da sprach der Bodhisattva: „O Jammer über eine Jugend, die das Alter ereilt! O Jammer über eine Gesundheit, die Krankheiten aller Art vernichten! Elend ist ein Leben, das nicht ewig währt, für den Weisen! Ein Elend das Hängen an den Lüsten für den Verständigen!

O wenn es doch die aller Körperlichkeit notwendig begleitenden Übel von Alter, Krankheit, Tod und das mächtige Leiden nicht gäbe! Erscheinen denn Alter, Krankheit und Tod auf ewig in unvermeidlicher Folge? Wohlan, ich will umkehren und über die Befreiung davon nachsinnen!"

Damit wandte der Bodhisattva den Wagen und kehrte wieder in die Stadt zurück.

Der Bodhisattva begegnet einem Mönch

Und zu wieder einer anderen Zeit zog der Bodhisattva durch das nördliche Stadttor hinaus in die Parkanlagen. Da ließen Gottheiten auf dem Wege vor ihm einen Bettelmönch erscheinen.

Und der Bodhisattva sah diesen!

Ruhig, bezähmt, selbstbeherrscht, züchtig, ohne die Augen hin und her spielen zu lassen, den Blick vor sich auf den Boden geheftet, schritt jener sanft und vorsichtig dahin. Würdevoll sah es aus, wenn er sich hin- oder zurückwandte, jemanden anblickte oder sich umschaute. In edler Haltung trug er seinen Mantel, die Bettelschale und die Gewänder. So sah ihn der Bodhisattva auf dem Wege stehen.

Und der Bodhisattva fragte seinen Wagenlenker: „Was ist das für ein Mann, Wagenlenker, der da beruhigten und abgewogenen Gemüts, ohne die Augen aufzuschlagen oder den Blick in die Ferne zu richten,

Die Begegnungen des Bodhisattva mit dem Alten, Kranken, Toten und dem Mönch

dahingeht? Braunrot ist sein Gewand, wohlberuhigt wandelt er mit der Almosenschale in der Hand dahin, er scheint ohne jede Einbildung oder Hochmut zu sein."

Der Wagenlenker antwortete: „Diesen Mann, o Herr, nennt man einen Bettler. Er hat die Sinnenlüste aufgegeben und führt ein selbstbeherrschtes Leben; in der Heimatlosigkeit sucht er die Ruhe seines Inneren und geht ausgeglichen, frei von Leidenschaft und Haß, seinem Bettelgange nach!"

Da sprach der Bodhisattva: „Gut, das ist ein schönes Wort und gefällt mir! Schon immer haben die Weisen empfohlen, in die Heimatlosigkeit zu ziehen; denn darauf gründet sich das eigene Heil sowohl wie das der anderen Wesen, und die Frucht ist ein seliges Leben in Wonne und Unsterblichkeit."

Damit wandte der Bodhisattva den Wagen und kehrte wieder in die Stadt zurück.

Ein Ausflug aufs Land soll den Prinzen zerstreuen

Als König Schuddhodana von diesen Vorgängen vernahm, wurde er traurig, verstimmt, mißmutig und sagte sich: Als der Prinz geboren wurde, weissagte ein Seher, er werde, wenn er nicht zur Königswürde aufsteige, in die Heimatlosigkeit ziehen. Nun hat er diese Erscheinungen gehabt und wird wohl das Weltleben fliehen! Doch dann verfiel der König auf ein Mittel: Ich werde jetzt dem Prinzen auftragen, aufs Feld hinauszuziehen, wo gepflügt wird. Wenn er sieht, wie dort alle die Menschen gehen, kommen und ihre Arbeit verrichten, wird er wieder lebensfroh werden und den Gedanken, in die Heimatlosigkeit zu ziehen, aufgeben.

Nachdem der König diesen Plan gefaßt hatte, begab er sich in den Palast und sprach zum Prinzen: „Ich habe Leute mit der Bestellung unserer Äcker vor der Stadt beauftragt. Du könntest sie einmal kontrollieren!"

Der Prinz aber saß nachdenklich im Palast. Wenn er sich des Alten, des Kranken und des Toten erinnerte, wurde er betrübt und schrak zusammen. Erinnerte er sich jedoch des Aszeten, so wurde er wieder froh. Unaufhörlich verfolgten ihn diese Erinnerungen. So hörte er die Worte seines Vaters und fand nicht die Kraft, sich zu widersetzen. Er gehorchte dem Befehl, bestieg einen Wagen und zog hinaus. Doch wenn auch sein Körper zum Felde unterwegs war, sein Herz erwog beständig den Gedanken, dereinst das Weltleben zu fliehen.

Wie er so allmählich vorwärts schritt, fand er am Wege plötzlich fünfhundert Edelsteinschatzkammern. Alle diese öffneten ihre Türen, und eine Stimme ließ sich vernehmen, die sprach: „Wohlan, Prinz! Wir Perlen und Edelsteine sind Schätze deiner verstorbenen Verwandten. Du könntest uns allesamt nehmen und nach Gefallen verwenden!" Der Prinz antwortete: „Diese Verwandten der Vorzeit waren Toren! Ich habe niemals Schätze gesammelt noch sie auszugeben verstanden. Wozu sollte ich euch jetzt verwenden? Hinweg mit euch!" Da erklang von jenen Edelsteinschätzen her wieder eine Stimme: „Wenn du uns nicht nimmst, stürzen wir uns ins Meer!" Da antwortete der Bodhisattva: „Tut, was ihr wollt!" Und darauf stürzten sich die Edelsteinschätze ins Meer.

Gemächlich weiterziehend, erreichte der Bodhisattva dann das Ackerdorf.

Und er sah dort Leute beim Pflügen. Staub und Erde überzog ihre Körper; ihre Glieder waren schweißgebadet; in den Händen hielten sie Ochsenprügel; und sie waren ganz von Blut besudelt.

Dann sah er auf die Rinder. Haut und Rücken zerfleischt, mager, vom Hunger und Durst gequält, dünn, schlecht imstande und abgemüht, keuchten sie dahin und konnten nicht weiter. Bremsen und Fliegen schmatzten von ihrem Eiter und Blut, und viele kleine Insekten setzten sich in ihre Wunden, um zu schmausen. Ab und zu schnitt auch die Pflugschar in ihre Füße.

Als der Bodhisattva so das Gelände durchwanderte, wo man pflügte und säte, und alle diese peinlichen Dinge sah, da entstand in ihm ein durch die Erfahrungen zahlreicher Weltalter bewirktes tiefes Mitleid. Er lernte die mühselige Arbeit kennen, und großes Erbarmen erfaßte ihn. Er rief die Landarbeiter und frug sie: „Wem seid ihr hörig?" Sie antworteten: „Wir alle sind dir hörig, o Prinz!" Da sprach der Bodhisattva: „Dann gebe ich euch heute frei! Ihr könnt nach eigenem Willen euer Leben fristen und seid nicht mehr von mir abhängig!"

Und auch die Ochsen auf dem Acker ließ er frei und trieb sie zu Wasser und Weide, damit sie sich ihr Futter suchten.

Die erste Meditation

Darauf betrat der Bodhisattva einen Park und wandelte dort ohne jede Begleitung bald hierhin, bald dahin, bis er einen besonders lieblichen Rosenapfelbaum sah. In dessen Schatten setzte er sich nieder und verschränkte die Beine in Meditationshaltung. Dann richtete der Bodhisattva seinen Geist auf einen einzigen Punkt und erreichte die von Begierden wie von sündigen und schlechten Elementen befreite, aus der richtigen Einsicht geborene erste der vier Stufen der Meditation, auf der es noch Überlegung, Erwägung und die Empfindung für Freude und Glück gibt. Und er verweilte darauf.

Dann unterdrückte er Überlegung und Erwägung und erreichte durch vollkommene innerliche Beruhigung des Geistes und Konzentration auf ein einziges Ziel die selbstversunkene zweite Stufe der Meditation, auf der es keine Überlegung und Erwägung mehr gibt, man aber noch Freude und Glück empfindet. Und er verweilte darauf.

Weiter machte er sich frei von dem Gefühl der Freude und wurde gleichmütig. Die Erinnerung ging ihm auf, und er erwachte zu vollem Bewußtsein. Sein Leib empfand nur noch das Gefühl des Glücks. Das ist es, was die Edlen „gleichmütig", „erinnerungsvoll", „im Glück weilend" nennen. So erreichte er die dritte Stufe der Meditation, die die Empfindung der Freude nicht mehr kennt. Und er verweilte darauf.

Schließlich gab er das Gefühl für Glück wie für Unglück auf und, nachdem die Empfindung für Fröhlichkeit wie für Trübsinn geschwunden war, erreichte er die vierte Stufe der Meditation, auf der es Leidlosigkeit wie Glücklosigkeit, Gleichmut und Erinnerung nicht gibt. Und er verweilte darauf.

Fünf Seher preisen den Bodhisattva

Zu dieser Zeit begaben sich gerade fünf fremde Seher, die mit besonderen Erkenntniskräften und übernatürlichen Fähigkeiten ausgestattet waren, auf dem Luftwege von Süden nach Norden. Doch als sie über jenem Wäldchen dahinflogen, war es ihnen, als würden sie zurückgestoßen, und sie konnten nicht weiter.

Da sprachen sie verstört und erschreckt die Strophen: „Oftmals sind wir über den hohen Berg Meru, der in seiner Tiefe nur mühsam zu überqueren ist und eine Spitze aus Perlen und Diamanten hat, hinweggeeilt und dahingestürmt wie ein Elefant, der die hindernden Baumgruppen mit ihren verworrenen Zweigen einfach auseinanderreißt! Auch über die Stadt der Götter sind wir, ohne angehalten zu werden, hinweggeflogen und schwebten über den Wohnungen der Elfen und der himmlischen Musikanten! Jetzt aber, wo wir dieses Wäldchen erreichen, können wir nicht weiter. Wessen Majestät mag hier die Macht unserer übernatürlichen Kräfte vernichten?"

Da wandten sich die Gottheiten, welche jenes Wäldchen bewohnten, an die Seher mit den Strophen: „Das bewirkt der Sohn des Schakyakönigs, Sproß eines Geschlechts von Fürstenbeherrschern, leuchtend wie der Glanz der aufgehenden Sonne, strahlend wie die Schönheit einer aufgeblühten Lotusknospe, mit einem Gesicht lieblich wie der Mond, der Erhabenste in der Welt und ein Weiser! Ganz in Meditation versunken, weilt er hier im Walde und wird verehrt von Göttern, himmlischen Musikanten und den Fürsten der Schlangen. Millionen von guten Taten, in Hunderten von Geburten ausgeführt, ließen seine majestätische Macht aufblühen, und diese vernichtet nun eure übernatürlichen Kräfte!"

Darauf blickten die Seher hinab und sahen den Prinzen, der von Glanz und Würde leuchtete, und überlegten: Wer sitzt denn dort? Sollte es Vaischravana, der Gott des Reichtums, oder Mara, der Fürst der Sinnenwelt, sein? Oder ein Fürst der Schlangenriesen? Schakra, der den Donnerkeil trägt? Rudra, der Herr der dämonischen Scharen? Krischna, der Starke, oder der Mondgott? Die tausendstrahlige Sonne? Oder ein weltbeherrschender König?

Da gab eine Waldgottheit den Sehern Antwort in einer Strophe: „Oh, wenn man vergleicht, bildet die Majestät, sei es Vaischravanas, sei es des tausendäugigen Schakra, sei es der vier Welthüter oder des Fürsten der Dämonen, Brahmas, des Herrn der Geschöpfe, oder endlich Krischnas, nicht einmal einen Bruchteil der Majestät dieses Schakyasohnes!"

Auf diese Worte hin ließen sich die Seher auf den Boden hinab und sahen den Bodhisattva, der, in Meditation versunken, regungslos und strahlend wie Glorienschein dasaß. Und sie betrachteten den Bodhisattva andächtig und priesen ihn in Strophen.

Einer von ihnen sagte: „Die Welt durchglüht das Feuer der Leidenschaften! Doch jetzt ersteht ihr ein See der Labung; denn dieser da wird die Lehre erlangen, die alle Welt erquicken soll!"

Der zweite sagte: „Die Welt wird von der Unwissenheit verdunkelt! Doch jetzt entsteht ihr eine Leuchte; denn dieser da wird die Lehre erlangen, die alle Welt erleuchten soll!"

Der dritte sagte: „Dem öden Ozean des Kummers naht das beste Schiff! Denn dieser da wird die Lehre erlangen, die alle Welt erretten soll!"

Der vierte sagte: „Den von den Banden der Sünde Gefesselten ist der Befreier erschienen! Denn dieser da wird die Lehre erlangen, die die Welt befreien soll!"

Der fünfte endlich sprach: „Den von Alter und Krankheit Gequälten ist der beste Arzt erschienen! Denn dieser da wird die Lehre erlangen, die von Geburt und Tod Erlösung verleihen soll!"

Nachdem die Seher den Bodhisattva durch diese Strophen gepriesen hatten, umwandelten sie ihn dreimal feierlich und begaben sich durch die Luft hinweg.

Der König findet den meditierenden Prinzen

König Schuddhodana aber sah den Prinzen nicht mehr um sich, und da war ihm alle Freude genommen. Er fragte, wohin der Prinz gegangen sei, da er ihn nicht sehe. Darauf begab sich eine große Menge von Leuten eilends auf die Suche nach dem Prinzen. Einer der Ratgeber endlich fand den Bodhisattva, der, die Beine in Meditation zusammengeschlagen, in sich versunken im Schatten des Rosenapfelbaumes saß. Damals aber war der Schatten aller Bäume bereits weitergewandert, während der Schatten des Rosenapfelbaumes nicht vom Körper des Bodhisattva wich. Verwundert bemerkte es der Ratgeber, freute sich und eilte, heiter, entzückt, zufrieden und froh, fliegenden Fußes zum König Schuddhodana und erstattete ihm Bericht mit der Strophe: „Sieh doch, o König, der Prinz meditiert dort im Schatten des Rosenapfelbaumes, strahlend von Majestät und Würde wie Schakra und Brahma, die Götter! Und, o Wunder, der Schatten des Baumes, in dem der mit den besten Kennzeichen Versehene sitzt, verläßt ihn nicht, den in sich versunkenen Besten der Männer!"

Da begab sich König Schuddhodana zu dem Rosenapfelbaum, sah, wie der Bodhisattva von Macht und Schönheit leuchtete, und sprach die Strophen: „Er gleicht Feuer auf einem Berggipfel, dem Mond, der von Sternbilderscharen umringt ist! Meine Glieder zittern beim Anblick des in sich Versunkenen, der wie eine Leuchte strahlt!"

Dann verbeugte er sich bis auf die Füße des Bodhisattva und sprach die Strophe: „Wie nach deiner Geburt, so verneige ich mich auch jetzt, wo du in Versenkung dasitzt, o Verehrungswürdiger, einmal und zweimal auf deine Füße, o Herr und Führer!"

DIE FLUCHT

Die Mahnung der Götter

Einst aber dachten die Himmelsbewohner, die Götter, Schlangen, Elfen, die himmlischen Musikanten, Dämonen, Garudas, Vogelmenschen, Ungeheuer, Schakra, Brahma und die Weltenhüter: Schon allzu lange verweilt dieser Edle bereits im Harem! Es gibt doch Wesen, welche er längst durch die vier Äußerungen des Wohlwollens: Schenken, liebevolles Gespräch, zweckdienliche Behandlung und Gleichachtung, der Reife entgegengeführt hat. Sie würden seine Predigt verstehen, falls er zur Erleuchtung gelangte. So aber werden alle diese Gefäße des Gesetzes zugrunde gehen, und der Bodhisattva wird zu spät für sie in die Heimatlosigkeit ziehen, zu spät für sie zur allerhöchsten, vollkommenen Erleuchtung erwachen!

Und voll Ehrerbietung und Achtung verbeugten sie sich mit zusammengelegten Händen vor dem Bodhisattva und blieben, erwartungsvoll zu ihm aufsehend, stehen. (Ihre Augen aber sprachen:) Wann wird es denn geschehen, daß dieses edle reine Wesen in die Heimatlosigkeit zieht, daß wir schauen, wie es sich unter jenen hohen, mächtigen Baum setzt, Mara und seine Heeresmacht bezwingt und zur höchsten, vollkommenen Erleuchtung erwacht? Wann werden wir erleben, daß es mit den zehn Kräften, der vierfachen Unfehlbarkeit der Pfadvollender und den achtzehn besonderen Eigenschaften der Buddhas ausgestattet ist, daß es das allerhöchste Rad der Lehre mit seinen drei Umläufen und zwölf Ausdrucksformen in Bewegung setzt und, in spielerischer Entfaltung seiner großen Wundermacht, nach Gefallen die ganze Welt samt Göttern, Menschen und Unholden durch seine Reden entzückt?

Der Bodhisattva aber hatte sich seit langer Zeit, seit unausdenklichen Zeitaltern, nie und nirgends durch einen anderen bestimmen lassen, und in allen, sei es weltüblichen oder überweltlichen Dingen war er sein eigener Lehrer. Für alle Handlungen, welche gute Früchte tragen, kannte er längst Zeit, Stunde und Gelegenheit. Er war von unerschütterlicher Erkenntnis und besaß die fünf übernatürlichen Einsichten. Er spielte mit den Zauberkräften, hatte ungewöhnliche Fähigkeiten und kannte Zeit und Unzeit. Doch er erwartete den rechten Augenblick und überschritt, wie der Ozean, nicht die einmal gewonnene Grenze.

Für alles erkannte der Bodhisattva jederzeit den richtigen Augenblick und wartete die Gelegenheit ab. So war, was geschah, nur die Erfüllung dessen, was bei einem Bodhisattva, der seine letzte Existenz durchläuft, zu geschehen hat. Denn es ist ein unverbrüchliches Gesetz, daß die künftigen Erlöser, solange sie sich noch im Frauengemach aufhalten, von den erhabenen Buddhas der zehn Weltgegenden unter Gesang und Spiel an ihre Bestimmung gemahnt werden müssen.

Darüber heißt es: Die ersten unter den höchsten Wesen der Welt in ihren zehn Himmelsgegenden stimmten unter den Klängen süßer Musik liebreizende Strophen an und mahnten den besten der Männer:

„In der Vorzeit einst sahst du, wie die Wesen mit Hunderten von Leiden überhäuft waren, und tatest das feierliche Gelübde, Zuflucht und Hort den Geschöpfen zu werden und ihr heilbereitender höchster Führer.

Edler Held, gedenke deines Wandels in der Vorzeit und deines Wunsches zum Heil für die Welt! Zeit, Stunde und rechter Augenblick sind jetzt gekommen. Zieh nun hinaus, du bester der Seher!

Nur in dem Gedanken: ein Buddha will ich werden, ein Lenker der Götter und der Menschen, der Erste in der Welt, mit hundert Tugenden versehen, hast du doch in der Vorzeit kostbarsten Besitz verschiedener Art aufgegeben oder gar deinen Kopf, deine Hände und Füße geopfert!"

So und ähnlich lauteten die vielen wohlklingenden Gesänge der Weltüberwinder, durch die sie unter Musik den von Göttern und Menschen verehrten Bodhisattva mahnten: „Zieh hinaus, deine Zeit ist gekommen!"

Die Unterredung mit dem Vater und die Vorbereitungen zur Flucht

Die wunderbare Flucht
des Bodhisattva

Der Bodhisattva bittet seinen Vater in die Einsamkeit ziehen zu dürfen

Da dachte der Bodhisattva: Es würde unpassend und undankbar von mir sein, wenn ich, ohne König Schuddhodana in Kenntnis gesetzt und meines Vaters Erlaubnis erbeten zu haben, in die Heimatlosigkeit zöge! Und in stiller Nacht stieg er von seinem Wohnpalast herab und erschien im Palais König Schuddhodanas. Kaum dort angelangt, wurde der ganze Palast von dem Glanz seines Körpers erhellt.

Der König erwachte, bemerkte die Helligkeit und fragte eilig seinen Kämmerer: „Was gibt es denn, Kämmerer? Ist die Sonne bereits aufgegangen und ist sie es, deren Glanz erstrahlt?"

Der Kämmerer antwortete: „Noch ist nicht einmal die halbe Nacht vorbei! Und dann auch, o König: beim Schein der Sonne werfen Bäume und Mauern Schatten. Die Sonne erhitzt und verbrennt den Körper, und bei Sonnenaufgang lassen doch die Gänse, Pfauen, Papageien, Kokilas und Tschakravakas ihre Rufe ertönen. Dieser Glanz aber ist wohltuend, erfreuend, erquickend und angenehm. Er erhitzt nicht und durchdringt Mauern und Bäume, ohne daß ein Schatten fällt. Sicherlich ist heut ein Wesen von ungewöhnlicher Macht hierher gekommen!"

Bestürzt blickte der König nach oben, nach unten und nach allen Seiten. Da sah er das lotusäugige, reine Wesen und wollte von seinem Lager aufstehen; doch seine Kraft versagte.

Der von wahrhaft reiner Erkenntnis beseelte Bodhisattva aber zeigte tiefe Hochachtung vor seinem Vater, stellte sich vor den König hin und sprach: „Genaht, o König, ist die Stunde meines Scheidens! Drum lege mir kein Hindernis mehr in den Weg und müh dich nicht zwecklos; dulde es denn mit deinem Volke und deinem ganzen Reiche!"

Da sprach der König, tränenerfüllten Auges: „Gibt es denn kein Mittel, dich zurückzuhalten? Sprich doch! Welchen Wunsch du auch immer kund tust, ich will ihn erfüllen! Nimm hier die königliche Residenz, mich selbst und mein ganzes Reich!"

Mit wohlklingender Stimme antwortete der Bodhisattva: „Vier Gaben, o König, wünsche ich mir; wenn du mir die zu geben vermagst, will ich daheim bleiben. Immer wirst du mich dann im Hause sehen, und ich werde nie davonziehn! Ich wünsche, o König, daß das Alter nicht über mich komme und ich ewig in blühender Jugend bleibe; daß ich gesund bin, niemals eine Krankheit mich packt; daß mein Leben ohne Ende ist, der Tod mich nicht findet! Daß endlich mein Schicksal von Glück überströmt und mich nie ein Unglück ereilt!"

Als der König diese Worte hörte, wurde er von Leid überwältigt und sprach: „Nicht einmal Seher, die ein ganzes Weltalter hindurch am Leben bleiben können, sind erlöst von den Schrecknissen von Alter, Krankheit, Tod und Unglück. Unmögliches verlangst du von mir, o Prinz; das steht nicht in meiner Macht!"

Da antwortete der Prinz seinem Vater: „Wenn du mir, o König, diese vier Wünsche nicht gewährst: Entrinnen aus den Schrecknissen von Alter, Krankheit, Tod und Unglück, so vernimm denn, daß jetzt mein einziger Wunsch ist, nicht wieder an ein neues Dasein gebunden zu werden, wenn ich einst dieses verlasse!"

Darauf kehrte der Bodhisattva um, stieg in seinen Palast hinauf und setzte sich auf sein Lager nieder. Niemand aber hatte etwas von seinem Weggehen oder seinem Wiederkommen bemerkt.

König Schuddhodana läßt den Prinzen bewachen

Nach Verlauf der Nacht rief König Schuddhodana die vornehmsten Schakyas zusammen, erzählte ihnen den Vorgang und berichtete von dem Entschluß des Prinzen, in die Heimatlosigkeit zu ziehen. Dann fragte er, was zu tun sei. Die Schakyas sagten: „Laß uns ihn bewachen, o König! Wir sind viele an Zahl, und er ist ein einzelner. Unmöglich kann er mit Gewalt hinausziehn!" Darauf stellten die Schakyas und König Schuddhodana zur Bewachung des Prinzen fünfhundert junge Geschlechtsgenossen am östlichen Tore der Stadt auf. Alle diese aber waren im kriegerischen Handwerk bewandert, verstanden sich auf Pfeile und Geschosse und verfügten über Athletenkräfte. Überdies hatte ein jeder dieser Schakyas ein Gefolge von fünfhundert Wagen, deren jeder wiederum eine Besatzung von fünfhundert Fußsoldaten hatte.

Dasselbe geschah am südlichen, westlichen und nördlichen Tor, während die älteren Schakyas an den Kreuzungspunkten, auf Plätzen und Verkehrsstraßen Posten bezogen. König Schuddhodana endlich wachte an der Tür seines Palastes mit einem Gefolge von fünfhundert jungen Schakyas, alle beritten, auf Pferden oder Elefanten.

Die Götter beschließen dem Prinzen zu helfen

Während dies geschah, sprach Schakra, der Götterfürst, zu den dreiunddreißig Göttern: „Heute, ihr Freunde, wird der Bodhisattva aus seiner Heimat fliehen! Sorgt darum, wie ihr ihm Dienste leisten könnt!"

Darauf sprach der Gott Schantamati: „Ich werde alle Frauen, Männer, Jünglinge und Jungfrauen, die es in der großen Stadt Kapilavastu gibt, in Schlaf versenken!"

Und der Gott Lalitavyuha sagte: „Und ich werde die Stimmen der Pferde, Elefanten, Esel, Kamele, Kühe und Stiere, der Frauen, Männer, Jünglinge und Jungfrauen unvernehmbar machen!"

Der Gott Dharmatscharin sprach: „Ich werde ihm seine Frauen in Mißgestalt vorführen!"

Und der Gott Samtschodaka sagte: „Ich werde den Bodhisattva dazu veranlassen, von seinem Lager aufzustehen!"

Schakra, der Götterkönig selbst, setzte hinzu: „Ich will die Tore öffnen und ihm den Weg zeigen!"

Und Gott Vyuhamati sprach: „Ich werde den Weg, den der Bodhisattva bei seiner Flucht nehmen wird, prächtig ausschmücken! Eine Edelsteinterrasse von siebenfacher Wagenbreite soll ihn einfassen; Sonnenliebchen, Perlen und Edelsteine werden auf ihm gleißen. Schirme, Fahnen und Standarten will ich dort aufstellen, den Weg mit allen möglichen Blumen überstreuen und mit Gefäßen voll verschiedensten Weihrauchs durchduften!"

Airavana, der Himmelselefant, sprach: „Und ich will auf meinem Rüssel einen Turm von zweiunddreißig Meilen Länge errichten; den mögen die himmlischen Musikantinnen besteigen, um unter Konzert und lautem Gesang dem Bodhisattva das Ehrengeleit zu geben."

Schließlich sprachen die Schlangenkönige Varuna, Manasvin, Sagara, Anavatapta, Nanda und Upananda: „Wir wollen dem Bodhisattva zu Ehren eine Wolke aus wohlriechendem Harz hervorbringen und einen Regen von feinstem Sandelpulver auf ihn herabstreuen!"

Solche Entschlüsse faßten Götter, Schlangen, Halbgötter und himmlische Musikanten und hielten daran fest.

Der Bodhisattva erinnert sich seiner Wünsche in früheren Geburten

Der Bodhisattva aber lag in seinem Musiksaal friedlich auf dem Lager, umgeben von den Frauen des Harems, und war in Nachdenken über das Gesetz versunken. Er überdachte die Laufbahn der früheren Buddhas, forschte nach dem Heil für alle Wesen; und es traten ihm seine früheren vier feierlichen Wünsche vor Augen:

Einstmals, als ich nach der unumschränkten, höchsten Macht eines Überwinders Begehren trug und nach Allwissenheit verlangte, habe ich mir eine feste Wehr geschmiedet und im Hinblick auf die leidenden Wesen, gesprochen:

„O könnte ich doch denen, die sich im Weltgetriebe befinden und in die Bande des großen Gefängnisses ‚Wiedergeburt' verstrickt sind, dieses Gefängnis aufschließen! O könnte ich den Laut, der von diesen Banden erlöst, sprechen und die Wesen, die von den Ketten und Fesseln der Begierde gebunden sind, befreien!"

Dieses war der erste feierliche Wunsch in einem früheren Leben, der ihm vor Augen trat.

„O könnte ich der Welt – die in den Abgrund der Nacht des Nichtwissens und des Kreislaufs der Geburten geworfen ist, deren Augen der Schleier der Torheit mit Finsternis umhüllt, die des Blicks der Erkenntnis bar und von Unwissenheit und Verblendung umdunkelt ist – das große Licht des Gesetzes bringen, ihr die Leuchte der Erkenntnis aufstecken; o könnte ich die Trübung durch den Schleier der großen Düsternis entfernen und das mit der Umnachtung der Unwissenheit beschlagene Auge reinigen durch den Gebrauch jenes Heilmittels, das das Wissen um das Glück der dreifachen Befreiung gibt und das Verständnis der richtigen Anwendung einschließt!"

Dies war der zweite feierliche Wunsch in einem früheren Leben, der ihm vor Augen trat.

„O könnte ich in dieser Welt – in der die Fahne des Hochmuts aufgerichtet steht, die an Selbstsucht und Eigenliebe hängt, deren Sinn auf den eigenen Gewinn allein gerichtet ist, die infolge falscher Erkenntnis, falschen Denkens und falscher Einsicht ganz zum Bösen hingekehrt ist, in der die Unfreundlichkeit gegen andere jeden beherrscht – die Fahne des Hochmuts durch die Lehre des edlen Pfades zu Fall bringen!"

Dies war der dritte feierliche Wunsch in einem früheren Leben, der ihm vor Augen trat.

„O könnte ich den ruhelosen Geschöpfen, – die einem in Unordnung geratenen Webstuhl, einem mit Ausschlag bedeckten Körper gleichen, die hin und her eilen, die von dieser Welt in jene Welt und von jener Welt in diese Welt laufen, in eine Wiedergeburt geraten und daraus auch zu einer anderen zurückkehren, die wie auf einem feurigen Wagen sitzen – das beruhigende, die Vernunft befriedigende Gesetz verkünden!"

Dies war der vierte feierliche Wunsch in einem früheren Leben, der ihm vor Augen trat.

Die Frauen des Harems erscheinen dem Bodhisattva in ekelhafter Gestalt

In diesem Augenblick ließ der Gott Dharmatscharin, unter Mithilfe anderer Götter, die Frauen des Harems verunstaltet und außer Rand und Band erscheinen.

Und die mit großer Zaubermacht ausgestatteten Götter sprachen, in der Luft stehend, zu dem Bodhisattva, dessen Augen aufgeblühten Lotusblumen glichen: „Wie kann dich hier Begierde packen, wo du inmitten dieses Leichenackers stehst?"

So von den Göttern gemahnt, blickte der Bodhisattva einen Augenblick auf die Frauenzimmer, betrachtete ihre ekelhaften Erscheinungen und dachte: Ich weile wirklich auf einem Leichenacker!

Und der Bodhisattva sah hin auf die ganze Schar der Frauen und betrachtete sie näher. Einigen waren die Gewänder weggerissen, einigen die Haare zerzaust, einige hatten ihre Schmucksachen verloren, einigen waren die Diademe abgefallen, einigen die Schultern gequetscht, einige hatten entblößte Glieder, einige entstellte Gesichter, einige verdrehten die Augen, einigen floß Speichel aus dem Mund, einige schnauften, einige lachten, einige husteten, einige lispelten, einige knirschten mit den Zähnen, einige hatten bleiche Gesichter, einige unordentliche Gestalten, einige ließen die Arme herunterhängen, einige reckten die Füße, einige hatten den Kopf entblößt, einige verhüllt, einige schnitten Gesichter, einige hatten erschlaffte Körper, einige verbogene Glieder, einige krümmten sich und röchelten, einige hatten eine Trommel gepackt und lagen da mit verdrehtem Kopf und Leib, einige griffen in die Saiten der Lauten und Mandolinen, einige knarrten mit den Zähnen an Flöten, einige hatten ihre Musikinstrumente weggeworfen, einige schlossen, öffneten und rollten die Augen, und einige hatten den Mund offen stehen.

Als der Bodhisattva die Frauen des Harems so entstellt auf der Erde liegen sah, erschien es ihm, als befände er sich auf einem Leichenacker.

Darüber heißt es: Als er jene gesehen hatte, sprach der Herr der Welt, im Innersten erregt, seufzend vor Mitleid: „Weh, elend sind diese Wesen! Wie kann man Begierde zu einer Schar von Teufelinnen fassen?"

Dann betrachtete der Bodhisattva die Frauen noch einmal mit seinem in die Tiefe dringenden Blick. Großes Mitgefühl erfüllte sein Inneres, und er beklagte die Wesen mit den Worten: „Diese da bringen den, der sie nicht kennt, um, wie der Henker den zur Hinrichtung Verurteilten auf der Richtstätte. Wer sie nicht durchschaut und zu ihnen entbrennt, gleicht einem Unwissenden, den der Anblick bunter, innen aber mit Unrat gefüllter Töpfe freut. Sie richten den Toren zugrunde, so daß er versinkt wie ein Elefant im Wasser; sie halten den Toren in Fesseln wie man Räuber im Gefängnis hält; Unwissende, die sich mit ihnen ergötzen, gleichen Ebern, die inmitten von Unreinlichkeiten wühlen. Wer mit ihnen lebt, gleicht dem Hunde, der seinen Aufenthalt unter Knochen und Schädeln nimmt. Wer sie nicht kennt, stürzt ins Verderben wie die Motte, die in die Flamme einer Lampe fliegt. Wer sie nicht kennt, fällt in ihre Schlingen wie der Affe in die Fallgrube. Solch ein Tor wird ausgezehrt und welkt wie eine Lotusblume, die man aus dem Wasser herausgeholt hat. Solch ein Tor wird hingeschlachtet wie ein Widder auf der Schlachtbank; aufgespießt wie ein Verbrecher; bleibt hängen wie ein alter Elefant, der in einen Sumpf geraten ist; geht unter wie ein Schiffbrüchiger auf dem Ozean; stürzt ab wie der Blinde am Abhang; wird verschlungen wie Wasser, das in die Unterwelt eindringt; wird umnebelt wie die Erde mit Rauch beim Weltuntergang zu Ende eines Zeitalters."

Der Bodhisattva will aufbrechen und bemerkt, daß die Götter ihm helfen werden

Und alsbald erhob sich der Bodhisattva, entschlossen, bewegten Herzens und festen Willens, anmutig aus dem Meditationssitz. Nach Osten gewandt stand er im Musiksaal, auf der höchsten Spitze des Palastes, nahm mit der rechten Hand das edelsteinbesetzte Gitterfenster herab und legte die zehn Finger anbetend zusammen. Er dachte an die Buddhas der Vorzeit und bezeigte ihnen seine Verehrung. Dann blickte er gen Himmel und sah im Luftraum den Herrn der Götter, den tausendäugigen Schakra, umgeben von hunderttausend Göttern, die Blumen, Räucherwerk, Wohlgerüche, Kränze, Salben, Puder, Gewänder, Schirme, Fahnen, Standarten, Reifen, Edelsteinketten und Bänder in den Händen trugen. Schakra stand mit herabgebeugtem Körper da und verneigte sich gegen den Bodhisattva. Und ebenso sah er die vier Himmelskönige, umgeben von Scharen von Halbgöttern, Dämonen, himmlischen Musikanten und Schlangen, alle mit wohlgefügten festen Rüstungen gepanzert und mit Schwertern, Bogen, Pfeilen, Speeren, Lanzen oder Dreizack bewaffnet. Von ihren Scheiteln hingen Diademe aus Perlen herab, und anmutig verbeugten sie sich vor dem Bodhisattva. Auch Sonne und Mond, die beiden Götter, sah er zur Rechten und Linken stehen. Puschya, der Herr der Sternbilder, stand dienend neben ihnen. Und es war Mitternacht.

Tschandaka sucht den Bodhisattva zurückzuhalten

Als der Bodhisattva das gesehen hatte, sprach er zu seinem Wagenlenker Tschandaka: „Tschandaka, zögere nicht und bring mir schnell mein geschmücktes Roß! Daß ich alles vollbringe, sagt mir mein Glücksspruch. Sicherlich werde ich heute mein wahres Ziel erreichen."

Als Tschandaka diese Worte hörte, sprach er aufgeregt: „Wohin willst du deine Schritte lenken? Du Löwe unter den Männern! Du Schöner, dessen Brauen weit erblühen, dessen Augen gleich Lotusblättern prangen, du Ebenbild des herbstlichen Vollmonds, du Nachtlotusblüte, an der sich der Mond freut?"

Der Bodhisattva antwortete: „Tschandaka, heute ist der Augenblick gekommen, um dessentwillen ich in früheren Leben schon Hände, Füße, Augen, Kopf, Kind, Gattin, Geliebte, das Königreich, Besitztümer, Gold, Gewänder, edelsteinverzierte Elefanten und Pferde, schnell und ungestüm wie der Wind und von Heldenstärke, aufgegeben habe; um dessentwillen ich meine Charakterfestigkeit hütete, meine Geduld läuterte, seit vielen Millionen von Zeitaltern unermüdlich auf die Kraft der Energie, auf die Meditation und die Erkenntnis bedacht war; für mich ist nun die Zeit genaht, die Wesen, welche in dem Gefängnis von Alter und Tod schmachten, zu befreien, nachdem ich die süße Ruhe der Erleuchtung erlangt habe!"

Da sagte Tschandaka: „Wie ich hörte, bist du gleich nach der Geburt zeichenkundigen Brahmanen gereicht worden. Und diese haben dem König Schuddhodana von dir geweissagt, daß du dem königlichen Geschlecht Glück bringen würdest. Und auf die Frage nach dem Wieso haben sie ihm geantwortet: ‚Dieser Knabe trägt die Zeichen von hundert verdienstvollen Taten der Vorzeit an sich. Dir ist ein Sohn geboren worden, der von der Macht der Tugend strahlt! Er wird ein mächtiger

König werden, die vier Kontinente beherrschen und die sieben Juwelen in seinem Besitz haben. Wenn er aber wahrnimmt, wie leiderfüllt die Welt ist, wenn er das Leben im Frauenhause aufgibt und in die Heimatlosigkeit zieht, wird er die Erleuchtung erlangen, die von Alter und Tod befreit, und die Geschöpfe mit dem Wasser des Gesetzes tränken!' Solch eine Weissagung gibt es von dir, ich sage die Wahrheit. Doch höre nun meinen Rat, der ich dir wohl will!"

Der Bodhisattva sprach: „Und dieser lautet?"

Tschandaka antwortete: „Herr, in welcher Absicht handeln alle die, welche verschiedenartige Gelübde und aszetische Übungen auf sich nehmen, die da Felle umwerfen, Flechten statt eines Diadems und Bastgewänder tragen, die ihre Nägel, Haare und Bärte lang werden lassen, alle möglichen Quälereien und Schmerzen ertragen und schwere Gelöbnisse und Kasteiungen auf sich nehmen? Sie denken nur daran, dereinst himmlisches und irdisches Glück zu erlangen!

Du, o Edler, hast dies Glück jedoch bereits erlangt! Das Land ist reich, blühend, voll Frieden, hat Überfluß an Nahrungsmitteln, schaut lieblich aus und ist stark bevölkert. Unsere Parkanlagen sind die schönsten, die man sich denken kann, werden von vieler Art Blumen und Früchten verziert; Scharen von Vögeln aller Gattungen zwitschern darin. Blaue und weiße, Tag- und Nachtlotusblüten bekränzen den Spiegel der Teiche, und die Luft über diesen hallt wider von den Rufen der Gänse, Pfauen, Kokilas, Tschakravakas, Brachvögel und Reiher. Ihre Ufer umsäumen Mangos und viele andere blühende Bäume, und sie sind geschmückt von Gärten mit Edelsteinbäumen. Juwelenbesetzte Bänke fassen sie ein, Edelsteinnetze umhüllen sie. Man kann die Teiche je nach der Jahreszeit genießen; man weilt glücklich an ihnen im Sommer wie in der Regenzeit und im Winter. Und unsere großen Paläste leuchten weiß wie Herbstwolken, sind prächtig wie der Götterberg Kailasa oder Schakras Palast Vaidschayanta. Wie im rechten Gesetz herrscht darin der Friede; Kummer und Ähnliches gibt es dort nicht. Terrassen, Türme, Torbogen, Rundfenster, Prachträume, Söller und Säle zieren sie, und Netze von Edelsteinen und Glöckchen statten sie aus. Die Frauen des Harems aber verstehen sich auf das Zusammenspiel von Flöte, Trommel, Laute, Rohrpfeife, Zimbel, Muschel, Tamburin, Pauke, sowohl wie auf Tanz, Gesang, Musik und Konzert. Sie bieten angenehme Unterhaltung durch Lachen, Tollen, Spielen, Vergnügungen und Lustbereitung. Und du, o Herr, bist jung, hast die Blüte der Jahre noch nicht überschritten, bist ein reiner Knabe, frisch, fein, zart, von glattem, weichem Körper, besitzest schwarze Haare und hast den Lüsten nicht gefrönt. Genieße diese zunächst einmal gleich dem tausendäugigen Götterkönig, dem Herrn der Dreiunddreißig. Wenn wir dann alt geworden sind, laß uns in die Heimatlosigkeit ziehen!"

Der Bodhisattva antwortete: „Genug, Tschandaka, vergänglich fürwahr sind diese Lüste! Sie sind unbeständig, ohne Dauer, ewig sich wandelnd und eilen so schnell dahin wie der Schwall eines Gebirgsflusses. Sie sind wie Tautropfen ohne Bestand, wesenlos und ohne Inhalt wie eine leere Faust, schwach wie Kadalizweige, zerbrechlich wie ungebrannte irdene Schalen. Sie gleichen den Herbstwolken, die in einem Augenblick entstehen und auch wieder vergehen, sind flüchtig wie Blitze am Himmel. Sie sind unverdaulich wie vergiftete Speisen und bereiten Schmerzen wie dornige Schlingpflanzen, an denen sich die Toren ritzen. Sie sind den Wasserbläschen vergleichbar, die schnell zerplatzen, und ähneln einer Luftspiegelung, die aus einer Täuschung des Bewußtseins entspringt, oder einer auf Verstandesbetrug fußenden Gaukelei. Sie sind wie Träume, die ein unwirkliches Gesicht hervorrufen und keine Erfüllung bringen. Sie sind unerschöpflich wie der Ozean und verursachen Durst wie salziges Wasser. Ihre Berührung ist gefährlich wie die eines Schlangenkopfes. Der Weise geht an ihnen vorüber wie an einem tiefen Abgrund. Sie sind gefahrvoll, verursachen Streit, bewirken Elend und haben üble Folgen. Darum werden sie von den Klugen gemieden, von den Wissenden getadelt, von den Edlen verabscheut, und die Erleuchteten halten sich von ihnen zurück. Nur Unwissende und Toren folgen und dienen ihnen! Mein Herz hängt nicht an Sinnengenüssen. Tschandaka, schmücke nun Kanthaka und bring mir das beste der Rosse! Erfüllt hat sich für mich, was man einst aus den Vorzeichen schloß: ich werde ein alles überwindender Herrscher werden, doch als ein König des Gesetzes und ein Einsiedler!"

Um Mitternacht verläßt der Bodhisattva, geleitet von Göttern, die Stadt

Sobald nun die Götter Schantamati und Lalitavyuha den Entschluß des Bodhisattva erkannten, versetzten sie alle Frauen, Männer, Jungfrauen und Jünglinge der großen Stadt Kapilavastu in Schlaf und ließen gleichzeitig alle Geräusche verstummen. Und als dann der Bodhisattva bemerkte, daß alle Leute in der Stadt eingeschlafen waren, und festgestellt hatte, daß die Zeit der Mitternacht gekommen war, der Mond auch in Konjunktion mit Puschya, dem Fürsten der Sternbilder, stand, da dachte er: Jetzt ist es Zeit, hinauszuziehen!

Und unverzüglich wandten sich die vier Himmelskönige zu ihren jeweiligen Palästen, umgaben sich mit ihrem ganzen Gepränge und eilten zu der großen Stadt Kapilavastu, um den Bodhisattva zu verehren.

Von Osten her kam der Großkönig Dhritaraschtra, der Herr der himmlischen Musikanten, mit ungezählten Millionen von himmlischen Musikanten herbei, die auf verschiedenen Instrumenten spielten und dazu sangen. Er umwandelte die Stadt Kapilavastu feierlich, stellte sich dann nach Osten zu, von wo er gekommen war, auf und verbeugte sich ehrerbietig vor dem Bodhisattva.

Von Süden her kam der große König Virudhaka herbei mit ungezählten Millionen von dienenden Geistern, die verschiedenartige Perlketten zwischen ihren Fingern herabhängen ließen und mannigfache Juwelen, Edelsteine oder mit duftendem Wasser gefüllte Krüge in den Händen trugen. Er umwandelte die große Stadt Kapilavastu feierlich, stellte sich nach Süden zu, von wo er gekommen war, auf und verbeugte sich ehrerbietig vor dem Bodhisattva.

Von Westen her kam der große König Virupakscha herbei mit ungezählten Millionen von Schlangengottheiten. Diese hatten ebenfalls verschiedenartige Perlketten zwischen ihren Fingern und trugen mannigfache Juwelen und Edelsteine in den Händen. Außerdem aber ließen sie Wolken entstehen, die einen Regen von Wohlgerüchen, Sandelholzpulver und Blüten entsandten, und bliesen aller Art sanfter und wohlriechender Winde vor sich hin. Virupakscha umwandelte die große Stadt Kapilavastu feierlich, stellte sich im Westen, von wo er gekommen war, auf und verbeugte sich ehrerbietig vor dem Bodhisattva.

Von Norden her kam der große König Kubera herbei mit ungezählten Millionen von Halbgöttern, die Diamanten, Juwelen, Edelsteine, Lampen, Feuerbrände, Bogen, Schwerter, Pfeile, Speere, Lanzen, Dreizack, Diskus, Spieße oder andere Waffen in den Händen hielten und mit festen, wohlgefügten Panzern ausgerüstet waren. Er umwandelte die große Stadt Kapilavastu feierlich, stellte sich nach Norden hin, von wo er gekommen war, auf und verbeugte sich ehrerbietig vor dem Bodhisattva.

Auch Schakra, der Götterkönig, kam mit den dreiunddreißig Göttern herbei, die himmlische Blumen, Wohlgerüche, Kränze, Salben, Puder, Kleider, Schirme, Fahnen, Standarten, Gewänder und Schmucksachen mit sich führten. Er umwandelte die große Stadt Kapilavastu feierlich, stellte sich mit seinem Gefolge oben in der Luft, von wo er gekommen war, auf und verbeugte sich ehrerbietig vor dem Bodhisattva.

Die Erzählung von der Flucht des Bodhisattva

Indessen waren alle Frauen, Knaben, Männer und Jungfrauen der Stadt ermüdeten Geistes auf ihr Lager gesunken und hatten alle Aufmerksamkeit vergessen. Ebenfalls eingeschlummert waren die Elefanten, Pferde, Kühe, Predigerkrähen, Papageien, Brachvögel und Pfauen. Und alle diese bemerkten nicht, was sich zutrug.

Auch die jungen, mit festen Donnerkeilen und Lanzen bewaffneten Schakyas, die auf Wache standen, schliefen an den Toren auf ihren Elefanten, Pferden und Wagen ein. So lagen alle, König, Prinzen und Gefolge, im Schlummer. Ebensowenig wachten die Haremsfrauen, denen im Schlaf die Gewänder fortgerutscht waren.

Da aber sprach, bald nach Mitternacht, der Bodhisattva zu Tschandaka, seinem Wagenlenker: „Wohlan, Tschandaka, zäume mir Kanthaka prächtig auf und bring ihn mir ohne Umschweife, bring ihn mir schnell, wenn du mir zu Gefallen sein willst!“ Und des Bodhisattva

Stimme klang würdig, seine Worte waren herzgewinnend und tönten wie der Gesang des Kalavinkavogels.

Tschandaka antwortete seinem Herrn mit Tränen in den Augen: „Wohin willst du gehen, du hoher Lenker der Wesen? Wozu soll dir das Roß dienen? Du kennst doch Zeit und Gelegenheit zu rechtem Handeln. Jetzt ist es nicht an der Zeit, irgend wohin zu ziehen! Die Tore sind dir verschlossen und feste Riegel vorgelegt. Wer soll sie dir öffnen?"

Doch alsobald wurden die Tore von Schakra, dem Götterkönig, aufgetan, mit Hilfe der Macht seines Geistes und der Kraft seines Willens.

Tschandaka sah es und freute sich zunächst. Dann aber ließ er traurig seine Tränen rinnen und dachte: O Elend, wo finde ich einen Helfer? Was soll ich tun? Wohin soll ich fliehen? Dem Befehl, den mir der Majestätische gegeben hat, kann ich nicht widerstreben! Was ist denn mit diesem mächtigen Heer von vier Truppengattungen hier? Der König, die Prinzen und das Gefolge bemerken nichts. Die Frauen ruhen auf ihren Lagern, selbst Gopa ist von den Gottheiten eingeschläfert worden! O Elend, seine Flucht gelingt, und der Wunsch, den er einstmals faßte, erfüllt sich!

Fröhlich jedoch riefen ungezählte Millionen von Göttern Tschandaka zu: „Wohlan, Tschandaka, hole dem Führer der Welt den edlen Kanthaka und versuche nicht Schwierigkeiten zu machen! Die Stadt ist von Gottheiten eingeschläfert worden und wacht nicht auf, trotzdem wir Götter und Dämonen unzählige Pauken, Muscheln, Trommeln und andere Musikinstrumente ertönen ließen! Sieh, o Tschandaka, hinauf in die Reine der Luft! Ein himmlischer Glanz verschönt sie. Sieh die vieltausend Bodhisattvas, die herbeigekommen sind, um ihre Verehrung zu bezeigen. Sieh, wie Schakra, der Gemahl der Schatschi, von einer Heeresmacht umgeben an der Tür steht und hell strahlt. Sieh die Götter und Dämonen und die Scharen der Kinnaras, die herbeigekommen sind, um ihre Verehrung zu beweisen!"

Tschandaka hörte die Worte der Götter, wandte sich zu Kanthaka und sagte: „Wiehere, wenn jener beste Lenker der Wesen herbeikommt!" Dann zäumte er das Roß schön auf, das weiß wie Jasmin war und goldene Hufe hatte, brachte es dem Ozean von Tugend und sprach betrübt weinend: „Hier ist das schöne, edelrassige Pferd, du mit den besten Zeichen versehener Heilbereiter! Zieh hin, und es erfülle sich der Wunsch, auf den du ehemals deinen Sinn gerichtet hast! Die dich hindern wollten, mögen sich beruhigen! Dein Wunsch und Vorsatz soll sich vollenden! Werde, o Herr, der Glückgewährer für alle Geschöpfe und ein Schenker himmlischen Friedens!"

Die ganze Erde aber erzitterte auf sechs Arten, als jener sich von seinem Lager erhob und sein vorzügliches Pferd bestieg, das wie die Scheibe des Vollmonds leuchtete. Und sogleich nahmen die Welthüter die Hufe des edlen Rosses in ihre sauberen, lotusreinen Hände, während Schakra und Brahma vorauszogen und den Weg zeigten.

Und der Glanz, der von dem Bodhisattva ausging, überstrahlte hell die Erde. Alle Wesen in üblen Daseinsumständen erlangten Ruhe und Freude, und die Pein der sündigen Leidenschaften hörte damals auf. Blumen regneten herab, Millionen von Musikinstrumenten ertönten, und Götter und Dämonen sangen Loblieder. Zum Schluß umwandelten alle die hervorragende Stadt feierlich und kehrten von Freude erfüllt heim.

Der Bodhisattva entsagt auch äußerlich der Welt

Auf seiner Flucht durchquerte der Bodhisattva das Reich der Schakyas, der Kodyas und der Mallas und befand sich in der Morgenfrische sechs Meilen von dem Städtchen Anuvaineya im Lande der Maineyas. Dort stieg er dann vom Pferde, und zu Fuß verabschiedete er die große Schar der Götter, Schlangen, Elfen, himmlischen Musikanten, Unholde, Vogeldämonen, Vogelmenschen und Drachen.

Dann bedachte er: Wie könnte es sich miteinander vertragen, daß ich einen Kopfputz trage und dabei in das Aszetenleben eingetreten bin? Und er schnitt mit dem Schwert seine Flechte ab und warf sie in die Luft. Die Götter von der Klasse der Dreiunddreißig aber fingen sie auf und nahmen sie, um ihr Reliquienverehrung zu beweisen.

Weiter dachte der Bodhisattva: Wie könnte sich Aszetenleben und das Tragen von Gewändern aus feinstem Benaresstoff vereinigen lassen?

Wie schön wäre es doch, wenn ich Bastgewänder bekommen könnte, die zum Aufenthalt im Walde passen! Und alsbald kam Göttern aus den Sphären reinen Aufenthalts der Gedanke: Der Bodhisattva braucht Bastgewänder. Da legte ein Göttersohn seine himmlische Gestalt ab und erschien mit einem Bastgewande bekleidet in Gestalt eines Jägers vor dem Bodhisattva. Da sprach der Bodhisattva zu ihm: „Freund, willst du deine Bastgewänder gegen die meinigen aus feinem Benaresstoff tauschen?" Der Jäger antwortete: „Diese feinen Gewänder passen für dich, die meinen für mich." Doch der Bodhisattva sprach: „Aber ich bitte dich sehr darum." Da gab jener jägergestaltige Gott dem Bodhisattva die Bastgewänder und nahm dafür die feinen. Darauf drückte er mit beiden Händen die Gewänder ehrfürchtig an den Kopf und begab sich in die Götterwelt, um ihnen dort Ehren zu erweisen. Tschandaka aber sah alles.

Tschandaka wird zurückgeschickt

Sechs Meilen weit war der Bodhisattva, der große Seher und Vollbringer von tausend guten Taten, im letzten Teil der Nacht gezogen, da übergab er dem Tschandaka das edle Pferd und seine Schmucksachen mit den Worten: „Nimm diese, o Tschandaka, und eile gen Kapilavastu! Benachrichtige die Eltern, daß ihr Prinz in die Heimatlosigkeit gezogen ist, und überbringe ihnen meine Worte: Trauert nicht! Wenn ich zur Erleuchtung erwacht bin, kehre ich zurück, dann sollt ihr meine Predigt hören und werdet beruhigten Herzens sein!"

Weinend versetzte Tschandaka dem Führer der Welt: „Mir fehlt dazu jede Kraft und aller Mut! Deine Verwandten, Held, würden mich erschlagen unter dem Schrei: ‚Tschandaka, wohin führtest du den tugendhaften Bodhisattva?'!"

Der Bodhisattva antwortete: „Fürchte dich nicht, Tschandaka! Meine Verwandten werden mit dir zufrieden sein, aus Liebe zu mir sich nicht von dir abwenden und dich wie eine Respektsperson achten."

Und der Bodhisattva sprach zu Tschandaka: „Geh, Tschandaka, nimm Kanthaka und diese Schmucksachen und kehre um!"

Gopa entdeckt die Flucht des Bodhisattva

Endlich, lange nachdem der heldenhafte, weise Bodhisattva hinausgezogen war, erwachte die Stadt Kapilavastu; und froh und freudig unterhielten sich alle, da jeder glaubte, der Prinz liege noch schlummernd auf seinem Lager.

Auch Gopa mit den übrigen Frauen des Harems erwachte; doch als sie ihre Augen auf die Lagerstatt des Bodhisattva wandte, sah sie ihn nicht. Da durchdrang ein Schrei den Palast des Fürsten: „Weh uns, wir sind betrogen! Wohin enteilte uns der Bodhisattva?"

Und Gopa stürzte von ihrem Lager auf den Erdboden, raufte sich das Haar, warf ihren Schmuck umher und jammerte: „Oh, wahr geworden ist der Ausspruch, den der Held zu mir tat, daß schnell die Trennung von allen Lieben komme! Schöner, wohlgestalteter Mann von fleckenlos strahlenden Gliedern, der du rein, klar und für alle Geschöpfe lieb und herzgewinnend bist! Du Glücklicher, Gepriesener, im Himmel und auf Erden zu Verehrender! Wohin bist du gegangen, als du dich von meinem Lager fortstahlst? Ich werde keinen Trunk tun, nicht Met noch Rauschgetränk zu mir nehmen! Auf dem nackten Boden will ich liegen und eine Aszetenflechte statt des Diadems tragen! Nicht baden will ich und Aszese und Enthaltsamkeit üben, bis ich den tugendhaften Bodhisattva wiedersehe! Die Gärten scheinen mir als wären sie ohne Früchte, Blätter und Blumen; die gleißenden Perlschnüre sind mir Finsternis, Schmutz und Staub; mein Wohngemach gefällt mir nicht mehr, und die Stadt erscheint mir wie eine Einöde, nachdem sie von jenem Vorbild der Männer verlassen wurde. Verstummt, ihr süßen Gesänge und Klänge der Musik! Hinweg, ihr mit Schmuck überreich bedeckten Frauen und du von goldenen Netzen übersponnener Luftraum! Euch alle will ich nicht mehr sehen, da ich von dem Tugendträger verlassen bin!"

Tschandaka kehrt an den Hof zurück

Inzwischen langte Tschandaka mit dem Roß und den Schmucksachen im Garten des besten Mannes an. Der Gartenhüter geriet in freudige Erregung und meldete den Schakyas als Freudenbotschaft: „Jammert nicht länger! Der Prinz mit seinem Roß und Tschandaka sind im Garten angekommen!"

Als der König das hörte, begab er sich froh und bewegt in den Garten, umgeben von den Schakyas.

Gopa aber, die wußte, von wie festem Entschluß der Bodhisattva war, freute sich nicht; denn sie glaubte der Nachricht nicht, weil sie sich sagte: Nachdem der Prinz einmal hinausgezogen ist, wird er unmöglich zurückkehren, ohne die Erleuchtung erreicht zu haben.

Und als der König dann nur Tschandaka mit dem edlen Pferde gewahrte, schrie er schmerzlich auf und fiel zu Boden mit den Worten: „O mein Sohn, du in Gesang und Musik so geschickter! Wohin zogst du, als du das ganze Reich aufgabst? Berichte mir in klaren Worten, o Tschandaka, zu welchem Beginnen und wohin der Bodhisattva gezogen ist; wer ihn führte, wer ihm die Tore öffnete, und wie er von den Scharen der Götter verehrt wurde."

Tschandaka sprach: „Höre mich, o Fürst! Als nachts jung und alt in der Stadt eingeschlafen war, sprach der Bodhisattva mit lieblicher Stimme zu mir: ‚Tschandaka, bring mir schnell das königliche Roß!' Vergebens versuchte ich die Menge der Männer und Frauen zu wecken. In tiefem Schlummer liegend, hörten sie meine Stimme nicht. Da brachte ich ihm weinend den edlen Renner und sagte: ‚So zieh denn hin, du Heilbereiter, wohin es dir beliebt!' Schakra, der Götterkönig, öffnete selbst die verriegelten Tore; die vier Welthüter faßten die Hufe des Pferdes; der Held stieg auf. Die dreitausend Welten erbebten, und ein breiter Weg zeigte sich im Luftraum, auf dem er davonzog. Und ein Glanz erstrahlte, der Dunkelheit und Finsternis zu Boden schlug; Blumen fielen; Hunderte von Instrumenten erklangen; Götter und himmlische Musikantinnen stimmten Lobgesänge an. So zog er durch die Luft dahin, umringt von den Scharen der Götter!"

Gopas Klage um den verlorenen Gatten

Und unter Tränen begab sich Tschandaka, das edle Roß und die Schmucksachen mit sich führend, zu den Frauengemächern. Als Gopa ihn mit dem stolzen Renner kommen sah, fiel sie ohnmächtig zu Boden.

Doch geschäftig mühten sich um sie ganze Scharen von Frauen. Man nahm Wasser und benetzte das Schakyamädchen, „auf daß sie nicht, überwältigt von Jammer, stirbt; denn das bewirkt oft die Trennung zweier Liebender".

Als Gopa dann wieder zu sich gekommen war, umschlang sie betrübt den Hals des königlichen Rosses und gab, in Erinnerung an die einstigen Liebesspiele mit dem Gemahl, ihrem Jammer vielberedten Ausdruck:

„O du Schöpfer meiner Freuden, mein männlicher Held; du, dessen Antlitz leuchtet gleich dem fleckenlosen Mond! O du mein Schönster, mein Ausgezeichnetster, in hellem Glanze Strahlender!

O du mein Gemahl, der du untadelig an Gliedern bist, von edler Abkunft, recht geboren, unvergleichlich! O du Träger höchster Tugend, von Göttern und Menschen Verehrter, Mitleidvollster!

O du von Kraft Begabter, der du stark bist wie Gott Narayana, du Besieger der Feindesscharen! O du, dessen Stimme mir lieblich tönt, süß und weihevoll wie das Locken des Kalavinka-Vogels!

O du endlos Gerühmter, von hundert guten Taten Gezierter! Tugendreiner! O du Vielgepriesener, von höchsten Eigenschaften Geschmückter! Du Freude der Seher!

O mein Gemahl, der du geboren wardst im bienendurchsummten Lumbinihain, dem erhabenen! O du mein laut Gelobter! Im Himmel und auf Erden Verehrter; du breiter Baum der Erkenntnis!

O, der du mir der süßeste aller Geschmäcke bist! Deine Lippen sind rot wie Bimbafrüchte, und lotusgleiche, goldglänzende Augen sind dir zu eigen. O deine Zähne sind blendend weiß, deine wohlgefügten, der Milch und dem Schnee gleichenden Zähne!

O du mein Gemahl, deine Nase ist edel; schön sind deine Brauen, und zwischen ihren Wurzeln glänzt das Weisheitszeichen! O du, deine Schultern sind voll, deine Hüften rund, dein Leib wie ein Bogen gestrafft, deine Beine gleich denen der Gazelle!

Wozu mir nun Gesang und Musik, Blumenpracht und Schminke, sei es auch zu herrlichster Jahreszeit? Wozu Blütenduft im Schlafgemach, der so hoch erfreut beim Klang der Leier und Lieder?

O edles Roß, Gefährte meines Gatten, wohin hast du ihn gebracht?

O Tschandaka, mitleidslos bist du, der du niemanden wecktest, als der Beste der Männer davonzog!

Warum hast du da nicht, wenn auch nur einmal, geschrien, es ziehe dahin der Heilbereiter; heut ziehe zur Stadt hinaus der mitleidvolle Lenker der Männer?"

Tschandaka berichtet von den wunderbaren Geschehnissen bei der Flucht und tröstet Gopa

Ganz traurigen Sinnes hörte Tschandaka die Worte der Gopa an; dann sprach er mit tränenerstickter Stimme zu ihr: „O Gopa, höre meine Worte! Heimlich war die Nacht und die mittlere Nachtwache. Alle Frauen lagen in tiefem Schlafe. Da befahl mir dieser Sproß von hundert Tugenden, ihm Kanthaka zu bringen. Kaum hatte ich seine Worte gehört, da schaute ich nach dir, die du auf dem Lager schlummertest, und rief mit lauter Stimme: ‚Auf, Gopa, auf, dein Geliebter zieht hier von dannen!' Doch eine Gottheit hemmte den Schall der Worte, und nicht eine einzige Frau erwachte. Weinend schmückte ich da das königliche Roß und übergab es dem höchsten der Männer. Kanthaka wieherte aus voller Kraft, und es klang hinaus, soweit man nur Rufe vernimmt. In der Stadt jedoch hörte es keiner, da alle von Gottheiten in tiefen Schlaf versenkt waren. Selbst die von Gold, Silber und Edelsteinen gekrönte Erde ertönte süß, mächtig und schön, als sie von Kanthakas Hufen geschlagen wurde. Kein Mensch aber vernahm es.

Die vier großmächtigen Welthüter setzten nun, unterstützt von den Scharen der Elfen und Dämonen, die Hufe Kanthakas auf ihre Hand. Die waren sauber und fleckenlos wie die Staubfäden der Lotusblüte.

Und es bestieg der Sproß der Macht von hundert guten Taten den lotus-, den jasminweißen Renner. Die Erde aber erzitterte sechsfach, und die Gefilde der Buddhas gleißten. Sogleich öffnete Schakra, der Meister der Götter, der Gemahl der Schatschi, selbst das Tor, und an der Spitze von Millionen von Göttern zog jener hinaus, verehrt von Unsterblichen und Schlangen.

Sieh, schnell wie ein Gedanke eilt Kanthaka dahin. Er trägt den Retter der Welt durch die Lüfte, und die Schar der Götter und Dämonen samt Schakra hält ihn und hilft dem Wohlgegangenen, der davonzieht.

Himmlische Frauen preisen unter passendem Spiel und Gesang die Tugenden eines Bodhisattva und rufen Kanthaka, um ihm Kraft zu verleihen, süß und ermunternd zu: ‚Kanthaka, trage den Lenker der Welt! Schnell, schnell! Werde nicht müde! Wenn du den Herrn der Welt dahingetragen hast, droht dir kein böser Gang mehr in schlechte Existenzformen! Sieh, o Kanthaka, jenen Weg im Luftraum, wohlbereitet, herrlich und rein, bunt bekränzt von Juwelenterrassen, durchduftet vom Weihrauch himmlischen Harzes! Wegen dieser edlen Tat, o Kanthaka, wirst du im schönen Palaste der dreiunddreißig Götter thronen, umgeben von einem Gefolge von himmlischen Frauen und von ihnen durch die Wonnen himmlischer Liebe ergötzt werden.‘

Laß es gut sein, Gopa, weine nicht länger! Sei nur zufrieden und freue dich sehr; denn bald wirst du den Helden, zur Erleuchtung gelangt, als ersten der Unsterblichen sehen! Die Männer, welche ein wohlgetanes Werk vollbringen, die soll man, Gopa, nicht ewig beweinen! Und über diesen Sproß von hundert guten Taten solltest du dich freuen und nicht klagen!“

In solchen Worten berichtete Tschandaka auf Veranlassung des Bodhisattva dem König Schuddhodana und Gopa, dem Schakyamädchen, dann dem ganzen Harem und allen Schakyas, und bannte dadurch deren Kummer.

Indessen hatte der Bodhisattva seine Gewänder aus Benares-Seide dem Gott in Jägergestalt übergeben und von diesem Bastgewänder entgegengenommen. So zog er in die Heimatlosigkeit, zum Nutzen der Welt, aus Mitleid mit den Wesen und um sie zur Reife zu bringen.

DIE ERLEUCHTUNG

TEMPELBILD IV

Die Nebenszenen des vierten Tempelbildes (S. 176) illustrieren Ereignisse aus der Zeit der Aszese, der Erleuchtung und der Lehrtätigkeit des Buddha.

Links Mitte:

Der Aszese übende Bodhisattva wird verspottet und belästigt (Text S. 134).

Links Mitte:

Der Bodhisattva badet im Flusse Nairandschana und zieht sich an einem Baum wieder aus dem Fluß heraus (Text S. 139 und 141).

Links oben:

Das erste Mahl des Bodhisattva nach der Aszese (Text S. 139ff.). — Die Kühe werden gemolken. — Die Mädchen bereiten den Milchreis. — Die Darbietung der Reisspeise. — Die vom Bodhisattva in die Nairandschana geworfene Schale wird vom Gott Schakra in Gestalt eines Garuda einem Schlangengott geraubt.

Links oben:

Der Berg, auf den sich der Bodhisattva gesetzt hat, bricht auseinander. Eine Gottheit erklärt den Anlaß (Text S. 143).

Oben Mitte:

Der Schlangenkönig Kalika huldigt dem Bodhisattva (Text S. 143ff.). Der Bodhisattva empfängt Gras als Streu für seinen Thron (Text S. 147).

Rechts oben:

Maras und seiner dämonischen Scharen Angriff auf den Bodhisattva und die Versuchung des Bodhisattva durch die Töchter Maras (Bildausschnitt S. 160, Text S. 152ff.). Der Bodhisattva ruft mit der rechten Hand die Erde als Zeugen an. Die Erdgöttin erscheint darauf links unten zu seinen Füßen. Ihr gegenüber sieht man die Töchter Maras, die ihre Verführungskünste entfalten. Unter der Szene sind die Töchter Maras noch einmal dargestellt, jedoch wie sie durch den Bodhisattva in alte Frauen verwandelt sind. Diese Verwandlung schildern unsere Textauszüge nicht. —

Rechts Mitte:

König Schuddhodana hört von der Geburt Rahulas (Text S. 174). —

Gopa (Yaschodhara) setzt Rahula in einem Lotusteiche aus (Text S. 174f.).

Links Mitte:

Der Schlangenkönig Mutschilinda beschützt den Bodhisattva vor den Unbilden der Witterung (Text S. 179f.).

Rechts Mitte:

Zu einer Szene vereinigt: Die Spende der Kaufleute Trapuscha und Bhallika und die Darbringung der Schalen durch die vier Himmelskönige (Bildausschnitt S. 177, Text S. 180ff.).

Rechts Mitte:

Gott Schakra überreicht dem erkrankten Buddha eine Myrobalanenfrucht (Bildausschnitt S. 177, Text S. 184).

Unten rechts:

Gott Brahma bittet den Buddha, die Lehre zu verkünden (Text S. 186ff.). Zwischen beiden das Rad als Symbol der Lehre.

Unten rechts:

Der Buddha trifft den Bettelaszeten (Text S. 191).

Unten links:

Die Begegnung mit den „edlen Fünf" (Text S. 193ff.).

Unten Mitte:

Die Predigt von Benares (Bildausschnitt S. 208, Text S. 197f.). Zu seiten des Buddha die edlen Fünf, schon als Mönche gekleidet. Vorn Brahma und Schakra, dazwischen das Rad der Lehre.

Unten links:

Der Buddha besucht Uruvilvakaschyapa – Er bringt eine Nacht im Feuertempel Uruvilvakaschyapas zu und besiegt den Giftdrachen (Text S. 199f.).

Unten links:

Der Buddha wandelt durch die zu einem reißenden Strom gewordene Nairandschana, während Kaschyapas Rettungsboot überflutet zu werden droht (Text S. 205).

Unten rechts:

Die Schüler Uruvilvakaschyapas werfen ihr Aszetengerät in die Nairandschana. – Nadikaschyapa und Gayakaschyapa sind über das Schicksal Uruvilvakaschyapas beunruhigt (Text S. 206ff.).

DIE ZEIT DER VORBEREITUNG

Der Bodhisattva tritt bei dem Seher Arada Kalapa in die Lehre, zieht aber unbefriedigt weiter

So kam der Bodhisattva allmählich zu der großen Stadt Vaischali. In deren Nähe wohnte damals Arada Kalapa mit einer großen Gemeinde von Schülern; dreihundert waren es an der Zahl. Diese unterwies er in der Methode, sich in die Sphäre des Nichts zu versenken. Arada sah den Bodhisattva von weitem herbeikommen, wunderte sich und sprach zu seinen Schülern: „Seht ihr, seht ihr? Welch eine Erscheinung!“ Sie antworteten: „Fürwahr, wir sehen! Wie überaus staunenswürdig!“

Da trat der Bodhisattva an Arada Kalapa heran und sagte: „Ich möchte bei dir in die Lehre treten!“ Jener antwortete: „Tu so, Gautama, und bewahrheite die Kunde, nach der ein hingebungsvoll bestrebter Sohn aus edler Familie mit geringer Mühe die Erkenntnis erreicht!“

Und der Bodhisattva dachte: Ich besitze schon Willen, Energie, Sinnen, Versenkung und Einsicht genug, um auf mich allein gestellt, eifrig angestrengt und ohne Ablenkung bestrebt zu bleiben, diese Methode zu erlangen und zu verwirklichen. Und so erfaßte und verwirklichte er sie ohne viel Mühe.

Dann begab sich der Bodhisattva zu Arada Kalapa und fragte ihn: „Bis zu diesem Punkt hast du wohl, o Arada, deine Methode entwickelt und betätigt?“ Dieser antwortete: „Sehr wohl, o Gautama!“ Und der Bodhisattva sprach zu ihm: „Auch ich habe diese Methode betätigt und erfaßt.“ Da antwortete jener: „Wenn du ebensoviel verstehst wie ich, und ich ebensoviel wie du, dann laß uns beide gemeinsam die Schüler erziehen!“ So ehrte Arada Kalapa den Bodhisattva mit der allerhöchsten Ehrerweisung und führte ihn als gleichberechtigt mit sich selbst bei den Schülern ein. Doch der Bodhisattva dachte: Wahrlich, die Lehre des Arada führt nicht zur Erlösung! Darum muß ich weiter suchen und wandern, um zu finden, wessen Lehre zur wirklichen Vernichtung des Leidens führt.

Der Bodhisattva weilte darauf, so lange es ihm gefiel, in Vaischali. Dann aber machte er sich auf nach Magadha, gelangte in die Nähe der Stadt Radschagriha und begab sich zum Pandava, dem Könige der Berge. An dessen Abhang hielt er sich auf, einsam, ohne irgendeinen Begleiter, behütet von unzähligen Millionen von Göttern.

König Bimbisara von Magadha bietet dem Bodhisattva vergeblich die Herrschaft über sein Reich an

Eines Tages nun zog sich der Bodhisattva in der Frühe an, nahm Schale und Obergewand und betrat durch das Tor Tapoda die große Stadt Radschagriha, um sein Essen zu erbetteln. Gelassen trat er heran und auch wieder zurück, gelassen blickte er drein, gelassen krümmte und streckte er Arm und Hand. Gelassen trug er Mantel, Schale und Obergewand. Seine Sinne richteten sich nicht bald auf dies, bald auf das; sein Gesicht war nach innen gewandt; er sah aus wie ein Göttersohn; nur einige Spannen weit blickte er vor sich hin, wie jemand, der eine Schale voll Öl vor sich hinträgt. Bei seinem Anblick erstaunten die Leute von Radschagriha und dachten: Sollte das Brahma sein oder der Götterkönig Schakra, der Weltenhüter Vaischravana oder irgendeine Berggottheit?

Ein Bericht darüber lautet:

Als der fleckenlose, unendlich majestätische Bodhisattva aus freiem Willen in die Heimatlosigkeit gezogen war, hielt er sich beruhigten Geistes, bezähmt und edlen Wandels, am Abhange des Pandava auf, des Königs der Berge.

Und einst, nachdem er bemerkt hatte, daß die Nacht vergangen war, kleidete der Bodhisattva sich aufs beste an, nahm seine Schale und zog bescheiden nach Radschagriha hinein, um seinem Bettelgang nachzugehen.

Er war geschmückt mit den zweiunddreißig Kennzeichen eines großen Mannes und leuchtete wie edles Gold, so daß Männer und

Frauen, die ihn erblickten, sich an seinem Anblick nicht sattsehen konnten.

Und man legte die Straßen mit kostbaren Gewändern und Stoffen aus, und dann zog das Volk hinter ihm her und raunte: „Wer ist denn dieses Wesen, das man vorher nie gesehen hat und von dessen Glanz die ganze Stadt hell leuchtet?"

Oben, an den Türen und in den Fenstern lehnten Tausende von Frauen. Auf den Straßen drängten sich die Leute, und die Innenräume der Häuser waren leer, da jedermann den Edlen zu schauen verlangte.

Kauf und Verkauf hörten auf; selbst die Trunkenbolde schlürften ihre Rauschgetränke nicht weiter, und in den Häusern wie auf den Straßen hörten die Belustigungen auf, da ein jeder die Schönheit des edlen Mannes betrachtete.

Ein Diener begab sich eilig zum Königspalast und meldete dem König Bimbisara freudig: „Majestät, allerhöchster Gewinn wird Euch zuteil. Brahma selbst wandelt auf einem Bettelgang durch die Stadt!" Als der König diese Worte gehört hatte, trat er, aufs äußerste gespannt, ans Fenster und erblickte das höchste Wesen, den Bodhisattva, der wie edles Gold strahlte.

Und König Bimbisara gab dem Diener Almosen und sprach zu ihm: „Sieh zu, wohin er geht!" Und der Diener stellte fest, daß der Bodhisattva zum Berge zurückging und meldete dem König demgemäß, der Bodhisattva habe sich nach dem Gebirge gewandt.

Am nächsten Morgen begab sich König Bimbisara, umgeben von einem großen Gefolge, an den Fuß des Pandava, des Königs der Berge, und sah den Fels im Lichte der Schönheit erglänzen.

Er stieg vom Wagen ab, trat zu Fuß näher und betrachtete ehrfürchtig den Bodhisattva. Regunglos wie der Weltberg Meru saß der Gebieter auf einer Streu von Gras.

Der König neigte das Haupt tief, bis auf jenes Füße, begrüßte ihn mit den üblichen Fragen nach dem Wohlergehen und redete ihn an: „Woher kommst du, Pilger? Wo bist du geboren? Wer ist dein Vater und wer deine Mutter? Bist du aus der Krieger- oder der Brahmanenkaste oder bist du gar ein König? Berichte mir's, wenn es dir nicht lästig ist."

Der Bodhisattva antwortete: „Du wirst, o Herrscher, gehört haben von Kapilavastu, der reichen und blühenden Hauptstadt der Schakyas. Mein Vater dort heißt Schuddhodana; ich bin sein Sohn und habe aus Verlangen nach tugendhaftem Leben die Heimat verlassen."

Da sprach der König: „Du bist frisch und von zarter Jugend, dein Leib sieht blühend aus, und du strotzest von Kraft! Darum strebe nach Reichtum und nach der Huld der Frauen! Bleibe hier in meinem Reiche und genieße die Lüste!"

Und weiter sprach der König von Magadha zum Bodhisattva: „Ich freue mich aufs höchste, dich zu sehen! Sei mein Freund, und ich will dir das ganze Königreich geben! In vollen Zügen genieße die Lüste! Lebe nicht länger in dem öden Walde, liege nicht länger auf der Erde und der Lagerstatt von Gräsern. Dein Körper ist so ungewöhnlich zart, drum bleibe in meinem Reiche hier und genieße die Lüste!"

Da antwortete ihm der Bodhisattva mit sanfter Stimme geradeheraus, liebenswürdig und voll Wohlwollen:

„Möge es dir immerdar wohlergehen, o Erdenbeherrscher, doch spare der Worte, denn ich begehre nicht nach den Freuden der Lüste!

Die Lüste wirken wie Gift. Unendlich sind ihre bösen Folgen. Sturz in die Hölle und Wiedergeburt als Gespenst oder Tier erwachsen daraus. Die Weisen verurteilen die Lüste als eines Edlen unwürdig, und ich habe mich ihrer entledigt wie eines weichen Schleimklumpens.

Die Lüste stürzen hin wie reife Früchte, die von Bäumen fallen. Sie jagen schnell von dannen wie Regenwolken am Himmel. Unstet und eilfertig wie der Wind, wirbeln sie alles Gute hinweg und sind trügerisch.

Solange man die Lüste nicht erlangt, quälen sie, hat man sie aber erlangt, so findet man kein Genüge. Weh, wenn die schrecklichen Lüste jemanden packen, der ihrer nicht Meister bleibt, dann bringen sie großes Unheil hervor.

Wenn, o Herrscher, ein einzelner, Auserwählter, alle Genüsse, die himmlischen wie die höchsten irdischen, erlangen sollte, so würde er doch keine Befriedigung finden.

Nur die, o König, welche ruhig und beherrscht, edel, leidenschaftslos und von rechtem Denken erfüllt sind, die mit Einsicht begabt und dadurch gesättigt worden sind, die sind wohl befriedigt; sie finden kein Genüge mehr an den Freuden der Lüste!

Wenn man den Lüsten fröhnt, o König, gibt es kein Endenehmen des Geburtenkreislaufs, und wie bei einem Menschen, der Salzwasser trinkt, wächst auch der Durst des Genießenden immer weiter.

Sieh nur, o Herrscher, den Körper! Wie unbeständig und haltlos ist er, ein Instrument des Leidens; beständig entläßt er Ausflüsse aus seinen neun Öffnungen! Da vergeht mir, o Fürst, alle Lust, alle Begierde, alle Leidenschaft.

Ich habe den vielen Sinnenlüsten nun einmal entsagt und den Tausenden von schönen Frauen. Am weltlichen Dasein fand ich keine Freude mehr und bin so hinausgezogen, um die hohe beglückende Erleuchtung zu gewinnen!"

Da sprach der König: „Heil sage ich dir! Wohl erschaut ist deine Einsicht! Ich folge dir als Schüler, wie immer auch deine Geburt sein mag. Verzeihe mir nur von Herzen, was alles ich dir angeboten habe, trotzdem du von der Begierde nach Sinnenlüsten befreit bist! Wenn du aber die Erleuchtung erreicht hast, dann teile mir deine Lehre mit, o Herr. Schon vorher ist mir ja das große Glück deines Aufenthalts zuteil geworden, o Gebieter!"

Dann verbeugte sich der König wiederum bis auf die Füße des Bodhisattva, umwandelte ihn feierlich nach rechts und begab sich, von seiner Dienerschaft umgeben, zurück nach Radschagriha.

Der Weltenführer aber zog hinein in die Stadt der Magadha, verweilte dort ruhigen Gemüts, solange es ihm gefiel, und begab sich dann, um das Heil der Götter und der Menschen zu bewirken, an das Ufer der Nairandschana.

Der Bodhisattva tritt bei dem Seher Rudraka Ramaputra in die Lehre

Zu dieser Zeit weilte Rudraka, der Sohn des Rama, in der Nähe der Stadt Radschagriha, mit der großen Schar von siebenhundert Schülern. Er unterwies sie in der Methode, sich in die Sphäre jenseits von Bewußtsein und Nicht-Bewußtsein zu versenken. Und der Bodhisattva erblickte Rudraka, den Sohn des Rama, wie er als Führer seiner Gemeinde und Sektenlehrer bekannt und begehrt war, von vielen Leuten geehrt wurde und unter den Weisen etwas galt. Da dachte er: Das also ist der berühmte Rudraka! Ich will mich ihm anschließen und nach seiner Methode Gelübde und Aszese üben. Und er wandte sich an Rudraka mit der Frage: „Wer, o Freund, ist dein Meister gewesen, oder zu wessen Lehre bekennst du dich?" Rudraka antwortete: „Ich habe keinen Lehrer gehabt, und was ich kann, habe ich mir aus eigener Kraft angeeignet." Da fragte der Bodhisattva: „Und was hast du erreicht?" Jener sprach: „Den Weg zum Eintritt in die Sphäre, wo es weder Bewußtsein noch Nichtbewußtsein gibt." Und der Bodhisattva sagte: „Ich möchte den Weg zu dieser Stufe der Erleuchtung beschreiten und mich von dir dazu anweisen lassen." Da erklärte sich Rudraka einverstanden und nahm ihn in die Lehre.

Darauf ging der Bodhisattva beiseite, verschränkte die Unterschenkel nach Art eines Aszeten und setzte sich hin. Kaum hatte er sich aber niedergelassen, da traten ihm, bei der Meditation beginnend, alle die vielen hundert irdischen und überirdischen Stadien der Versenkung vor Augen; denn er verfügte über ausgezeichnete Verdienste und besonderes Wissen, hatte durch seinen guten Wandel in der Vorzeit hervorragende Früchte erworben und war einst mit allen Methoden der Versenkung in hohem Grade vertraut gewesen. Sie wurden ihm wieder alle offenbar, samt ihrer Form und Bezeichnung.

Da er nun über diese Geisteskräfte gebot, erhob sich der Bodhisattva bewußt und besonnen von seinem Sitze, begab sich zu Rudraka und sprach zu ihm: „Freund, gibt es einen Weg, der noch über die Versenkung in die Sphäre jenseits von Bewußtsein und Nicht-Bewußtsein hinausführt?" Jener verneinte. Da dachte der Bodhisattva: „Dann ist, fürwahr, Glaube, Energie, Erinnerung, Versenkung und Einsicht nicht nur Rudraka zu eigen, sondern auch ich besitze sie." Und er sprach zu Rudraka: „Auch ich, Freund, habe die Lehre erfaßt, von welcher du ausgegangen bist." Jener sprach: „Wohlan, so laß uns gemeinsam die Schar der Schüler erziehen!" Und er setzte den Bodhisattva zu gleichen Bedingungen in die Stellung eines Lehrers ein. Da aber sprach der Bodhisattva: „Dein Weg, o Freund, ist nicht der, welcher zur Aufhebung der Begierden, zur Leidenschaftslosigkeit, zur Vernichtung des Bösen, zur Beruhigung, zur Erkenntnis, zur Erleuchtung, zum Einsiedlertum, zur Brahmanenschaft und zur Erlösung im Nirwana führt."

So demütigte der Bodhisattva Rudraka und dessen Schüler, sagte: „Genug davon!" und begab sich hinweg in dem Gedanken: Des bin ich satt!

Die „edlen Fünf" schließen sich dem Bodhisattva an

Zu dieser Zeit aber waren die „edlen Fünf" Schüler Rudrakas und überlegten: Das, um dessentwillen wir uns schon lange gequält und bemüht haben und dessen Grenze oder Umkreis wir nicht zu erreichen vermochten, hat der Aszet Gautama mühelos zu erfassen und zu verwirklichen verstanden. Nun erscheint es ihm nicht einmal als etwas Besonderes, und er sucht etwas, was noch darüber hinausgeht. Sicherlich wird er ein Meister aller Welt werden, der an seinen dereinst gewonnenen Einsichten auch uns teilhaben lassen wird. So überlegten sie, verließen Rudraka Ramaputra und schlossen sich dem Bodhisattva an.

Nachdem nun der Bodhisattva nach Gefallen in Radschagriha geweilt hatte, begab er sich auf die Wanderschaft im Lande Magadha. Mit ihm die „edlen Fünf". Auf seinem Wege kam er so nach Gaya und verweilte hier auf dem Berge Gayaschirscha, um zu meditieren. Dann wanderte er zu Fuß nach Uruvilva, dem Dorf eines Truppenbefehlshabers. Hier erblickte er den Fluß Nairandschana. Hell floß sein Wasser dahin; schön war sein Ufer, mit lieblichen Bäumen und Büschen geschmückt und auf allen Seiten von Weiden und Dörfern bekränzt. Bei diesem Anblick wurde das Herz des Bodhisattva aufs höchste von Freude erfüllt, und er sprach zu sich: Fürwahr, dieses Fleckchen Erde ist sauber, lieblich und wie geschaffen, sich dahin zurückzuziehen, genau so wie es sich gehört für einen Sohn aus edler Familie, der einsam meditieren möchte. Darum will ich hier bleiben.

Der Bodhisattva übt schwere Aszese

Und dann dachte der Bodhisattva:

Fünffach ist der sittliche Verfall zu dieser Zeit, da ich zum Kontinent des Rosenapfelbaumes hinabgestiegen. Die Wesen neigen zu gemeinem Tun, und alles ist von Scharen von Ketzern überschwemmt, die sich auf die verschiedensten Lehren werfen, nur auf Äußerlichkeiten in der Leibeshaltung bedacht sind und durch verschiedentliche Selbstpeinigungen und Qualen Reinheit des Körpers zu gewinnen suchen. Sie lehren auch Entsprechendes, die Toren! Da gibt es solche, die Zaubersprüche stammeln, solche, die ihre Hände lecken, solche, die grundsätzlich nicht um etwas bitten, nicht sprechen, allerlei Wurzeln verzehren, keinen Fisch oder kein Fleisch essen, in der Regenzeit nicht auf Wanderschaft ziehen, sich des Branntweins und Reissaftes enthalten, ihre Nahrung nur bei einer, drei, fünf oder sieben Familien erbetteln, als Speise und Trank nur Wurzeln, Früchte, Moos, Gräser, Blätter, Kuhfladen, Kuhurin, Milch, saure Milch, Schmelzbutter, Melasse oder unzubereitetes Mehl genießen, die das, was junge Reiher beim Zupacken mit dem Schnabel haben fallen lassen, waschen und essen. Einige leben wie Haustiere oder wie wilde Tiere, tun das Gelübde, sich wie Kühe, Gazellen, Hunde, Eber, Affen oder Elefanten zu betragen. Andere stehen ständig, schweigen oder sitzen in Heldenpositur, sprechen nur ein bis sieben Sätze, essen nur einmal am Tage, nur einmal während eines Tages und einer Nacht, oder auch vier-, fünf- oder sechsmal innerhalb einer bestimmten Zeit. Einige befolgen die Regel der „Mondbeobachter" für die Monatshälfte oder den ganzen Monat, indem sie bei zunehmendem Mond jeden Tag einen Bissen mehr, bei abnehmendem Mond einen Bissen weniger zu sich nehmen. Andere tragen die Flügel von Geiern oder Eulen, benutzen Wohnstätten aus Brettern, verschiedenem Gras, Binsen, Bast oder Rohr, aus Decken von Kamelhaar, Ziegenhaar oder Haupthaar oder auch Fellen. Einige ruhen auf weichen Stoffen oder feinen Schleiern, andere auf Asche, Kies, Steinen, Planken, Dornen, Gras oder Keulen, oder liegen mit dem Kopf nach unten gerichtet oder zusammengekauert auf freien Plätzen. Einige tragen ein, zwei, drei, vier, fünf, sechs, sieben oder mehr Gewänder, andere sind ganz nackt oder befolgen die Regel beständig zu baden oder aber nie zu baden, haben lange Haare, lange Nägel, Bärte und Flechten, nähren sich von einem Korn Kola, Sesam oder Reis, bestreichen sich mit Asche, Schwärze, Überbleibseln, aufgewirbeltem Schmutz, Staub, Sand oder Schlamm. Andere hängen sich Haare, Gras, Krallen, Lappen, Gerippe oder Schädel um, trinken nur heißes Wasser oder aber nur Reiswasser, filtriertes Wasser, Sauerschleim oder in Milch gekochte Gerste. Einige sind mit Kohle oder Rötel beschmiert, barhäuptig und führen Gabeln zum Flaschenaufhängen, Töpfe, Schalen oder Keulen mit sich. Mit all diesem wollen sie die Reinheit erjagen, die Toren!

Einige atmen Rauch oder Feuer ein, blicken in die Sonne, lassen sich von den fünf Feuern rösten, stehen auf einem Fuße, mit erhobenen Armen oder bewegen sich nur in einer Richtung und treiben so die Aszese im Unmaß. Andere suchen den begehrten Weg, indem sie sich auf Spreu und dergleichen oder auf Kohlen brennen, in Töpfen zubereiten oder auf gebrannten Steinen rösten lassen, sich in glühend heißes Wasser setzen, sich in Einöden oder an heilige Plätze begeben oder den Tod suchen. Wieder andere erstreben die Reinheit durch das Ausstoßen mystischer Rufe wie Om, Vaschat, Svadha oder Svaha oder aber durch Segenswünsche, Häufung von Lobpreisungen, Einladungen, leise Gebete, Sprüche, Rezitieren und Memorieren. In dem Glauben, dadurch rein zu werden, rufen sie Brahma, Schakra, Rudra, Vischnu, Devi, Kumara und die andern Götter, Halbgötter, Dämonen usw. um Hilfe an und erweisen ihnen Verehrung; denn sie legen ihnen besondere Machtvollkommenheiten bei. Und sie suchen Zuflucht bei Erde, Wasser, Feuer, Wind, Äther, bei Bergen, Strömen, Flußquellen, Seen, Teichen, Weihern, Meeren, Tümpeln, Pfuhlen, Lotusgewässern, Brunnen, Bäumen, Büschen, Lianen, Gras, Baumstümpfen, Kuhställen, Leichenäckern, Kreuzwegen, Plätzen, Basaren usw. Sie verehren Häuser, Pfosten, Steine, Keulen, Schwerter, Bogen, Pfeil, Beil, Speere oder Dreizacke. Sie richten sich nach vorbedeutenden Dingen wie saurer Milch, Schmelzbutter, Senf, Gerste, Amulettbändern, Edelsteinen, Gold, Silber usw. Alle diese Dinge vollziehen die Sektenanhänger, und zu solchen Handlungen nehmen sie ihre Zuflucht, aus Schrecken vor den Furchtbarkeiten der Wiedergeburt. Und sie glauben, daß sie dadurch Himmel und Erlösung gewinnen werden.

Auf einen falschen Weg sind sie da gelangt und halten das, was ihre Zuflucht nicht sein kann, für ihre Zuflucht, das, was ihnen kein Glück bringt, für ihr Glück und das Unreine für Reinheit! Darum will ich ein ganz besonderes Gelübde und schwere Kasteiungen auf mich nehmen, auf daß alle gegnerischen Sektenanhänger noch übertrumpft werden! Ich will den Wesen, welche an die Fortwirkung der Taten nicht glauben, zeigen, daß die Folgen nicht ausbleiben. Und endlich möchte ich die Götter, welche in den meditativen Sphären weilen, und auch die, welche das Reich der Formen bewohnen, für mich gewinnen, indem ich ihnen eine hervorragende Art der Versenkung vor Augen führe.

Nachdem der Bodhisattva diese Überlegung angestellt hatte, begann er die sechs Jahre währende schreckliche Selbstpeinigung, die ungeheuerlichste aller schwierigen aszetischen Übungen. Er setzte sich, ohne den Erdboden zu glätten, mit verschränkten Schenkeln im Meditationssitz hin, zügelte seinen Leib durch Willensstärke und rang ihn nieder. Denn er beabsichtigte, der Welt ein Wunder zu zeigen, den Stolz der Ketzer niederzuschlagen und seine Gegner zu bändigen. Die Götter wollte er für sich gewinnen und den Wesen, welche der Theorie von einem absoluten Aufhören anhängen und nicht an die Fortwirkung der Taten glauben, das Inerscheinungtreten der Folgen klar machen. Er wünschte die Früchte verdienstvoller Taten deutlich ans Licht zu bringen, die Ergebnisse der Erkenntnis zu zeigen, die Stufen der Versenkung voneinander zu scheiden, die Macht der Gewalt über den Körper hervortreten zu lassen und den Heroismus des Geistes zu entwickeln.

Acht Winternächte hindurch hatte der Bodhisattva schon seinen Leib gezügelt und niedergerungen, da brachen ihm an Achselhöhlen und Stirn Schweißbäche hervor, flossen auf die Erde nieder, gerannen, dampften und verdunsteten. Es war, wie wenn ein starker Mann einen anderen, schwächeren, beim Halse packt und niederringt, so zügelte der Bodhisattva seinen Körper und rang ihn nieder, bis ihm Schweißbäche aus Achselhöhle und Stirn hervorbrachen, zur Erde flossen, geronnen, dampften und verdunsteten.

Darauf faßte der Bodhisattva den Entschluß, die Versenkung „Asphanaka" zu üben. Während dieser Übung aber war er am Atmen durch Mund und Nase behindert. Da wurden in seinen Gehörgängen laute und heftige Geräusche vernehmbar. Es war, wie wenn der Blasebalg eines Schmiedes gerührt wird, und dann ein lautes und heftiges Geräusch hervorbricht, als dem Bodhisattva das Atmen durch die Nase versperrt war.

Doch der Bodhisattva beschloß, die Versenkung „Asphanaka" fortzusetzen. Da waren ihm dann auch Mund, Nase und Ohren verschlossen, und als ihm diese verschlossen waren, pochte der Wind nach oben, gegen die Schädeldecke, genau wie wenn jemand mit einer stumpfen Lanze daran stieße.

Maya, die Mutter des Bodhisattva, klagt um ihren Sohn

Als einige Götter den Bodhisattva in diesem Zustande gesehen hatten, sprachen sie: „O weh, Prinz Sarvarthasiddha ist verschieden!" Andere sagten: „Er ist nicht tot; sondern weilt in einer Versenkung, nach Art von Heiligen."

Einige Göttersöhne aber begaben sich in den Himmel der Dreiunddreißig und berichteten der Göttin Maya das Geschehnis, mit der Erklärung, der Prinz sei tot.

Da eilte Maya, umgeben von einer Schar himmlischer Musikantinnen, um Mitternacht zum Ufer der Nairandschana und trat an den Bodhisattva heran. Und sie sah den Bodhisattva mit eingetrockneten Gliedern wie einen Toten dasitzen, begann mit von Tränen erstickter Kehle zu schluchzen und sprach die Strophen: „Als du mir im Lumbinihain geboren wurdest, mein Sohn, glichst du einem Löwen und tatst selbständig und ohne gehalten zu werden sieben Schritte. Und sprachst, nachdem du in die vier Himmelsgegenden geschaut hattest, die stolzen Worte: ‚Dies ist meine letzte Geburt!'

Du hast deine Vorhersage nicht erfüllt! Und, wenn der Seher Asita einst verkündete, daß du ein Erleuchteter auf Erden sein würdest, so war eitel auch diese Weissagung und konnte sich nicht bewahrheiten. Du hast weder den beglückenden Glanz der Weltherrschaft genossen, noch bist du der Erleuchtung eines Buddha teilhaftig geworden. Hilflos im Walde schwandest du hin!

An wen soll ich mich wenden um Hilfe für meinen Sohn? Zu wem soll ich klagen in meinem Kummer? Wer könnte meinem einzigen Sohn ein wenig Atem und Leben verleihen?"

Da sprach der Bodhisattva: „Wer bist du, die du so kläglich weinst, dich mit aufgelösten Haaren ohne Anmut auf dem Erdboden windest und den Sohn überlaut beweinst?"

Königin Maya antwortete: „Wahrlich, zehn Monate lang habe ich dich wie einen Diamanten in meinem Schoße getragen. Ich bin deine Mutter, Kind, um dich klage ich hier in höchstem Schmerze!"

Da sprach der Bodhisattva tröstend zu ihr: „Bange nicht in Sehnsucht nach dem Sohn! Deine Mühe wird dir Frucht tragen! Nicht vergeblich sagt ein Erleuchteter sich von der Welt los! Ich werde die Weissagung jenes Sehers erfüllen und die Prophezeiung des Buddha Dipankara offenbar machen! Eher sollte die Erde in hundert Stücke zerspringen, der edelsteingekrönte Berg Meru ins Meer stürzen, Sonne, Mond und die Scharen der Sterne zur Erde fallen, als daß ich wie ein gemeiner Mann stürbe! Deswegen sei ohne Kummer! In kurzer Zeit wirst du die Erleuchtung des Buddha schauen!"

Die Königin Maya vernahm mit vor Freude sich sträubenden Härchen diese Worte, überstreute den Bodhisattva mit himmlischen Blüten, umwandelte ihn dreimal feierlich nach rechts und kehrte alsbald unter dem Klang göttlicher Musikinstrumente in ihre Behausung zurück.

Der Bodhisattva versucht durch Fasten die Reinheit zu gewinnen

Und der Bodhisattva überlegte: Es gibt einige Aszeten und Brahmanen, welche glauben, daß geringe Nahrungsaufnahme Reinheit bewirkt. Deshalb will auch ich das Fasten üben! Und er beschloß, nur eine einzige Brustbeere als tägliche Nahrung zu sich zu nehmen.

Als er dies tat, wurde sein Leib überaus mager und schwach, Körperteile und Glieder sahen aus wie Knoten der Asitaki- oder Kalapflanze. Seine Rippen glichen denen von Krebsen. Sie leuchteten und glänzten beiderseits im Innern des Leibes und waren Dachstuhlsparren in einem Wagenschuppen oder einem alten, zweiseitig offenen Elefantenstall ähnlich. Und wie eine Radspur bald hoch, bald tief, bald glatt, bald holprig verläuft, lag sein Rückgrat bald hoch, bald tief und war bald glatt, bald höckrig. Sein Kopf wurde schlaff, abgezehrt und ausgehöhlt und glich einer bitteren schwarzen Gurke, die man jung abgeschnitten hat und die darum welkt, abstirbt und vollständig hohl wird. Seine Augen lagen tief vergraben, kaum sichtbar in den Höhlen und glänzten nur von fern wie der Wasserspiegel eines Brunnens im letzten Monat der heißen Zeit, wo er nur mit Mühe noch zu sehen ist. Wie mit Spuren von Ziegen- oder Kameltritten gezeichnet, wirkten seine Achselgruben, Bauchhöhle und Weichen. Wenn er aber mit der Hand den Leib betasten wollte, bekam er das Rückgrat zu fühlen. Wollte er aufstehen und begann er sich aufzurichten, so stand er krumm und fiel vor Anstrengung hin. War ihm dann das Aufstehen mit Mühe gelungen, und rieb er sich die staubigen Glieder mit der Hand, so fielen ihm die Haare faul vom Körper. Auch die ehemals blühende Farbe des Leibes war verschwunden, seit er sich dieser rauhen Übung hingab. Die Dorfbewohner aus der Umgebung aber dachten: Der Aszet Gautama sieht ja ganz dunkel, ganz schwarz aus, hat eine Hautfarbe wie der Fisch Madgura, und seine ehemalige Körperschönheit ist ganz verschwunden!

Doch der Bodhisattva überlegte: Ich will mich nun in noch stärkerem Maße der Nahrung enthalten und beschloß, nur noch ein einziges Reiskorn täglich zu sich zu nehmen. Später nahm er nur noch ein einziges Sesamkorn und schließlich dachte er: Es gibt einige Aszeten und Brahmanen, welche glauben, daß man durch Enthaltsamkeit von jeglicher Nahrung die Reinheit gewinnt; darum will ich mich gänzlich der Nahrung enthalten. Und er tat es, und sein Leib wurde überaus ausgedörrt, mager und schwach.

So unterwarf sich der Bodhisattva sechs Jahre lang der Kasteiung, blieb sechs Jahre lang hochgemut im Meditationssitz sitzen und unterbrach seine strenge Übung nicht. Er ging weder aus der Sonnenhitze in den Schatten, noch aus dem Schatten in die Sonnenwärme. Er schützte sich auch nicht gegen Wind, Sonnenschein oder Regen und scheuchte nicht die Bremsen, Stechfliegen und Kriechtiere hinweg. Er warf nicht Kot, Urin, Speichel oder Schleim aus. Er krümmte sich nicht zusammen und reckte sich nicht. Er legte sich weder auf die Seite, noch auf den Bauch, noch auf den Rücken. Große Wolken, mit Unwetter, Regen und Blitzstrahlen im Gefolge, stürmten im Herbst, Sommer und Winter auf den Körper des Bodhisattva ein. Doch der bedeckte sich nicht einmal mit der Hand zum Schutze. Er schloß seine Sinnesorgane nicht und suchte nicht Sinneseindrücke festzuhalten. Die Dorfjungen und Dorfmädchen aber, die Hirten und Viehhüterinnen, die Grassucher, Holzholer und Kuhfladensammler, die vorbeikamen, hielten den Bodhisattva für einen Unhold aus Lehm. Sie vergnügten sich mit ihm und rieben ihn mit Schmutz ein.

Infolge dieser sechs Jahre wurde der Körper des Bodhisattva rauh, klein und schwach. Wenn man ihm Gras oder Baumwolle in die Ohren steckte, wurden sie durch die Nase ausgestoßen. Wenn man sie ihm in die Nase steckte, wurden sie durch die Ohren ausgestoßen. Wenn man sie in die Ohren steckte, wurden sie durch den Mund ausgestoßen. Wenn man sie in den Mund steckte, wurden sie durch Ohren oder Nase ausgeworfen. Schließlich, wenn man sie in die Nase steckte, wurden sie durch Ohren, Nase oder Mund ausgestoßen.

Mara, der Böse, versucht vergeblich den Bodhisattva zum Lebensgenuß zu überreden

Mara, der Böse, aber folgte dem Bodhisattva während der sechs Jahre, in denen er Kasteiung übte, heimlich immer nach, denn er wartete auf eine günstige Gelegenheit, ihm beizukommen. Aber trotz allen Suchens fand er sie niemals. Und als er so nicht an den Bodhisattva herankommen konnte, ging er überdrüssig und betrübt davon.

Darüber gibt es diese Schilderung:

Am Flusse Nairandschana, östlich bei Uruvilva, gibt es liebliche Wälder, dichte Büsche und Sträucher. Dort rang der Bodhisattva ausdauernd und mit fester Kraft um Geistesvertiefung und strengte sich heldenhaft an, den Frieden der Erlösung zu erreichen.

Da trat Mara mit süßer Rede an ihn heran und sprach: „Stehe auf, Schakyasohn, warum willst du deinen Körper quälen? Für den Lebenden ist das Leben das Bessere. Nur wenn du lebst, kannst du fromme Handlungen üben. Nur wenn man lebt, kann man die Taten tun, die getan zu haben man nicht zu beklagen braucht. Du bist mager, häßlich und erschöpft. Der Tod ist dir nahe. Schon wohnt in dir der Tod zu tausend Teilchen und nur noch zu einem das Leben. Wenn du immer Almosen gibst und das Feueropfer darbringst, wirst du hohes Verdienst erwerben. Was willst du dich da entsagungsvollem Streben hingeben? Leidvoll ist der Weg der Entsagung und schwer die Bändigung des Gemüts!" So sprach damals Mara zu dem Bodhisattva.

Auf diese Worte antwortete ihm der Bodhisattva:

„Mit einem selbstsüchtigen Ziele bist du hierher gekommen, leichtfertiger Bruder! Verdienstvolle Taten haben für mich nicht den geringsten Wert mehr, Böser; sprich so zu Leuten, denen solche nützlich sind! Den Tod achte ich gering und das Leben endet ja im Tode. Doch nicht wiederkehren in den Strom des Daseins will ich, und darum habe ich mich dem heiligen Wandel hingegeben. Der Wind vermag selbst die Fluten der Ströme auszutrocknen. Wie sollte er nicht um so mehr Körper und Blut derer auszudörren vermögen, die sich ganz dem höchsten Ziel hingeben? Ist nun aber das Blut vertrocknet, dann verdorrt auch das Fleisch; schwindet das Fleisch, so kommt um so mehr der Geist zur Klarheit, und es entstehen Wille, Energie und Selbstversenkung. Ich habe den Willen, besitze die nötige Kraft und auch die Erkenntnis. Niemanden auf der Welt kenne ich, der mich von meinem mutigen Entschluß abzubringen vermöchte. Besser ist der lebenraubende Tod als ein gemeines Dahinleben, besser wahrlich ist es, in der Schlacht zu sterben, als besiegt zu leben!

Ein Feigling besiegt kein Heer und schätzt es nicht einmal, gesiegt zu haben. Der Held aber schlägt jedes Heer in die Flucht. Leicht, o Mara, werde ich dich besiegen! Dein erstes Heer sind die Begierden, das zweite die Sehnsucht, das dritte Hunger und Durst. Brennendes Verlangen das vierte. Das fünfte sind Gleichgültigkeit und geistige Trägheit, das sechste heißt Furcht, das siebente Zweifel und das achte ist Zorn und Heuchelei. Alle diese und dazu Habsucht, Ruhm, Ehre, trügerisch erlangtes Ansehn, eigene Überhebung und Erniedrigung anderer bilden das Heer Maras, des schwarzen Gesellen, des Bedrängers! In seinen Reihen sieht man auch Aszeten und Brahmanen!

Aber durch die Erkenntnis werde ich dieses dein Heer, welches die ganze Welt und sogar die Götter bezwingt, vernichten wie eine ungebrannte Tonschale durch Wasser! Ich werde die Aufmerksamkeit wachen lassen, die Erkenntnis wohl entwickeln und bei vollem Bewußtsein dahinwandeln. Was könntest du dann erreichen, du Bösgesinnter?"

Als Mara, der Böse, diese Worte vernommen hatte, hob er sich traurig, mißgestimmt, unzufrieden und betrübt von dannen.

Der Bodhisattva gibt die Aszese als erfolglos auf und beschließt wieder Nahrung zu sich zu nehmen. Die „edlen Fünf" verlassen ihn

Dann überlegte der Bodhisattva:

Zu allen Zeiten gibt es Brahmanen und Aszeten, die sich den höchsten Qualen unterziehen und Schmerzen erdulden, die bis ins Innere reichen, den Körper quälen, leidvoll, heftig, rauh, peinigend und unerquicklich sind. Aber, obwohl ich mich nun selbst ebenfalls darin geübt und ausgebildet habe, konnte ich keine besondere Erkenntniskraft entwickeln, die über das Menschenübliche hinausginge. Dies ist weder der Weg zur Erleuchtung, noch der Weg, der in Zukunft zur Vernichtung des Entstehens von Geburt, Krankheit und Tod führt. Ein anderer Pfad als dieser muß zur Erleuchtung und künftigen Vernichtung von Geburt, Alter, Tod und Leidentstehung leiten!'

Und weiter dachte er daran, wie er ehemals im Garten seines Vaters im Schatten des Rosenapfelbaumes saß: Damals erreichte ich die von Begierde, Schlechtigkeiten und sündigen Elementen freie, mit Erwägung und Überlegung verbundene, aus der richtigen Einsicht geborene, von Freude und Glücksgefühl begleitete erste Stufe der Erkenntnis und verweilte darauf. Schließlich gelangte ich bis zur vierten Stufe der Meditation und verweilte darauf. Dies könnte der rechte Weg zur Erleuchtung sein, der zum Aufhören und zur Vernichtung von Geburt, Alter, Tod und Entstehung des Leidens führt! Und indem er diesem Gedanken nachging, erkannte er, dies sei der wahre Weg zur Erleuchtung.

Und weiter überlegte der Bodhisattva:

Aber diesen Weg zur Erleuchtung kann keiner wandeln, der von Schwäche erschöpft ist. Und wenn ich mich nun, mager und schwach, vermittels der Kraft meiner übernatürlichen Einsichten und Erkenntnisse zum Ring der Erleuchtung begäbe, möchte meine letzte Geburt keine Sympathie erregen. Das ist dann auch nicht der rechte Weg zur Erleuchtung! Deshalb will ich wieder zuträgliche Speise zu mir nehmen, meinen Körper kräftigen und mich danach erst in den Ring der Erleuchtung begeben!

Da erkannten die Götter, welche den Schwachen zugetan sind, den Entschluß des Bodhisattva, begaben sich zu ihm und sprachen: „Edler, nimm keine Speise, die den Bauch sättigt, wir wollen dir Kraft durch die Poren einflößen." Da überlegte der Bodhisattva: Ich könnte dann behaupten, daß ich faste, und alle Leute, die in den umliegenden Dörfern leben, würden feststellen, daß der Aszet Gautama fastet, während in Wahrheit die Götter, welche den Schwachen zugetan sind, mir durch die Poren Kraft einflößen. Das würde aber die höchste Unwahrhaftigkeit meinerseits sein! Und der Bodhisattva wies, um jede Unlauterkeit zu vermeiden, die Götter zurück und dachte daran, wieder Speise für seinen Leib zu bekommen.

Damit beendete der Bodhisattva seine sechsjährige Aszese, erhob sich von seinem Sitze und erklärte: „Ich werde jetzt wieder reichliche Speise zu mir nehmen, sei es gesüßte Bohnen- und Erbsensuppe oder gequirlten Reis und Sauerschleim!"

Damals dachten die „edlen Fünf“: Selbst durch sein früheres strenges Verfahren und Beginnen hat der Aszet Gautama nicht vermocht, irgend eine wirklich überragende Erkenntnis, die das Menschenübliche übertrifft, hervorzubringen. Wieviel weniger wird es ihm jetzt gelingen, wo er seinen Bauch wieder mit Speise füllen und einem üppigen Leben nachgehen will. Er ist ein unverständiger Tor!

So dachten sie, verließen den Bodhisattva und begaben sich nach Benares, wo sie im Gazellenhain Rischipatana verweilten.

AUF DEM WEGE ZUM BAUME DER ERLEUCHTUNG

Der Bodhisattva badet im Flusse Nairandschana

Im Verlaufe der sechs Jahre, die der Bodhisattva so verbracht hatte, waren seine rotbraunen Gewänder völlig verbraucht worden, und er sagte sich: Es wäre schön, wenn ich einen Lendenschurz bekäme. Da bot ein Engel aus den Gefilden der Reinheit, namens Vimalaprabha, ihm himmlische Gewänder dar, die braunrot gefärbt, passend und für einen Aszeten angemessen waren.

Dann begab sich der Bodhisattva zum Flusse Nairandschana. Dort legte er seine Gewänder beiseite ab und stieg in den Fluß hinunter, um seine Glieder zu kühlen. Während er aber badete, überschütteten viele Hunderttausende von Göttersöhnen den Fluß mit himmlischer Aloe, Sandelpulver und Schminke. Sie warfen auch verschiedenfarbige himmlische Blüten auf das Wasser, um dem Bodhisattva Ehre zu erweisen; und der Strom floß dahin, ganz voll von himmlischen Wohlgerüchen und Blumen. Das duftende Wasser aber, in welchem der Bodhisattva gebadet hatte, fingen ungezählte Millionen von Göttern auf und brachten es in ihre Wohnungen, um ihm einen Tempel zu bauen und es zu verehren.

Die Zubereitung des Milchbreies

Der Vorsteher eines Dorfes namens Senaya hatte zwei Töchter: Nanda und Nandabala. Diese beiden hatten einst gehört, südlich vom Himalaja, am Gangesstrome, nicht weit von der Einsiedelei des Sehers Kapila, befinde sich die Stadt Kapilavastu. Dort sei im Geschlecht der Schakyas ein Prinz, der stattlich und mit allen besonderen Kennzeichen wohl versehen sei, geboren worden. Alle, die ihn sähen, fänden an ihm Gefallen. Auch hatten sie vernommen, daß von diesem

Knaben ein Wahrsager prophezeit habe: „Wenn er den Thron besteigt wird er ein weltbeherrschender König werden“.

Auf dieses Gerücht hin bewahrten diese Mädchen zwölf Jahre lang ihre Reinheit. Denn auf Erden herrscht das ewige Gesetz, daß eine Frau, die volle zwölf Jahre lang ihre Reinheit zu bewahren vermag, einem weltbeherrschenden König vermählt wird. Um nun die Gemahlin eines Königs zu werden, hatten diese beiden Mädchen zwölf Jahre lang die zehn Übertretungen nicht begangen. Als aber die zwölf Jahre herum waren, überlegten sie: Wir haben jetzt zwölf Jahre lang einen reinen Wandel geführt; es gilt jetzt nur noch, mit einem sechzehnfach konzentrierten Milchreisbrei Aszese übende Seher zu nähren.

Was aber versteht man unter sechzehnfacher Konzentrierung?

Die Milch von tausend Kühen gibt man tausend Kühen zu trinken, dann tränkt man mit der Milch dieser tausend Kühe fünfhundert, mit der von fünfhundert fünfhundert, mit der dieser fünfhundert zweihundertfünfzig, mit der von zweihundertfünfzig wieder zweihundertfünfzig, mit der dieser zweihundertfünfzig einhundertfünfundzwanzig, mit der dieser einhundertfünfundzwanzig wieder einhundertfünfundzwanzig, und mit der dieser einhundertfünfundzwanzig vierundsechzig, mit der von vierundsechzig wieder vierundsechzig, mit der dieser vierundsechzig zweiunddreißig, mit der von zweiunddreißig wieder zweiunddreißig, mit der dieser zweiunddreißig sechzehn, mit der von sechzehn wiederum sechzehn, mit der dieser sechzehn acht, mit der von acht wiederum acht, mit der dieser acht vier.

Dieser Überlegung gemäß handelten die beiden, füllten die so bereitete Milch in eine Kristallschale, kochten sie und bereiteten einen Milchreis.

Allda gab es einen fremden Religionsanhänger, namens Upagata. Der kam gerade herbei, erblickte den Reisbrei, auf dem vielfache glückbedeutende Zeichen sichtbar wurden und überlegte: Wer diesen Reisbrei ißt, muß die höchste Erkenntnis verwirklichen. Ich muß also darum bitten und von ihm essen. Nachdem er so überlegt hatte und der Reisbrei gar gekocht war, trat er heran und sprach zu den beiden Mädchen: „Ich komme von weit her, bin gar hungrig und matt, ihr könntet mir von diesem Milchreis abgeben!“ Die beiden Mädchen entgegneten: „Wir geben dir nichts!" Da ging er schweigend davon. Die beiden Mädchen aber gossen den Milchreis aus dem Kristallgefäß in eine kostbare Schale.

Da kam Schakra, der Götterkönig, herbei und trat vor die Mädchen hin, während sich Gott Brahma und die Gottheiten der reinen Behausungen in einiger Entfernung aufhielten. Als die beiden Mädchen den Götterkönig vor sich stehend gewahrten, reichten sie ihm ehrerbietig die Schale mit Milch zum Geschenk dar. Schakra aber sprach: „Schenkt sie einem, der höher steht als ich!" Da fragten die beiden Mädchen: „Wer könnte denn höher stehen als du?" Er antwortete: „Brahma dort, der Himmelskönig!" Da boten die beiden Mädchen ihre Milch dem Himmelskönig Brahma an. Dieser antwortete: „Schenkt sie einem, der würdiger ist als ich!" Und sie fragten wiederum: „Wer könnte denn würdiger sein als du?" Er antwortete: „Jene Götter der reinen Behausungen." Da überreichten die Mädchen ihre Milchschale den Göttern der reinen Behausungen. Diese antworteten: „Schenkt sie einem, der erhabener ist als wir!" Und abermals fragten die beiden: „Wer könnte denn erhabener sein als ihr?" Sie antworteten: „Jener Bodhisattva, der eben am Flusse Nairandschana badet! Er ist ganz erschöpft und vermag darum nicht den Fluten zu entsteigen. Dieser ist würdiger als wir! Ihm schenkt sie!" Da nahmen die beiden Mädchen ihren Milchreis und begaben sich zum Flusse Nairandschana, um ihn dem Bodhisattva darzubieten.

Der Bodhisattva steigt aus dem Bade

Zu dieser Zeit lebte am Ufer des Flusses eine Baumgöttin. Diese sah, wie der Bodhisattva völlig erschöpft war und nicht auf das Ufer hinaufzusteigen vermochte. Da trat sie mit dem Oberkörper aus dem Baume hervor und streckte dem Bodhisattva ihre Hand entgegen, um ihm herauszuhelfen. Aber der Bodhisattva fragte sie: „Welchen Geschlechtes bist du?" Die Baumgottheit antwortete: „Ich bin ein Weib." Da sagte er: „Dann darf ich dich nicht berühren! Doch du könntest mir einen Zweig herabbeugen, an dem will ich mich herausziehen." Da neigte ihm die Baumgöttin einen Zweig herab, und dem Bodhisattva gelang es, sich herauszuziehen. Dann legte der Bodhisattva sein Gewand an und setzte sich am Flußufer unter einen Baum.

Die Darbringung der Reisspende

Als er dort saß, kamen die beiden Mädchen mit ihrem Reis, verneigten sich und boten ihn dem Bodhisattva ehrerbietig als Geschenk dar. Der Bodhisattva nahm ihn, um sich und anderen zu nützen, und fragte: „Wollt ihr mir diese kostbare Schale noch dazu schenken?" Die beiden Mädchen antworteten: „Heiliger, beides zusammen bringen wir hier dar." Da aß der Bodhisattva den Reis, wusch die kostbare Schale und warf sie in den Nairandschanafluß. Ein Schlangenkönig ergriff die Schale und begab sich in seinen Schlangenpalast. Das sah Schakra, der Götterkönig, verwandelte sich in einen Garuda, flog herbei und drang in den Schlangenpalast ein. Er schreckte den Schlangenkönig zurück, packte die Schale und flog davon. Im Himmel der dreiunddreißig Götter errichtete er dann der Schale ein Erinnerungsdenkmal.

Der Bodhisattva sucht einen zur Meditation geeigneten stillen Platz

Kaum aber hatte der Bodhisattva die bekömmliche Speise zu sich genommen, da zeigte sein Körper infolge der Macht seiner guten Taten und kraft seiner Einsicht das gleiche blühende Ausehen wie ehemals; und die zweiunddreißig Kennzeichen eines großen Mannes und die achtzig Nebenmerkmale wurden sichtbar, und ein klafterbreiter Strahlenkranz ging von seinem Körper aus.

Dann wanderte der Bodhisattva am Ufer der Nairandschana entlang und hielt Ausschau nach einem stillen Fleckchen, da es ihn nach einem ruhigen Aufenthalt verlangte. Und er erblickte den Berg „Verwaister Stein". Auf dem gab es mannigfache Blumen und Früchte, und er war prächtig auf allen Seiten. Als der Bodhisattva den Berg gesehen hatte, stieg er hinauf und setzte sich auf einem flachen Stein nach Art eines Aszeten mit zusammengeschlagenen Schenkeln nieder.

In diesem Augenblick aber brach der Berg plötzlich, ohne wahrnehmbare Ursache, in Stücke auseinander.

Der Bodhisattva erhob sich und überlegte zweifelnd: Sollte es sein, daß dieser Berg zerbricht, weil die Wirkung meiner einstigen schlechten Taten sich noch nicht völlig erschöpft hat?

Da erkannten Götter, die in der Luft schwebten, worüber der Bodhisattva nachsann, und wandten sich aus der Luft an ihn mit den Worten: „Den Erhabenen hemmen keine bösen Handlungen aus der Vorzeit; aber es ist ein ewiges Gesetz, daß, wenn die Bodhisattvas ihren Pfad vollenden und die guten Anlagen und Tugendhandlungen ihnen Leib und Seele ganz erfüllen, dann die Kraft der ganzen Erde das nicht zu ertragen vermag. Darum ist der heutige Platz für den Bodhisattva nicht geeignet, die Erleuchtung zu verwirklichen! Denn es gibt zwei Arten von Menschen, die die ganze große Erde nicht tragen kann: den allerbesten und den allerschlechtesten. Und da die guten Taten des Bodhisattva so übermächtig groß sind, ist der Berg von selbst in Stücke zersprungen! Doch auf dem anderen Ufer der Nairandschana, östlich von hier gibt es eine Stätte aus Diamant. Auf diesem Platz haben alle Pfadvollender der Vergangenheit, Gegenwart und Zukunft das höchste Wissen erlangt, erlangen es oder werden es noch erlangen."

Als der Bodhisattva dies gehört hatte, machte er sich auf den Weg zu jenem Orte.

Die Begegnung mit dem Schlangenkönig Kalika

Indessen wurde die ganze Strecke von der Nairandschana bis zum Ring der Erleuchtung durch die Götter der Windwolken gesäubert und durch die Götter der Regenwolken mit duftendem Wasser besprengt und mit Blumen überstreut. Alle Bäume aber in den vieltausend Welten neigten ihren Wipfel dem Ring der Erleuchtung zu, und die Kinder, welche an diesem Tage geboren wurden, schliefen mit dem Kopf in der Richtung zum Ring der Erleuchtung. Selbst alle Berge in den vieltausend Welten, mit dem Berg Meru an der Spitze, beugten sich zum Ring der Erleuchtung hin.

Und wie der Bodhisattva zum Ring der Erleuchtung dahinschritt, strahlte sein Körper einen solchen Glanz aus, daß durch sein Leuchten alles Unglück zur Ruhe gelangte, aller Verdruß aufhörte und alle Qualen böser Daseinszustände schwanden. In all den Höllen grausigen Anblicks, bis an die Grenze der Avitschi, verging das Leid der Wesen und löste sich ein Glücksgefühl aus. Selbst die in Tierleiber eingegangenen Wesen, die sich sonst gegenseitig zerfleischen, wurden freundlich und wohlwollend zueinander, als sie durch die Strahlen berührt wurden, welche von dem großen Weisen ausgingen. Und die von Hunger und Durst gequälten Geister in den Welten der Verstorbenen gewannen Trank und Speise, infolge der glanzvollen Erscheinung des Bodhisattva. Aller Verdruß hörte auf, die bösen Daseinszustände schwanden hin, und alle Wesen fühlten sich wohl und wurden himmlischen Glückes teilhaftig.

Und durch den reinen fleckenlosen Glanz, welcher vom Körper des Bodhisattva ausging – es war ein Leuchten, welches bei allen Wesen Entzücken und Wohlgefühl des Körpers und der Seele hervorrief, alle sündigen Begierden bannte, und Glück, Freude, Abgeklärtheit und Heiterkeit entstehen ließ – wurde auch die Behausung des Schlangenkönigs Kalika erleuchtet. Als der Schlangenkönig dies bemerkte, sprach er zu seinem Gefolge die Strophe:

„Schnell, nehmt die leuchtenden Blüten des Schlangenbaums, nehmt duftende schöne Gewänder, Schmuck aus Perlschnüren, Armspangen, Puder und herrlichen Weihrauch, laßt ein Konzert von vielfachen Musikinstrumenten ertönen und macht euch mit klingenden Pauken und Trommeln auf, den Heilbereiter zu verehren, der verehrenswert in aller Welt ist!"

Und Kalika stand auf und hielt in Begleitung der Schlangenmädchen Ausschau nach den vier Himmelsgegenden. Da sah er den von Majestät Wohlgeschmückten, der dem Berge Meru glich. Millionen von Göttern und Dämonen, darunter Brahma, Schakra und die himmlischen Genien umgaben ihn und bezeigten ihm Verehrung. Freudig wiesen sie dem Bodhisattva den Weg.

Und heiter und hocherfreut drückte der Schlangenkönig dem Höchsten der Welt seine Hochachtung aus, verbeugte sich bis auf seine Füße und stand ehrfürchtig vor dem Weisen. Auch die Schlangenmädchen erwiesen dem Weisen entzückt und frohen Muts Verehrung, warfen Blüten, Parfüms und Salben und ließen ihre Instrumente dazu ertönen.

Dann legte der Schlangenkönig die Hände zusammen und pries den Bodhisattva freudig nach seinen wahren Eigenschaften: „Lieblich zu betrachten, o höchster Führer der Welt, ist dein Antlitz, das dem vollen Mond gleicht! Auch sehe ich an dir die besonderen Zeichen, welche schon die Seher der Vorzeit schmückten. Wahrlich, heute wirst du den Mara niederschlagen und in siegreicher Kraft den erflehten Rang gewinnen!

Voll erfüllt ist nun jeder Wunsch, um dessentwillen du ehemals, in Bezähmung, Hingabe und Selbstunterdrückung alles aufgegeben hast, um dessentwillen du die Kraft der Beherrschung, des charakterfesten Wandels, der Liebe, des Mitleids und der Geduld hervorgebracht hast, um dessentwillen du in machtvoller Selbstüberwindung und von Freude an der Meditation erfüllt, zu einer Leuchte der Erkenntnis geworden bist. Heute wirst du ein Sieger werden!"

Auch Suvarnaprabhasa, die erste Gemahlin des Schlangenkönigs Kalika, trat herzu an der Spitze eines Gefolges von vielen Schlangenmädchen, die verschiedenartige kostbare Schirme, Stoffe, Perlschnüre, Juwelen und Edelsteine, himmlische und irdische Kränze, Salben, Schleier und Weihrauchtöpfe in den Händen trugen. Und sie umringten den dahinschreitenden Bodhisattva unter einem Konzert von vielen Musikinstrumenten und überstreuten ihn mit einem Regen von Edelsteinen und Blumen. Dabei besangen sie ihn mit den Strophen:

„Ohne Unruhe, Zittern und Furcht bist du,
ohne Wanken, Kriechen und Zagen!
Bist wohlgemut, unantastbar dazu,
ohne Leidenschaft, Torheit und Plagen!
Ohn' Verlangen und Gier, ganz erlöst bist du!
Laß uns Ehre, o Seher, dir sagen!

Du bist der Arzt, der den Schmerz behebt,
was vertrieben muß werden, entführet.
Der Heiland bist du, der von Qualen erlöst
alle Welt (die zum Leiden erküret).
Bemerkt hast du, daß wir schutzlos sind,
die Zuflucht, den Retter nicht haben.
In der Dreiwelt bist du geboren geschwind,
uns als Zuflucht und Retter zu laben.

Oh, daß doch die Scharen der Götter all,
die die Lüfte freudig durchschweben,
regneten einen Blütenschwall
und Gewänder streuten daneben.
Wobei sie dann alle riefen erfreut:
Ein Sieger sei und schaff' Jubel heut!

Schreite hin zu jenem gewaltigen Baum,
Sitz nieder ohne zu wanken,
zerreiße der Sünden umgarnenden Traum,
ruf Maras Heer in die Schranken!
Was alle die Sieger der Vorzeit erkannten
und selige, höchste Erleuchtung nannten,
Erkenne auch du!

Durch Weltgezeiten müht dich das Ringen,
allen Geschöpfen Erleuchtung zu bringen.
Deine Hoffnung erfüllt sich, die Zeit ist da!
Tritt so dem hehrsten der Bäume nun nah,
(um die du dich mühtest früh und spat,)
Erwache heut zur Erleuchtungstat!"

Der Bodhisattva bereitet sich ein Graspolster unter dem Baum der Erleuchtung

Der Bodhisattva aber überlegte bei sich, auf was für einen Sitz sich die Pfadvollender der Vorzeit niedergelassen hatten, wenn sie zur vollkommenen Erleuchtung erwachten. Und es ging ihm auf, daß sie sich auf eine Matte von Gras zu setzen pflegten. Das bestätigten ihm auch Hunderttausende von Göttern der reinen Gefilde, die im Luftraum schwebten und in ihrem Geist die Überlegung des Bodhisattva erkannt hatten, mit den Worten: „Es ist so, genau so, wie du denkst, o Edler! Auf einer Grasmatte sitzend sind die Buddhas der Vorzeit zur höchsten, vollkommenen Erleuchtung erwacht."

Da sah der Bodhisattva rechts vom Wege den Grasschneider Svastika. Der hatte grünes, weiches, zartes und liebliches Gras gemäht, welches ringartig gewachsen war, sich nach rechts drehte und wie ein Pfauenhals glänzte. Dabei fühlte es sich angenehm an wie Katschilindikastoff, war wohlriechend und von schöner Farbe, wahrhaftig herzerfreuend.

Als der Bodhisattva dies sah, verließ er den Weg, trat an den Grasschneider Svastika heran und sprach zu ihm mit süßer Stimme:

„Geschwind, gib mir Gras ab, Svastika; heute habe ich Gras sehr nötig; denn ich will Mara mit seinem Heer niederschlagen und die Erleuchtung, die allerhöchste Beruhigung, gewinnen. Das Ziel, um dessentwillen ich Tausende von Zeitaltern hindurch Schenkungen, Zucht, Selbstbeherrschung und Hingabe geübt habe und das Gelübde edlen Wandels und der Kasteiung auf mich nahm, will ich heute erreichen. Die Kraft der Geduld, der Energie, der Versenkung und der Einsicht, die Kraft der guten Taten, der übernatürlichen Erkenntnis und der Erlösung, die Macht der Weisheit und die Gewalt über die Mittel, die höheren Fähigkeiten und die Kraft der leidenschaftslosen Zuneigung, die Kraft der Unterscheidung und die Macht der vollen Wahrheit sollen mir heute zuteil werden! Die Stärke deines Verdienstes wird unendlich sein, wenn du mir heute von deinem Grase schenkst. Dies ist keine Handlung ohne Bedeutung für dich, sondern bewirkt, daß auch du einst ein höchster Meister wirst!"

Als Svastika die heitere, wohlklingende Rede des Herrn gehört hatte, nahm er höchst erfreut eine Hand voll lieblich zu berührenden, weichen, zarten und schönen Grases und antwortete dem Bodhisattva beseligt:

„Wenn man mit Hilfe von Gras den höchsten Rang, die Unsterblichkeit erreichen könnte und durch Gras die höchste, beruhigte, schwer zu gewinnende Erleuchtung und den Pfad der Sieger der Vorzeit erlangen sollte, dann, o Ozean der Tugend, du unendlich Berühmter, müßte ich als erster zu diesem Rang und zur Unsterblichkeit erwachen."

Da antwortete der Bodhisattva:

„Die Erleuchtung, o Svastika, wird nicht dadurch erreicht, daß man auf einer Lagerstatt von weichem Gras sitzt, und ohne daß man lange Weltalter hindurch viele schwere Kasteiungen auf sich nähme. Erst wenn ein Weiser über Einsicht, gute Werke und die geeigneten Mittel verfügt, weissagen die Seher, er werde ein Sieger werden und ohne Leidenschaft sein.

Wenn es aber möglich ist, o Svastika, anderen die Erleuchtung zu geben, werde ich sie allen Lebewesen einst konzentriert darbieten. Darüber sei kein Zweifel! Wenn ich die Erleuchtung erlangt habe, so wisse, teile ich die Unsterblichkeit an alle aus. Dann komm herbei und lausche aufmerksam der Lehre, und du wirst von aller Leidenschaft befreit werden!"

Dann nahm der Herr eine Hand voll sehr weichen Grases und ging davon. Sein Schritt aber glich dem eines Löwen oder Flamingo, und die Erde erzitterte. Damals legten die Scharen der Götter und Schlangen die Hände betend vor der Brust zusammen und sprachen freudigen Gemüts: „Heute wird er das ganze Heer des Bösen vernichten und die Unsterblichkeit gewinnen!"

Indessen begab sich der Bodhisattva zum Baum der Erleuchtung, umwandelte ihn siebenmal nach rechts, breitete selbst das Gras, mit der Spitze nach innen und den Wurzeln nach außen, überall gleichmäßig zu einer Matte aus und ließ sich, indem er die Beine im Meditationssitz verschränkte, auf dieser Grasmatte nieder. So tat er wie ein Löwe, wie ein Held, wie ein Starker, wie ein Energiebegabter, wie ein Kraftvoller, wie ein Elefant, wie der Herr der höchsten Macht, wie der Weltenschöpfer, wie ein Weiser, wie der Allerhöchste, wie ein besonders Hervorragender, wie ein Erhabener, wie ein Berühmter, wie ein Weltbekannter, wie ein Freigebiger, wie ein Charaktervoller, wie ein Geduldbegabter, wie ein Mann von Heldensinn, wie ein in sich selbst Versenkter, wie ein Erkenner, wie ein Wissender, wie ein Tugendhafter, wie ein Gegner, der den Bösen niedergeschlagen hat, wie einer, der über alle Vorbedingungen verfügt.

Mit dem Gesicht nach Osten gewandt, reckte er seinen Leib gerade, brachte sich seine früheren Entschlüsse vor Augen und faßte den festen Vorsatz: Mag mein Körper hier auf diesem Platz vertrocknen, mögen mir Haut, Knochen und Fleisch hinschwinden, – bevor ich nicht die in vielen Weltaltern schwer zu erlangende Erleuchtung erreicht habe, werde ich mich nicht von diesem Sitze regen.

DIE VERSUCHUNG

Der Bodhisattva fordert Mara, den Bösen, zum Kampf heraus

Als nun der Bodhisattva im Ring der Erleuchtung saß, dachte er: Hier fürwahr, in der Welt der sinnlichen Lust, ist Mara, der Böse, Fürst und gebietender Herrscher. Es würde mir nicht gut anstehen, wollte ich, ohne daß er davon weiß, zur allerhöchsten vollkommenen Erleuchtung erwachen. Nun, so will ich Mara, den Bösen, herausfordern! Besiege ich ihn, so werden auch alle anderen Götter der Sinnenbereiche niedergehalten werden. Und die Gefolgschaften des Mara, die zu seiner Klasse gehörigen Götter, welche die Wurzeln des Guten einst abgerissen haben, sehen dann mein, einem Löwen angemessenes Spiel und werden ihren Sinn auf die allerhöchste Erleuchtung richten.

So überlegte der Bodhisattva und entließ zu eben dieser Stunde aus dem Zwischenraum seiner Augenbrauen, aus dem Intelligenzflöckchen einen Strahl, dem man den Namen „Vernichter aller Machtbereiche des Mara“ beigelegt hat. Und dieser Strahl leuchtete hinab und verdunkelte und erschütterte alle Behausungen des Mara im ganzen vieltausendfachen Weltenrund.

Mara träumt vom Ende seiner Macht

Mara aber sah im Traum zweiunddreißig Erscheinungen:

Seine Behausung wurde von Finsternis umfangen, von Staub erfüllt und mit Kieseln und Körnern überworfen. Er selbst flüchtete furchterregt von hier nach dort. Sein Diadem fiel herab, und die Ohrgehänge wurde abgerissen, Lippen, Kehle und Gaumen vertrockneten, und sein Inneres wurde ausgedörrt. Die Blätter, Blumen und Früchte seiner Gärten welkten und schrumpften, und die Lotusteiche wurden trocken und wasserlos. Den Gänsen, Brachvögeln, Pfauen, Kalavinkas und all dem vielen anderen Geflügel waren die Flügel ausgerissen. In Stücke zerbrochen lagen die Musikinstrumente auf der Erde: Pauken, Muscheln, Tamburine, Trommeln, Flöten, Lauten, Gitarren, Zimbeln usw. Seine Freunde und sein Gefolge aber verließen ihn. Traurigen Antlitzes saß er beiseite und überlegte. Die mit Kränzen geschmückte erste Gemahlin fiel von ihrem Lager auf den Erdboden herab und schlug sich mit beiden Händen gegen den Kopf. Die tapfersten, stärksten, mächtigsten und einsichtigsten seiner Söhne bezeigten gar dem Bodhisattva, der in den vortrefflichen Ring der Erleuchtung eingetreten war, Verehrung. Seine Töchter aber jammerten: „O Vater, o Vater." Den eigenen Körper bedeckte ein unsauberes Gewand. Er wurde bleich, elend und kraftlos, und Schmutz verhüllte sein Haupt. Die Paläste, Lustschlösser, Fenster und Torbogen waren mit Staub überzogen und stürzten ein. Und alle seine Feldherren, die Führer der Yakschas, Rakschasas, Kumbhandas und Gandharvas, flohen, die Köpfe in den Händen versteckt, rufend und schreiend. Und die Götterfürsten, die über die Götter aus dem Reiche der Sinnenlust herrschen, wie die vier Himmelskönige, Schakra, Suyama usw. wandten sich alle dem Bodhisattva zu, bereit ihm zu dienen. Mitten in der Schlacht aber ließ sich sein Schwert nicht aus der Scheide ziehen. Er rief um Hilfe und geriet in Bedrängnis. Sein eigenes Gefolge ließ ihn im Stich. Die mit glückverheißenden Dingen gefüllten Töpfe an der Tür fielen herunter. Der Brahmane Narada äußerte Wünsche des Unheils, und der Türhüter Anandita stöhnte schmerzlich auf. Der Luftraum wurde von Finsternis erfüllt. Die Glücksgöttin, welche das Gebiet der Lust bewohnt, weinte laut. Seine Reiche gingen zugrunde. Seine Anhänger waren seine Anhänger nicht mehr. Geschwärzt, durchschnitten und zerrissen fielen Netze von Edelsteinen und Perlen auf die Erde. Seine ganze Behausung erbebte. Bäume wurden ausgerissen, Türme fielen; seine gesamte Heeresmacht stürzte kopfunter zu Boden.

Dergestalt sah Mara, der Böse, träumend zweiunddreißig Erscheinungen.

Mara versammelt seine Heerscharen

Als Mara dann erwachte, rief er, von Furcht und Schrecken gepackt, aufgeregt alle seine Diener zusammen, samt seiner Heeresgefolgschaft, den Feldherren und Kämmerern. Und als sie beisammen waren, sprach er zu ihnen die Strophe: „Nun auf, mit einem großen Heere wollen wir in den Kampf ziehen, wollen den Aszeten erschlagen, der einsam am Fuße jenes Baumriesen sitzt! Rüstet rasch ein Heer aus allen vier Truppengattungen, und wenn ihr mir einen Gefallen tun wollt, handelt aufs schnellste!"

Mit diesen Worten hieß Mara, der Böse, das große, aus vier Truppengattungen bestehende Heer sich rüsten. Stark war es, kampfesmutig, furchterregend; sein Anblick konnte die Haare zum Sträuben bringen. Niemals zuvor hatten Götter und Menschen solch ein Heer gesehen oder auch nur schildern hören. Es zeigte alle möglichen verzerrten Gesichter, und war millionenfach verwandlungsfähig. Leib, Hände und Füße wurden von hunderttausend Schlangen umwunden. Seine Waffen waren Schwert, Bogen, Pfeil, Speer, Wurfspieß, Axt, Lanze, Keule, Stock, Strick, Schlegel, Rad, Donnerkeil und Hellebarde. Ausgezeichnete Rüstungen beschützten die Körper. Köpfe, Hände, Füße und Augen saßen auf verkehrten Stellen. Haupt, Augen und Gesicht flammten. Bauch, Hände und Füße waren mißgestaltet. Die Gesichter strahlten in schrecklichem Glanz. Höchst widrig war ihr Mienenspiel, grauenhaft verunstaltet die Zähne. Dick, stark, breit und lang waren ihre Zungen und glichen Schlangenhauben. Die Augen waren gerötet, voll von schwarzem Schlangengift und glühten wie Feuer.

Einige spien Schlangengift; einige griffen das Schlangengift mit den Händen und verzehrten es. Einige fraßen Menschenfleisch, Blut, Hände, Füße, Köpfe, Leber, Eingeweide, Unrat usw., die sie sich gleich Garudas aus dem Meere geholt hatten. Einige hatten flammende, gelbliche, schwarze, blaue, rote, braune, grausig bunte Gestalten. Einige hatten verunstaltete Augenhöhlen und flammende, hervorquellende, schielende Augen. Einige rollten ihre glühenden, mißbildeten Augen. Einige kamen daher, leichthin auf Bergen reitend, und trugen lodernde Felsen in den Händen. Einige rissen Bäume samt ihren Wurzeln aus und rannten damit auf den Bodhisattva zu. Einige hatten Ohren wie Ziegenböcke, wannenähnliche Ohren, Ohren wie Elefanten, hängende Ohren oder Eberohren. Einige waren ohne Ohren. Einige hatten Wasserbäuche und schwache Körper, gebildet aus einem Klumpen von Knochen und Gebein, hatten zerbrochene Nasen, Bäuche wie Töpfe, Füße wie Schädel. Haut, Fleisch und Blut waren ihnen ausgetrocknet, Ohren, Nasen, Hände, Füße, Augen oder Köpfe abgeschnitten.

Einige schnitten sich aus Blutdurst gegenseitig die Köpfe ab. Einige gaben mit gebrochenen, mißtönenden, unangenehmen und rauhen Stimmen allerlei Gebrumm von sich. Einige sagten: „Holt, raubt, prügelt, schlagt, bindet, packt, schneidet, zerspaltet, zerstoßt, werft in die Luft und vernichtet den Aszeten Gautama mitsamt seinem Baume!"

Einige hatten Gesichter wie ein Wolf, Schakal, Schwein, Esel, Kuh, Elefant, Pferd, Kamel, Ochse, Hase, Yak, Rhinozeros, Riesenhirsch — mannigfach, fürchterlich, wild und ungeschlacht. Einige hatten Gestalten wie ein Löwe, Tiger, Bär, Eber, Affe, Leopard, wie Katze, Bock, Widder, Schlange, Ichneumon, Fisch, Meerungeheuer, Delphin, Schildkröte, Krähe, Geier, Eule, wie der Vogel Garuda usw.

Einige waren verunstaltet. Einige hatten einen Kopf, zwei Köpfe, bis zu hunderttausend Köpfen. Einige waren ohne Kopf. Einige hatten von einem Arm bis zu hunderttausend Armen. Einige waren armlos. Einige waren einfüßig, oder hatten bis zu hunderttausend Füßen. Einige waren füßelos.

Einige ließen aus ihren Leibesöffnungen, aus Ohren, Mund, Nase, Augen und Nabel Schlangengift ausströmen. Einige schwangen verschiedenartige Waffen: Schwert, Bogen, Pfeil, Speer, Lanze, Beil, Rad, Wurfspieß, Hellebarde, Donnerkeil und Spieße, tanzten hin und her und bedrohten den Bodhisattva.

Einige trugen Kränze aus abgeschnittenen Menschenfingern, andere Gewinde aus Knochenstücken und Schädelschalen um den Kopf. Einige hatten ihren Körper mit Schlangengift überzogen. Andere waren auf Elefanten, Pferde, Kamele, Kühe, Esel oder Stiere gestiegen und hielten Schüsseln aus Köpfen in den Händen. Einigen stand der Kopf nach unten und die Füße nach oben. Einige hatten Haare wie aus Nadeln, andere die von Kuh, Esel, Eber, Ichneumon, Bock, Widder,

Katze, Affe, Wolf oder Schakal. Die einen spieen Schlangengift oder brachen Eisenklumpen aus; andere ließen Rauchfahnen ausströmen, regneten einen Regen von glühendem Kupfer und Eisen, warfen einen Schauer von Blitzen, entsandten Donnerkeile, regneten glühenden Eisenschrot, ließen schwarze Wolken entstehen, brachten Wind und Regen hervor, entließen einen Wolkenbruch von Pfeilen, bewirkten schwarze Nacht, erhoben ein Gebrüll und rannten so gegen den Bodhisattva an.

Einige wieder schwangen Stricke, schleuderten riesige Berge herab, erregten die großen Meere, übersprangen Gebirge und brachten gar den König der Berge, den Meru, ins Wanken. Sie liefen auseinander, flüchteten, warfen ihre Glieder von der einen zur anderen Seite, schwenkten die Körper, lachten lautschallend, durchbohrten und schlugen sich die Brust und schüttelten ihr Haar. Mit gelben Gesichtern und blauem Körper, flammenden Köpfen und gesträubten Haaren liefen sie ungestüm von hier nach dort umher und versuchten mit ihren Wolfsaugen den Bodhisattva zu erschrecken.

So sah das Heer des Mara aus, welches dieser von überall her hatte sammeln lassen, und bis auf die Weite von achtzig Meilen war alles im Umkreis von ihm erfüllt.

Unter den Söhnen Maras herrscht Uneinigkeit

Unter den vieltausend Söhnen Maras, des Bösen, aber gab es auch solche, deren Herz dem Bodhisattva zugeneigt war. Ihr Führer war Sarthavaha, und sie standen auf der rechten Seite Maras. Die aber, welche fest zu Mara hielten, standen zu seiner Linken.

Und Mara, der Böse, sprach zu seinen Söhnen: „Kraft welcher Mittel können wir den Bodhisattva niederzwingen?"

Da antwortete Sarthavaha, ein Sohn, der auf der rechten Seite stand, dem Vater: „Wie einer, der den Schlangenkönig, einen mächtigen Elefanten oder einen Löwen, den König der Tiere, aus dem Schlaf wecken möchte, so erscheint mir der, welcher den in sich versunkenen Fürsten der Männer in die Welt zurückrufen will."

Schatabahu, zur Linken, aber sagte: „Mein Körper hat hundert Arme, und mit jedem einzelnen entsende ich hundert Pfeile. Ich werde den Körper des Aszeten zerspalten, o Vater! Sei wohlgemut und ziehe unverzüglich in den Kampf!“

Subuddhi, zur Rechten, antwortete: „Alle, die diesen gewaltigen, über die Macht der Geduld gebietenden Mann treffen, selbst die Stärksten der Starken, mögen sie nun im Himmel, auf der Erde oder im Wasser wohnen, kraftbegabt sein, Schwert oder Beil als Waffe tragen, und wären sie als Halbgötter oder Menschen geboren, werden kraftlos werden!“

Darauf entgegnete ein anderer Sohn des Mara, dessen Augen sich vor übermäßigem Zorn röteten: „Maßlose Lobpreisungen bringst du da vor! Er ist doch allein, und was könnte ein einzelner gegen uns ausrichten? Siehst du nicht unser großes, furchtdrohendes Heer?“

Da sprach Maras Sohn Marapramardaka, auf der Rechten: „Weder Sonne noch Mond brauchen einen Begleiter auf ihrem Wege, ebensowenig ein Löwe oder ein weltbeherrschender König. So braucht auch der Bodhisattva, der am Bodhibaum sitzt und in sich versunken ist, keinen Genossen!“

Maras Angriff

Und Mara, der Göttersohn, dachte: Ich habe ein Mittel, Sarvarthasiddha hinwegzujagen, und er entfachte einen Wirbelwind. Sogleich entstanden Stürme, die alle Weltgegenden zerrissen, die imstande waren, die Berggipfel in einer Höhe von einer halben oder auch von zwei oder drei Meilen zu zerschmettern, fähig, Waldgestrüpp, Bäume usw. zu entwurzeln und auf allen Seiten Dörfer und Marktflecken zu zermalmen. Durch die Tugendmacht des großen Mannes aber schwand ihre Kraft, und sie konnten, auf den Bodhisattva treffend, nicht einmal den Zipfel seines Gewandes bewegen. Dann erwog Mara: Mit Wasser werde ich ihn überschütten und so töten, und rief einen Platzregen hervor. Und es erhoben sich Wolken, welche so stark regneten, daß sie hundert oder tausend übereinanderliegende Gewänder hätten durchdringen können. Selbst die Erde bekam Sprünge durch das Ungestüm der Regengüsse. Über die Bäume des Waldes hin wogte die große Flut herbei. Aber nicht einmal soviel wie ein Fleck, den ein Tautropfen hinterläßt, vermochte sie das Gewand des großen Wesens zu durchfeuchten.

Dann ließ Mara einen Steinregen entstehen; riesige Berggipfel kamen rauchend und flammend durch die Luft herbei. Beim Bodhisattva niederfallend aber nahmen sie das Aussehen himmlischer Kränze an. Darauf regnete er einen Regen von Waffen. Einschneidige und zweischneidige Schwerter, Speere und Pfeile kamen rauchend und flammend durch die Luft herbei. Doch als sie beim Bodhisattva niederfielen, wurden sie zu himmlischen Blumen.

Darauf bewirkte Mara einen Kohlenregen. Schlacken, rot wie Kimschukablüten, kamen durch die Luft herbei. Doch sie verwandelten sich in himmlische Blumen und fielen verstreut zu Füßen des Bodhisattva nieder. Dann rief Mara einen Schauer heißer Asche hervor. Heiß, feuerfarbig kam die Asche durch die Luft herbei: aber sie verwandelte sich in Sandelpulver und fiel zu Füßen des Bodhisattva nieder.

Und Mara bewirkte einen Sandregen. Feinkörniger Sand kam rauchend und flammend durch die Luft herbei. Doch er wurde zu himmlischen Blumen und fiel zu Füßen des Bodhisattva nieder. Dann rief Mara einen Schlammregen hervor. Der Schlamm kam rauchend und flammend durch die Luft herbei. Doch er wurde zu himmlischer Salbe und fiel zu Füßen des Bodhisattva nieder.

Dann rief Mara, um den Bodhisattva zu erschrecken und zu verjagen, eine Finsternis hervor. Diese erschien in Gestalt einer vierfachen großen Düsternis. Als sie über den Bodhisattva herabkam, aber war es, als ob sie von Sonnenglanz getroffen würde, und alle Dunkelheit schwand.

So war Mara unfähig, den Bodhisattva mit diesen neun verschiedenartigen Güssen von Wind, Regen, Steinen, Waffen, Kohlen, Asche, Sand, Schlamm und Finsternis zu verjagen.

Doch er befahl seinem Gefolge: „Vorwärts, sage ich, packt diesen Prinzen, schlagt ihn und jagt ihn davon!“ Er selbst aber setzte sich auf die Schultern seines Elefanten Schrimekhala, nahm als Waffe ein

Rad, ritt an den Bodhisattva heran und rief: „Sarvarthasiddha, stehe auf von diesem Sitz! Nicht dir, sondern mir gehört er zu eigen!"

Da bewegte der Bodhisattva, um Mara schwach zu machen, sein Antlitz, das einer aufgeblühten, hundertblättrigen Lotusblume glich. Als Mara das sah, flüchtete er. Auf der Flucht aber kam ihm der Gedanke, sein Heer werde dem Antlitz des Bodhisattva widerstehen, kehrte zurück und schleuderte mit seinem Gefolge verschiedenartige Geschosse auf den Bodhisattva. Selbst Berge in den Ausmaßen des Sumeru wurden auf den Bodhisattva geworfen, verwandelten sich aber in himmlische Wagenpaläste mit Blumenbaldachinen.

Und dann berührte der Bodhisattva mit der rechten Hand sein Haupt. Mara sah es, dachte, der Bodhisattva habe ein Schwert in der Hand, und floh in südlicher Richtung. Dann merkte er, es sei nichts, kehrte wieder zurück und entsandte auf den Bodhisattva verschiedenartige furchtbare Waffen: Schwerter, Bogen, Pfeil, Speer, Lanze, Beil, Kolben, Hellebarden, Keule, Rad, Donnerkeil, Hammer, Bäume, Felsen, Stricke, Eisenkugeln. Kaum waren diese aber geschleudert, so wurden sie zu Blumengirlanden und Blumenbaldachinen. Wie frisch abgeschnittene Blumen breiteten sie sich über den Boden aus oder schmückten, als Kranzgewinde herabhängend, den Baum der Erleuchtung.

Die Erdgöttin legt Zeugnis von den Tugendverdiensten des Bodhisattva ab

Als Mara, der Böse, diese reiche Fülle der Wunder sah, welche für den Bodhisattva geschahen, sprach er, von Eifersucht und Neid überwältigt, zum Bodhisattva: „Steh auf, o Königssohn, genieße dein Reich! Das entspricht dem Verdienst deiner vergangenen guten Taten, wie könntest du die Erlösung erreichen?"

Doch der Bodhisattva antwortete Mara, dem Bösen, mit fester, tiefer, erhabener, dabei aber zarter und süßer Stimme: „Du, o Böser, bist durch eine einzige unbeschränkte Aufopferung zum Herrn der Sinnenwelt geworden. Ich aber habe ungezählte Millionen von schrankenlosen Aufopferungen vollzogen. Ich habe mir wiederholt Hände, Füße, Augen und Kopf abschneiden lassen und habe sie den darum Bittenden gegeben. Und oftmals habe ich in meinem Streben nach der Erlösung der Wesen an Bittsteller Haus, Vermögen, Getreide, Lagerstatt, Gewand, Wandelplätze und Gärten abgetreten."

Doch Mara, der Böse, antwortete mit der Strophe: „Dafür, daß ich in einem früheren Leben eine unbegrenzte, makellose Aufopferung vollbracht habe, bist du selbst mein Zeuge. Dagegen gibt es hier niemanden, der etwas zu deinen Gunsten aussagen könnte; darum bist du besiegt!"

Der Bodhisattva entgegnete: „Diese Erde hier, die Mutter aller Wesen, gibt mir das Zeugnis!" Damit gedachte er in freundschaftlicher und mitleidiger Gesinnung Maras und seiner Gefolgschaft, strich, furchtlos wie ein Löwe, ohne Angst, ohne Schrecken, wohlgemut, offen, ohne Aufregung, ohne Unruhe und ohne daß Furcht sein Haar sträubte, mit seiner rechten Hand – sie war in der inneren Fläche mit den Glückssymbolen Muschel, Fahne, Fisch, Topf, Kreuz, Haken und Rad gezeichnet, ihre Finger verbanden Schwimmhäute, und die Nägel waren schön kupferrot, sie war weich, jugendfrisch, zart und hatte in undenklichen Zeitaltern eine unermeßliche Fülle von Wurzeln des Guten gesammelt – über seinen ganzen Körper. Dann schlug er leicht gegen die Erde und sprach zu eben dieser Zeit die Strophe: „Diese Erde, die Wohnstätte aller Lebewesen, ist unparteiisch und gleichmäßig gegen jedes Geschöpf. Sie sei mein Beweis und soll mir bezeugen, daß ich keine Lüge spreche!"

Und kaum hatte der Bodhisattva diese große Erde berührt, da erbebte sie auf sechsfache Weise, zitterte heftig und zitterte auf allen Seiten. Und sie erklang, erklang laut und erklang laut auf allen Seiten. Es war genau so, wie wenn eine Messingschale aus Magadha mit dem Schlegel geschlagen wird und erklingt und nachklingt, ebenso erklang diese große Erde und erklang wieder, als sie von dem Bodhisattva mit der Hand angeschlagen wurde.

Und alsbald erschütterte die Erdgöttin Sthavara mit ihrem Gefolge von tausend Millionen Erdgottheiten die ganze Erde in eben diesem Teil der vieltausend Welten, durchbrach, nicht weit vom Bodhisattva

Der Angriff Maras und die Versuchung des Bodhisattva

entfernt, die Erdoberfläche und trat mit dem Oberkörper, reich geziert mit Schmucksachen, hervor. Dann neigte sie sich mit ihrem Leibe zum Bodhisattva herab, legte die Hände zusammen und sprach zu ihm: „So wie du sagst, o großer Mann, so ist es! Wir hier sind Zeugen dafür! Du selbst aber bist, o Erhabener, der oberste Zeuge und die Richtschnur der Welt mit Einschluß der Götter!"

Nachdem Sthavara, die große Erdgöttin, so gesprochen hatte, wies sie Mara, den Bösen, auf verschiedene Weise zurecht, verehrte und pries den Bodhisattva und zeigte ihre vielseitige Macht. Dann verschwand sie samt ihrem Gefolge wieder an derselben Stelle.

Mara, der Falsche, aber floh, als er diese Worte der Erde gehört hatte, mit seinem Heere davon und war ganz erschreckt und gebrochenen Herzens. Und alle waren plötzlich verschwunden, wie Schakale, wenn sie das Gebrüll des Löwen im Walde vernehmen, oder wie Krähen, wenn man mit einem Erdklumpen nach ihnen wirft.

Maras Töchter versuchen den Bodhisattva zu verführen

Endlich blieb Mara stehen, wandte sich zu seinem Heere zurück und sprach: „Freunde, sammelt euch und wartet einen Augenblick; wir wollen in Erfahrung bringen, ob es nicht möglich ist, den Bodhisattva auf friedliche Weise zum Aufstehen zu bewegen!"

Und Mara wandte sich an seine Töchter mit den Worten: „Geht, ihr Mädchen, begebt euch zum Ring der Erleuchtung und sucht in Erfahrung zu bringen, ob der Bodhisattva mit Leidenschaften behaftet oder ohne Leidenschaften ist, ob er ein Tor oder ein Weiser ist, ob er Ort und Ziel kennt und eifrig verfolgt oder sich blenden läßt, ob er schwach oder standhaft ist."

Auf diese Worte hin begaben sich die Schönen zum Ring der Erleuchtung, traten an den Bodhisattva heran, blieben vor ihm stehen und entfalteten die zweiunddreißig verschiedenen Verführungskünste der Frauen:

Einige verhüllten ihr Gesicht halb. Einige wiesen ihre hohen festen Brüste. Einige zeigten unter verhaltenem Lachen die Reihen ihrer

Zähne. Einige warfen ihre Arme in die Höhe und ließen ihre Achselhöhlen weit geöffnet sehen, andere wieder ihre Lippen, rot wie Bimbafrüchte. Einige blinzelten mit halb geschlossenen Augen den Bodhisattva an und schlossen die Lider schnell, nachdem sie ihn angeblickt hatten. Einige boten ihm halbbedeckte Brüste dar, andere Hüften, um die das Gewand nur lose gegürtet war. Einige hatten zarte Leinenstoffe um ihre Hüften gelegt und gegürtet, einige ließen ihre Fußringe klingen. Einige zeigten ihm, daß zwischen ihren vollen Brüsten kaum für eine Perlenschnur Platz war. Einige hatten die Schenkel zur Hälfte nackt. Einige hatten Patraguptas, Papageien oder Predigerkrähen auf Kopf oder Schultern gesetzt. Einige lugten mit Seitenblicken auf den Bodhisattva. Einige, die gut angezogen waren, taten, als wären ihre Kleider in Unordnung. Einige brachten die Gürtel um ihre Lenden zum Zittern. Einige liefen, wie aufgestört, lebhaft von hier nach da. Einige tanzten. Einige sangen. Einige spielten. Einige taten schamhaft. Einige zitterten mit den Schenkeln wie Pisangrohr, das vom Wind geschüttelt wird. Einige seufzten tief. Einige, die Gewänder umgeworfen hatten, sprangen umher und schlugen ihre schellenbesetzten Gürtel. Einige ließen ihre Gewänder und Schmucksachen auf die Erde fallen. Einige hatten allerlei Schmucksachen angelegt, die ihre Scham schön erscheinen ließen. Einige hatten die Arme mit Parfüm eingerieben, andere trugen duftgesalbte Ohrringe. Einige hatten ihre Gesichter verschleiert und enthüllten sie ab und zu. Einige erinnerten einander daran, wie sie vorhin gelacht, sich ergötzt und gespielt hatten, taten dann darüber beschämt und blieben beiseite stehen. Einige boten sich in der Gestalt von Jungfrauen dar, andere in der Gestalt von Frauen, die noch nicht geboren haben, andere als Frauen reiferen Alters. Einige luden den Bodhisattva zu Liebesfreuden ein. Einige überstreuten ihn mit frischgeschnittenen Blumen, stellten sich vor ihm auf und suchten seine Gedanken zu ergründen. Sie betrachteten sein Antlitz und überlegten: Sieht er leidenschafterregten Sinnes auf uns, oder wendet er seine Augen ab? Regt sich seine Eifersucht oder nicht?

Des Bodhisattva Gesicht aber war rein und fleckenlos wie die Mondscheibe, wenn sie aus dem Rachen ihres Verschlingers Rahu befreit worden ist, wie die aufgehende Sonne, wie eine goldene Säule, wie eine aufgeblühte tausendblättrige Lotusblume, wie ein mit Opferschmalz übergossenes Feuer. Es war unbeweglich wie der Berg Meru, überragend wie das Randgebirge der Erde. Die Sinne waren bezähmt, der Geist war gebändigt wie bei einem zahmen Elefanten.

Dann sprachen die Töchter Maras, um die Begierde des Bodhisattva stärker zu entfachen, die Strophen:

„Der Frühling, die schönste der Jahreszeiten, ist gekommen! Die Bäume stehen in Blüte. Laß uns der Liebe pflegen, o Freund! Dein Leib ist wohlgestaltet und lieblich! Und ihn schmücken die auszeichnenden Merkmale eines Weltbeherrschers!

Wir sind geboren, wohlgeboren, sind wohlgeschaffen, um Glück zu bereiten. Wir schenken Befriedigung Göttern und Menschen. Stehe schnell auf! Genieße deine schöne Jugend! Wende deinen Sinn ab von der nur mühsam erreichbaren Erleuchtung!

Sieh doch diese schmucken Himmelsmädchen! Deinetwegen sind sie herbeigekommen, dir zum Dienst bereit, in all ihrem Zierat. Wen ergreift nicht die Leidenschaft, wenn er solche Schönheit erblickt? Wer wird nicht hingerissen, und sei er auch lebensvertrocknet wie ein abgesplittertes Stück Holz?

Ihre Haare sind weich und von süßesten Wohlgerüchen durchduftet. Ihr Antlitz schmücken Diademe, Ohrgehänge und Blätter. Schön ist ihre Stirn, wohlgesalbt das Gesicht. Die schönen Augen sind klar und groß wie Lotusblätter.

Sieh, o Herr, wie verführerisch sie sind! Sieh ihre hohen, festen und vollen Brüste, ihre Taille mit den drei Hautfalten, wie überaus herrlich! Sieh die lieblichen breiten Schenkel!

Sie verstehen sich auf Gesang, auf Musik und das Tanzen, sind zur Wollust geboren und schön gestaltet. Wenn du sie verschmähst, die brennend nach Liebe verlangen, betrügst du dich wahrlich sehr auf dieser Welt.“

Der Bodhisattva aber zuckte nicht mit den Augen; sein Antlitz lächelte, seine Miene war freundlich, seine Sinne blieben unerregt, und seine Glieder waren gelöst. Er war ohne Falsch, ohne Leidenschaft, ohne Schlechtigkeit, ohne Torheit. Unerschütterlich wie der König der Berge saß er da, offen, besonnen und unbelästigt. Und aus seiner wohlbefestigten Erkenntnis heraus, mit dem selbstbewußten Munde des Wissens, wandte er sich an die Töchter des Mara. Und da er alle Leidenschaften völlig aufgegeben hatte, sprach er – und seine Worte tönten schöner als die Brahmas und ihr lieblicher, angenehmer Klang glich dem Ruf des Kalavinka – mit sanfter, süßer Stimme zu ihnen die Strophen:

„Die Lüste, fürwahr, sind Sammelstätten vieler Leiden und die Wurzeln des Unglücks. Sie bringen Unverständige zum Abfall von Versenkung, Vollkommenheit und Aszese. Daß es im Genuß der Frauenliebe keine Sättigung gibt, sagen alle Weisen. Ich aber werde die noch Unerleuchteten bald durch die Erkenntnis sättigen!

Bei dem, der den Lüsten fröhnt, mehrt sich der Durst immer wieder, wie bei einem Mann, der Salzwasser getrunken hat. Wer sich den Lüsten hingibt, handelt nicht zu seinem eigenen Nutzen, noch zum Nutzen eines anderen. Ich aber verlange nach meinem eigenen Vorteil, ebenso wie nach dem aller anderen.

Euer Leib ist wie Schaum, wie eine Wasserblase, gleichsam ein Gaukelspiel trügerischer Sinne, das auf eigenen Wunsch entsteht. Er ist wie ein Spiel im Traum, das dauerlos und ohne Bestand ist. Doch in geistiger Verblendung handeln immerdar die Unerleuchteten und Toren."

Darauf packte Leidenschaft, Rausch und Übermut in noch höherem Grade die in allen Verführungskünsten wohlbewanderten Töchter des Mara. Und sie zeigten sich sehr geschäftig, schmückten ihre Glieder, entfalteten alle die trügerischen Frauenkünste und versuchten die Begierde des Bodhisattva zu reizen. Darüber heißt es:

Von Mara getrieben, kamen eilig und unter Scherzen die süßen und kecken Schönen herbei, geleitet von Begierde, Sehnsucht und Lust. Und wie Sprossen oder zarte Ranken, die vom Wind bewegt werden, tanzten sie, um den Königssohn zu reizen, der da unter den Ästen eines Baumes saß.

Und die Töchter Maras sprachen: „Solange die erfreuliche Jugend währt und du im ersten Lebensalter stehst, solange Krankheit und Alter nicht an dich herantreten, solange du schön und jung bist, und auch wir es sind, solange genieße glücklich und froh die Freuden der Sinnenlust."

Der Bodhisattva antwortete: „Die Lüste sind unbeständig wie der Tautropfen auf der Spitze eines Grashalmes. Sie ähneln den schnell zerflatternden Herbstwolken und verursachen heftige Angst, genau wie die Wut eines Schlangenweibchens."

Die Mädchen sagten: „Sieh hin auf diese blütengeschmückten, prächtigen Bäume mit den zarten Schößlingen; Kokilas und Dschivandschivas singen darauf und Bienen summen. Dem Erdboden entsprießen geschmeidige, grüne, sich kräuselnde, weiche Pflanzen. In diesem Wald, den Kinnaras und Löwen aufzusuchen lieben, ergötze dich mit uns jungen Mädchen!"

Der Bodhisattva sagte: „Ich schaue nur darauf, wie unrein, schmutzig und mit Scharen von Würmern angefüllt der Körper ist. Er ist gebrechlich, elend, leicht zerfallend und wird vom Unheil umkreist. Ich aber will die von erleuchteten Menschen gefeierte unvergängliche Würde erringen, die allen Geschöpfen das höchste Glück verschafft! Der, fürwahr, welcher seinen Blick auf das Übel in den drei Daseinszuständen richtet, gerät nicht in die Gewalt der Frauen. Eher stürzt noch der Weltberg Meru ein, trocknet das Meer aus und fällt der Mond herab! Er schaut aus Augen, blank wie ein Lotusblatt, und sein Antlitz lächelt. Er sieht weder voll Leidenschaft auf die Geschöpfe noch mit zornigem Stirnrunzeln."

Mara, der Böse, hörte diese Worte, wurde noch betrübter, mißgestimmt, unzufrieden und üblen Sinnes. Und er sprach zu seinen Töchtern: „Wie, ihr seid nicht in der Lage, den Bodhisattva aus dem Ring der Erleuchtung aufstehen zu machen? So ist er kein Tor, sondern ein Weiser, da er eure verführerische Schönheit nicht beachtet?"

Da antworteten die Töchter Maras ihrem Vater mit den Strophen:

„Sanft und süß tönt seine Stimme, doch ohne Leidenschaft. Das Tiefverborgene durchschaut er und hat keine bösen Neigungen. Er achtet auf ein würdiges Benehmen und kennt keine Torheit. Alles, was den Körper angeht, unterdrückt er, und seine Gedanken sind tief.

Ohne Zweifel ist ihm bekannt, wie viele Laster Frauen besitzen. Sein Sinn ist von Begierden frei, und Leidenschaft erregt ihn nicht.

Im Himmel wie auf der Erde gibt es keinen Gott oder Menschen, der sein Denken und Gebaren vollständig begreifen könnte.

Die Verführungskünste, die wir vor ihm entfaltet haben, o Vater, hätten sein Herz schmelzen und ihn mit Leidenschaft erfüllen müssen. Doch ihr Anblick vermochte auch nicht ein einziges Mal seinen Sinn zu erregen. Unerschütterlich wie der König der Berge sitzt er da."

ERKENNTNIS UND ERLEUCHTUNG

Der Bodhisattva durchläuft die vier Stufen der Meditation

So hatte der Bodhisattva Mara, seinen Widersacher, niedergeschlagen, seinen Feind unterdrückt und im Brennpunkt der Schlacht einen vollständigen Sieg errungen. Schirme, Standarten und Fahnen waren gleichsam für ihn errichtet, und er erreichte die von Begierden wie von sündigen und schlechten Elementen befreite, aus der richtigen Einsicht geborene, erste Stufe der Meditation und verweilte darauf. Auf dieser Stufe aber gab es noch Überlegung, Erwägung und die Empfindung für Freude und Glück.

Dann unterdrückte er Überlegung und Erwägung und erreichte durch vollkommene innerliche Beruhigung und durch Konzentration des Geistes auf ein einziges Ziel die aus der Selbstversenkung geborene zweite Stufe der Meditation, auf der es keine Überlegung und Erwägung mehr gibt, auf der man aber noch Freude und Glück empfindet. Darauf verweilte er.

Weiter machte er sich frei von dem Gefühl der Freude und wurde gleichmütig. Die Erinnerung ging ihm auf, und er erwachte zu vollem Bewußtsein. Sein Leib empfand noch allein das Gefühl des Glücks. Das ist es, was die Edlen „gleichmütig", „erinnerungsvoll", „im Glücke weilend" nennen. So erreichte er die dritte Stufe der Meditation, die die Empfindung der Freude nicht mehr kennt, und er verweilte darauf.

Schließlich gab er auch das Gefühl für Glück wie für Unglück auf. Die Empfindung für Fröhlichkeit, selbst für einstige, ebenso wie für Trübsinn schwand, und er erreichte die vierte Stufe der Meditation, auf der es Leidlosigkeit und Glücklosigkeit, Gleichmut und Erinnerung nicht gibt, und er verweilte darauf.

So war sein Geist konzentriert, rein, durch und durch geläutert, glanzstrahlend, ohne Flecken, ohne Sündhaftigkeit, sanft, auf sein Ziel eingestellt und nicht mehr davon abzubringen. Und dann richtete und wandte der Bodhisattva in der ersten Wache der Nacht seinen Geist darauf, mit Hilfe des göttlichen Auges übernatürliches Wissen und transzendentes Schauen hervorzubringen.

Dem Bodhisattva kommt der ewige Kreislauf des Daseins zum Bewußtsein

Der Bodhisattva überblickte die Wesen mit dem göttlichen Auge, dem reinen, dem übermenschlichen. Er sah, wie sie sterben und wiedergeboren werden. Die einen in einer guten, die andern in einer schlechten Kaste, die einen in angenehmer, die andern in böser Daseinsform. Er sah die einen herabkommen, die andern aber erhoben werden, ganz wie es ihnen nach ihren Handlungen zukam.

Und er erkannte: Fürwahr, diese Wesen, welche in Taten, Reden und Gedanken übel tun, die Edlen herabwürdigen und falschen Ansichten huldigen, werden nach dem Tode, wenn ihr Körper vernichtet ist, auf Grund der Handlungen und Eigenschaften, die aus ihren falschen Ansichten entspringen, einen schrecklichen Fall in eine böse Daseinsform tun und in den Höllen wiedergeboren werden! Die Wesen aber, welche gut handeln in Taten, Reden und Gedanken, Edle nicht herabwürdigen und rechte Ansichten haben, die gelangen, nachdem ihr Körper vernichtet ist, auf Grund der Handlungen und Eigenschaften, die aus rechten Ansichten entspringen, in eine gute Daseinsform und in Himmelswelten!

So überschaute der Bodhisattva die Wesen, mit dem göttlichen Auge, dem reinen, dem übermenschlichen. Er sah sie sterben und wiedergeboren werden: die einen in guten, die andern in schlechten Kasten, die einen in angenehmer, die andern in böser Daseinsform. Er sah die einen herabkommen, die andern aber erhoben werden, ganz wie es ihnen nach ihren Handlungen zukam.

Derart brachte der Bodhisattva in der ersten Wache der Nacht übernatürliches Wissen hervor, schlug die Finsternis nieder und schuf Klarheit.

Der Bodhisattva erinnert sich der Umstände seiner früheren Geburten

Als dann sein Geist konzentriert, rein, durch und durch geläutert, glanzstrahlend, ohne Flecken, ohne Sündhaftigkeit, sanft, auf sein Ziel eingestellt und nicht mehr davon abzubringen war, richtete und wandte er ihn in der mittleren Nachtwache darauf, übernatürliches Wissen und transzendentes Schauen zwecks Erinnerung an die früheren Geburten hervorzubringen.

Und er erinnerte sich an viele verschiedene frühere Geburten seiner selbst und anderer Wesen: an eine, zwei, drei, vier, fünf und so fort bis an unzählige Millionen, ja Weltalter von Weltaltern von Geburten.

Er erinnerte sich: Dort und dort hatte ich den und den Namen, war ich aus dem und dem Geschlecht, von der und der Geburt, aus der und der Kaste, habe mich so und so ernährt, war von solcher Lebensdauer, von solch langem Bestand, habe das und das Glück oder Unglück erduldet, bin dann gestorben, dort und dort wiedergeboren worden, von da wieder in den Kreis eingetreten und dort wiedererschienen, schließlich auch dort gestorben und bin jetzt hier wiedergeboren – so erinnerte er sich an viele verschiedene frühere Leben, sowohl an die eigenen wie an die anderer Wesen, und auch an deren bestimmte Gestalten und bezeichnende Umstände.

Der Bodhisattva gewinnt Einsicht in die Verkettung des Daseins

Und dann richtete und wandte der Bodhisattva in der letzten Wache der Nacht, zu der Zeit als die Morgenröte sich zeigte und die Nacht dem Schlaf am günstigsten war, – um der Entstehung des Leidens ein Ende zu machen – seinen Geist darauf, übernatürliches Wissen und transzendentes Schauen hervorzubringen und das Hinschwinden aller Anlagen zum Bösen zu bewirken.

Und es kam ihm der Gedanke: Elend, fürwahr, ist es um diese Welt bestellt! Man wird geboren, altert, stirbt, fällt in den Kreislauf des Daseins zurück und wird wiedergeboren. Man kennt kein Entkommen aus dieser großen Sammelstätte des Elends, die ganz und gar Leid ist. O man versteht es nicht, dieser gewaltigen Menge reinen Leidens, das aus Alter, Krankheit und Tod besteht, ein Ende zu bereiten!

Dann aber überlegte der Bodhisattva: Was ist denn die Vorbedingung und die Ursache für Alter und Tod? Und er erkannte: Geburt ist die Vorbedingung und die Ursache für Alter und Tod!

Dann überlegte er weiter: Was ist denn die Vorbedingung und die Ursache für die Geburt? Und er erkannte: Lebenslust der Eltern ist die Vorbedingung und die Ursache für die Geburt!

Und was ist die Vorbedingung und Ursache für die Lebenslust? – Streben nach Sinnenbefriedigung ist die Vorbedingung und die Ursache der Lebenslust!

Und was ist die Vorbedingung und die Ursache für das Streben nach Sinnenbefriedigung? – Das Entstehen der Triebe ist die Vorbedingung und die Ursache des Strebens nach Sinnenbefriedigung.

Und was ist die Vorbedingung und die Ursache für das Entstehen der Triebe? – Empfindung von Eindrücken ist die Vorbedingung und die Ursache für das Entstehen der Triebe.

Und was ist die Vorbedingung und die Ursache für die Empfindung von Eindrücken? – Kontakt des Bewußtseins ist die Vorbedingung und die Ursache für die Empfindung von Eindrücken.

Und was ist die Vorbedingung und die Ursache für den Kontakt des Bewußtseins? – Die sechs Sinnesorgane sind die Vorbedingung und die Ursache für den Kontakt des Bewußtseins!

Und was ist die Vorbedingung und die Ursache der sechs Sinnesorgane? – Vorhandensein geistiger und materieller Elemente ist die Vorbedingung und die Ursache für die sechs Sinnesorgane!

Und was ist die Vorbedingung und die Ursache der geistigen und materiellen Elemente? – Das Erwachen eines Bewußtseins ist die Vorbedingung und die Ursache der geistigen und materiellen Elemente!

Und was ist die Vorbedingung und die Ursache für das Erwachen eines Bewußtseins? – Handlungen eines vorhergehenden Lebens sind die Vorbedingung und die Ursache für das Erwachen eines Bewußtseins!

Und was ist die Vorbedingung und die Ursache für Handlungen eines vorhergehenden Lebens? – Das Nichtvorhandensein des rechten Wissens ist die Vorbedingung und die Ursache für Handlungen eines vorhergehenden Lebens.

Und der Bodhisattva bedachte weiter: Auf dem Nichtvorhandensein des rechten Wissens beruhen die Handlungen eines vorhergehenden Lebens.

Auf Handlungen eines vorhergehenden Lebens beruht das Erwachen eines neuen Bewußtseins.

Auf dem Erwachen eines Bewußtseins beruhen die geistigen und materiellen Elemente.

Auf geistigen und materiellen Elementen beruhen die sechs Sinnesorgane. Auf den sechs Sinnesorganen beruht der Kontakt des Bewußtseins. Auf dem Kontakt des Bewußtseins beruht die Empfindung von Eindrücken. Auf der Empfindung von Eindrücken beruht das Entstehen der Triebe. Auf dem Entstehen der Triebe beruht das Streben nach Sinnenbefriedigung. Auf dem Streben nach Sinnenbefriedigung beruht die Lebenslust. Auf der Lebenslust beruht die Geburt. Auf der Geburt beruht Alter, Tod, Kummer, Wehklage, Leid, Trübsinn und Unruhe.

Das ist die Entstehung dieser großen Sammelstätte reinen Leidens, ist ihr Ursprung, fürwahr ihr Ursprung.

So wurde dem Bodhisattva dadurch, daß er sich Beziehungen, von denen man früher nie gehört hatte, von Grund auf und wiederholt vor Augen stellte, die höhere Erkenntnis zuteil. Es ging ihm das Auge auf, es entstand ihm das Wissen, die umfassende Einsicht, die Weisheit und die Unterscheidung. Helles Licht wurde ihm offenbar.

Der Bodhisattva entdeckt den Pfad zur Aufhebung der Kette der Geburten und erlangt die höchste Erleuchtung

Und der Bodhisattva überlegte: Unter welcher Vorbedingung gibt es kein Alter und keinen Tod, und wessen Vernichtung bewirkt die Vernichtung des Alters und des Todes?

Da erkannte er: Wenn es keine Geburt gibt, dann gibt es auch Alter und Tod nicht. Die Vernichtung der Geburt bewirkt die Vernichtung von Alter und Tod!

Und weiter überlegte der Bodhisattva: Unter welcher Vorbedingung gibt es keine Geburt, und wessen Vernichtung bewirkt die Vernichtung der Geburt?

Da erkannte er: Wenn es keine Lebenslust gibt, dann gibt es auch keine Geburt. Die Vernichtung der Lebenslust bewirkt die Vernichtung der Geburt!

In dieser Weise durchlief der Bodhisattva die ganze Reihe der zwölf Grundbedingungen, bis er zum Schluß überlegte: Unter welcher Vorbedingung gibt es keine Handlungen eines vorhergehenden Lebens, und wessen Vernichtung bewirkt die Vernichtung der Handlungen eines vorhergehenden Lebens?

Da erkannte er: Wenn es kein Nichtwissen gibt, dann gibt es auch keine Handlungen eines vorhergehenden Lebens. Die Vernichtung des Nichtwissens bewirkt die Vernichtung der Handlungen eines vorhergehenden Lebens!

Und wiederum durchlief er die Reihe in der anderen Richtung: Die Vernichtung der Handlungen eines vorhergehenden Lebens bewirkt die Vernichtung des Bewußtseins usw. bis zu der Erkenntnis: Die Vernichtung der Geburt vernichtet Alter, Tod, Kummer, Wehklage, Leid, Trübsinn und Unruhe, und das eben ist die Vernichtung dieser großen Sammelstätte reinen Leidens!

So wurde dem Bodhisattva dadurch, daß er sich Beziehungen, von denen man früher nie gehört hatte, von Grund auf und wiederholt vor Augen stellte, die Erkenntnis zuteil. Es ging ihm das Auge auf, es entstand ihm das Wissen, die umfassende Einsicht, die Weisheit und die Unterscheidung. Helles Licht wurde ihm offenbar.

Zu der Zeit, o Mönche, erkannte ich in Wahrheit: Dies ist das Leid, dies die Entstehung der Sünde, dies die Vernichtung der Sünde, und dies der zur Vernichtung der Sünde führende Pfad. So erkannte ich in Wahrheit.

Dies ist die Sünde der Begierde, dies die Sünde der Lebenslust, dies die Sünde des Nichtwissens, dies die Sünde der falschen Überzeugung.

Hier werden die Sünden ohne allen Rest vernichtet, und hier gehen sie ohne eine Spur oder einen Abglanz zu hinterlassen, zugrunde.

Dies ist das Nichtwissen, dies ist die Entstehung des Nichtwissens, dies ist die Vernichtung des Nichtwissens, dies ist der zur Vernichtung des Nichtwissens führende Pfad. So erkannte ich in Wahrheit.

Hier geht das Nichtwissen ohne eine Spur oder einen Abglanz zu hinterlassen zugrunde. So erkannte ich in Wahrheit. Und endlich:

Dies sind die Handlungen eines früheren Lebens, dies ist die Entstehung der Handlungen eines früheren Lebens, dies ist die Vernichtung der Handlungen eines früheren Lebens, und dies ist der zur Vernichtung der Handlungen eines früheren Lebens führende Pfad. So erkannte ich in Wahrheit.

Dies ist das Erwachen des Bewußtseins, dies ist die Entstehung des Bewußtseins, dies ist die Vernichtung des Bewußtseins, und dies ist der zur Vernichtung des Bewußtseins führende Pfad. So erkannte ich in Wahrheit.

Dies sind die geistigen und materiellen Elemente, dies ist die Entstehung, dies die Vernichtung der geistigen und materiellen Elemente, und dies ist der zur Vernichtung der geistigen und materiellen Elemente führende Pfad. So erkannte ich in Wahrheit.

Dies sind die sechs Sinnesorgane, dies ist die Entstehung der sechs Sinnesorgane, dies ist die Vernichtung der sechs Sinnesorgane, und dies ist der zur Vernichtung der sechs Sinnesorgane führende Pfad. So erkannte ich in Wahrheit.

Dies ist der Kontakt des Bewußtseins, dies ist die Entstehung des Bewußtseinkontakts, dies ist die Vernichtung des Bewußtseinkontakts, und dies ist der zur Vernichtung des Bewußtseinkontakts führende Pfad. So erkannte ich in Wahrheit.

Dies ist die Empfindung von Eindrücken, dies ist die Entstehung der Empfindung von Eindrücken, dies ist die Vernichtung der Empfindung von Eindrücken, und dies ist der zur Vernichtung der Empfindung von Eindrücken führende Pfad. So erkannte ich in Wahrheit.

Dies ist das Hervortreten der Triebe, dies ist die Entstehung der Triebe, dies ist die Vernichtung der Triebe, und dies ist der zur Vernichtung der Triebe führende Pfad. So erkannte ich in Wahrheit.

Dies ist das Streben nach Sinnenbefriedigung, dies ist die Entstehung des Strebens nach Sinnenbefriedigung, dies ist die Vernichtung des Strebens nach Sinnenbefriedigung, und dies ist der zur Vernichtung des Strebens nach Sinnenbefriedigung führende Pfad. So erkannte ich in Wahrheit.

Dies ist die Lebenslust, dies ist das Entstehen der Lebenslust, dies ist die Vernichtung der Lebenslust, und dies ist der zur Vernichtung der Lebenslust führende Pfad. So erkannte ich in Wahrheit.

Dies ist die Geburt, dies ist die Entstehung der Geburt, dies ist die Vernichtung der Geburt, und dies ist der zur Vernichtung der Geburt führende Pfad. So erkannte ich in Wahrheit.

Dies ist das Alter, dies ist die Entstehung des Alters, dies ist die Vernichtung des Alters, und dies ist der zur Vernichtung des Alters führende Pfad. So erkannte ich in Wahrheit.

Dies ist der Tod, dies ist die Entstehung des Todes, dies ist die Vernichtung des Todes, und dies ist der zur Vernichtung des Todes führende Pfad. So erkannte ich in Wahrheit!

Dies sind Wehklage, Leid, Trübsinn und Unruhe. Und so entsteht diese große Sammelstätte reinen Leidens, bis es einmal eine Vernichtung gibt. So erkannte ich in Wahrheit!

Derart gelangte der Bodhisattva in der letzten Wache der Nacht, zu der Zeit, als die Morgenröte sich zeigte und die Nacht dem Schlafe am günstigsten war, zur allerhöchsten vollkommenen Erleuchtung und erreichte das dreifache Wissen: die Erinnerung an die früheren Geburten, die Einsicht in die Zukunft und den Einblick in die Entstehung und Vernichtung des Leidens.

Da sprachen die Götter: „Streut Blumen herab, Verehrte, der Erhabene ist zur Erleuchtung erwacht!"

Einige der Göttersöhne, die dort zusammengekommen waren, aber hatten die früheren Buddhas gesehen und sprachen: „Streut keine Blumen, Verehrte, bis der Erhabene ein Zeichen seiner Macht an den Tag legt. Die früheren vollkommenen Erleuchteten haben auch durch ein besonderes Zeichen ihre übernatürliche Macht bewiesen."

Als nun der Pfadvollender erkannte, daß die Göttersöhne unschlüssig waren, erhob er sich bis auf die Höhe von sieben Palmen in die Luft und tat dort oben folgenden begeisterten Ausspruch:

„Abgeschnitten ist der Weg! Gelegt hat sich der Staub! Ausgetrocknet fließen die Ströme der Sünde nicht mehr! Und, da ich ihm den Weg abgeschnitten habe, ist das Ende des Leidens da!"

Merkwürdige Geschehnisse in Kapilavastu
Des Bodhisattvas ehemalige Gemahlin gebiert einen Sohn

Zu der Zeit, als der Bodhisattva das höchste Wissen verwirklichte, fiel Mara, dem Bösen, der Bogen aus der Hand, seine Banner stürzten zur Erde, und seine Paläste erbebten. Mara mit den vielen Millionen seiner Sippschaft wurde ärgerlich und haßerfüllt. Er hob sich von dort hinweg, begab sich in die Stadt Kapilavastu und sprach zu allen Leuten:

„Der Bodhisattva Schakyamuni hat Aszese geübt, ist dann auf den Diamantthron gestiegen und hat jetzt, auf einer Streu von Gras sitzend, dem Leben entsagt."

Als König Schuddhodana, die Palastbewohner, die Menge der Beamten und das Volk diese Worte hörten, wurden sie sehr bekümmert, und ihr Herz war wie von Feuer verzehrt. Und alle Leute in der Stadt dachten an die hervorragenden Eigenschaften des Bodhisattva, vor allem Gopa und die beiden anderen Hauptgemahlinnen, die sich, von Trauer zerrissen, zu Boden stürzten. Man beträufelte ihr Antlitz mit Wasser, und nach geraumer Zeit kamen sie wieder zu sich. Sie weinten bitterlich, schluchzten und vermochten nicht, von sich aus innezuhalten. Die Dienerinnen ermahnten sie, flehten um Mäßigung, bedauerten und trösteten sie unaufhörlich in vielfacher Weise.

Die Götter reinen Glaubens aber bemerkten diese Lügen Maras und wußten dann, daß der Pfadvollender die wunderbare Erleuchtung verwirklicht hatte. Sie freuten sich sehr und verkündeten: „Erfahrt alle, daß Schakyamuni dem Leben nicht entsagt hat, sondern jetzt die allerhöchste Erleuchtung verwirklicht!"

Als König Schuddhodana, dessen Angehörige und die Bürger der Stadt Kapilavastu diese Worte gehört hatten, tanzten sie vor übergroßer Freude. Gopa aber wurde auf die Kunde, der erhabene Bodhisattva habe die höchste Erleuchtung verwirklicht, so überaus froh, daß sie einen Sohn gebar. Gleichzeitig wurde auch dem Fürsten Dronodana ein Sohn geboren, und es herrschte eine Mondfinsternis. König Schuddhodana war über diese Fülle von glücklichen Geschehnissen hocherfreut und zufrieden. Er ließ in der Stadt den Befehl ergehen, alle Tonscherben zu beseitigen, den Erdboden mit sandelduftendem Wasser zu besprengen, an Wegkreuzungen Weihrauchgefäße aufzustellen, Wohlgerüche aller Art zu brennen und Seidenbänder, Fahnen und Schirme aufzuhängen. Die Straßen und Wege ließ er mit frischen, reinen Blüten überdecken und an den vier Stadttoren und auf den Hauptstraßen Spendeplätze einrichten. Dann versammelte er die Aszeten, Brahmanen, Sektierer, Brahmanenschüler, Armen, Waisen, Schmarotzer, Bettler usw. zu einer Beschenkung am östlichen Stadttore und spendete allen. Und ebenso tat er am südlichen, westlichen und nördlichen Tore und in der Stadt auf den Hauptstraßen.

Dann rief er die Beamten zusammen, um für Gopas Sohn einen Namen zu bestimmen. Eine Frau seines Harems aber trat vor und sprach ehrerbietig zu dem König: „Als der Knabe geboren wurde, verhüllte der Dämon Rahu den Mond, darum soll man dem Knaben den Namen Rahula geben!"

Gleichzeitig verteilte auch der Fürst Dronodana aus Freude über seinen Sohn in ähnlicher Weise Geschenke, versammelte seine Verwandten zur Namensbestimmung und befragte sie, wie der Knabe heißen solle. Die Verwandten antworteten: „Am Geburtstage des Knaben herrschte bei allen Leuten in der Stadt Kapilavastu eitel Freude. Darum soll man ihn Ananda, d. h. Freude, nennen!"

Damals aber betrachtete König Schuddhodana den Rahula und sprach: „Dieser Knabe ist nicht von meinem Sohne, dem Schakyamuni, gezeugt." Als Gopa diese Worte des Königs hörte, erschrak sie aufs höchste, nahm Rahula in ihre Arme und begab sich zu einem Teich, wo der Bodhisattva dereinst zu baden pflegte. Dort gab es einen großen Stein, mit dem der Bodhisattva Kraftübungen zu machen und zu spielen geliebt hatte. Sie setzte Rahula auf diesen Stein, legte die Hände zusammen und sprach den feierlichen Schwur: „Wenn dieser Knabe ein leiblicher Sohn des Bodhisattva ist, soll er in dem Teiche seine Rettung finden und nicht untergehen. Wenn er es aber nicht ist, soll er, ins Wasser gestürzt, untergehen!" Nachdem sie dieses Gelöbnis getan hatte, hob sie den Stein mit Rahula darauf in die Höhe und warf beide in den Teich. Da schwamm der Stein auf dem Wasser und Rahula saß mitten im Wasser oben auf dem Stein und trieb, der Strömung nach, hin und her, gleich einem leichten Watteflöckchen auf einem Strome.

Als König Schuddhodana davon hörte, staunte er sehr, begab sich an der Spitze eines Gefolges von Beamten an das Ufer jenes Teiches und sah den Rahula auf dem Steine sitzen und im Wasser umhertreiben. Er freute und ergötzte sich an dem Anblick, stieg dann selbst in den Teich und nahm den Rahula in seine Arme. Da versank sogleich der Stein. Schuddhodana aber kehrte in den Palast zurück und zog den Knaben mit vervielfachter Liebe auf.

Thaṅka 4 – Lesung der tibetischen Beischriften siehe S. 252 ff.

6

7

8

5

4

9

3

2

13

1

12

10

11

17

14

18

15

19

16

Thaṅka 4 – Lesung der tibetischen Beischriften siehe S. 252ff.

6

7

8

5

4

9

3

2

13

1

12

10

11

17

14

18

15

19

16

Die Erleuchtung

Die Himmelskönige überreichen dem Buddha ihre Schalen

AUS DER LEHR- UND WANDERZEIT DES BUDDHA

DIE EREIGNISSE BALD NACH DER ERLEUCHTUNG

Die ersten Wochen

Indessen saß der vollkommen Erleuchtete, der Pfadvollender da, ohne die in Meditationshaltung verschränkten Beine zu lockern, während ihm Preisgesänge der Götter erklangen. Er zuckte nicht mit den Lidern und sah unverwandt zu dem herrlichen Baume auf. Die Freude der Versenkung war seine Nahrung. Glücksgefühl durchströmte alle seine Glieder, und so verbrachte er eine ganze Woche am Fuße des Baumes der Erleuchtung.

In der zweiten Woche nach der Erleuchtung machte der Pfadvollender eine Wanderung, welche viele tausend Welten umfaßte.

In der dritten Woche betrachtete er, unverwandt und ohne zu blinzeln, den Ring der Erleuchtung und dachte dabei: Hier bin ich zur allerhöchsten Erleuchtung erwacht und habe dem Leiden von Geburt, Alter und Tod, das kein Aufhören und kein Beginnen kennt, ein Ende gemacht.

In der vierten Woche unternahm der Pfadvollender einen kleinen Spaziergang, der sich vom östlichen bis zum westlichen Ozean erstreckte.

In der fünften Woche hielt er sich bei der Behausung des Schlangenkönigs Mutschilinda auf. Während der ganzen Woche aber herrschte ein schlimmes Unwetter, und da kam der Schlangenkönig Mutschilinda aus seinem Hause heraus, wand sich in einem siebenfachen Ring um den Körper des Pfadvollenders und überdachte ihn mit seinen Hauben. Denn er sagte sich: Der kalte Wind soll den Körper des Erhabenen nicht angreifen.

Und aus der östlichen, südlichen, westlichen und nördlichen Himmelsgegend kamen viele andere Schlangenkönige herbei, umwanden den Körper des Pfadvollenders mit einem siebenfachen Ringe und überdachten ihn mit ihren Hauben, indem sie sich sagten: Der kalte Wind soll dem Körper des Erhabenen nichts anhaben.

Dieser Kranz von Schlangenleibern und Hauben aber ragte in die Höhe wie der Meru, der König der Berge. Und die Schlangenfürsten hatten niemals zuvor solch Glücksgefühl erlangt wie während dieser sieben Tage und Nächte durch die unmittelbare Berührung mit dem Körper des Pfadvollenders.

Als die sieben Tage vorüber waren und die Schlangen erkannten, daß das Unwetter zu Ende war, wanden sie ihre Ringe vom Körper des Pfadvollenders los, verbeugten sich tief, bis hinab auf seine Füße, umwandelten ihn ehrerbietig dreimal und kehrten in ihre Behausungen zurück. Ebenso tat auch der Schlangenkönig Mutschilinda.

In der sechsten Woche begab sich der Pfadvollender von der Wohnung des Mutschilinda bis zum Fuße des Feigenbaums eines Ziegenhirten. Auf diesem Wege aber, am Ufer des Flusses Nairandschana, sahen Wanderer, umherziehende Aszeten und andere Sektierer den Pfadvollender und frugen ihn: „Hast du, erhabener Gautama, das sieben Tage dauernde Unwetter glücklich überstanden?"

Da tat zu eben dieser Zeit der Pfadvollender den begeisterten Ausspruch: „Selig ist die Einsamkeit für den Zufriedenen, der die Lehre gehört hat und sehend geworden ist! Selig ist der Verzicht auf Gewalttaten hier auf Erden für den, der alle Lebewesen schont! Beseligend in dieser Welt ist die Leidenschaftslosigkeit und die Überwindung der Sünden. Diese bedeuten im Reiche der Menschen das höchste Glück!"

Und es sah der Pfadvollender die Welt entflammt und verzehrt von Geburt, Alter, Krankheiten, Tod, Kummer, Wehklage, Leid, Trübsinn und Unruhe. Und darum tat er noch den feierlichen Ausspruch: „Dies Dasein besteht ganz und gar aus Qualen, die durch Gehör, Gefühl, Geschmack, Gesicht und Geruch vermittelt werden. Es ist von Gefahren bedroht, denn in ihrem Durst nach Lebenslust laufen die Menschen den Schrecken des Daseins in immer höherem Grade entgegen!"

Die Kaufleute Trapuscha und Bhallika bieten dem Buddha zu essen an

In der siebenten Woche weilte der Pfadvollender am Fuße des Baumes Tarayana. Zu eben dieser Zeit aber zogen die Kaufleute Trapuscha und Bhallika, zwei Brüder, die aus dem Norden von Indien stammten, mit mannigfachen Waren aus dem Süden in ihre Heimat zurück. Sie waren beide kluge und geschickte Kaufleute und hatten großen Gewinn gemacht. Mit einer riesigen Karawane von fünfhundert wohlgefüllten Karren waren sie auf dem Wege.

Den beiden gehörten auch zwei rassige Stiere namens Sudschata und Kirti, die vor keiner Last zurückschreckten. Wo die andern Stiere nicht zogen, da spannte man sie an; und auch, wenn sie eine Gefahr vor sich liegen sahen, standen sie wie an einen Pfahl gebunden. Die beiden wurden daher nicht mit dem Stachelstock angetrieben, sondern mit einer Hand voll Lotusblumen oder einem Jasmingewinde.

In der Nähe des Baumes Tarayana aber wurden alle Wagen plötzlich durch den Willen einer Baumgottheit, die in einem Dattelpalmenwald wohnte, angehalten und konnten nicht weiter. Riemen und alle Wagenteile rissen oder brachen auseinander. Die Räder der Wagen sanken bis an die Deichsel in die Erde, und trotz aller Bemühungen konnte man die Wagen nicht von der Stelle bringen. Die Kaufleute waren erstaunt, gerieten in Furcht und dachten: Was kann denn die Ursache dafür sein, und was für ein ungewöhnlicher Umstand mag hier vorliegen, daß die Wagen auf freiem Felde stehenbleiben? Und sie spannten die beiden Stiere Sudschata und Kirti vor. Aber auch diese zogen nicht an, auch als sie mit einer Hand voll Lotusblumen und dem Jasmingewinde angetrieben wurden. Da kam den Kaufleuten der Gedanke: Ohne Zweifel gibt es irgendeine Gefahr auf dem Wege vor uns, da auch diese beiden nicht ziehen. Und sie sandten berittene Boten auf Kundschaft voraus. Diese kamen aber zurück und meldeten, es liege keine Gefahr vor.

Endlich zeigte sich die Baumgottheit in eigener Gestalt und rief den Kaufleuten ermunternd zu, sie brauchten keine Furcht zu haben. Und sogleich zogen die beiden Stiere die Wagen an und brachten sie bis vor den Pfadvollender.

Und die Kaufleute sahen den Pfadvollender, der wie Feuer leuchtete, mit den zweiunddreißig Zeichen eines großen Mannes geschmückt war und von Glanz strahlte wie die eben aufgegangene Sonne. Sie staunten und dachten: Ist vielleicht Brahma hierhergekommen; oder ist es Schakra, der Götterkönig; der Himmelskönig Vaischravana oder der Sonnen- oder Mondgott, oder endlich eine Berg- oder Flußgottheit?

Da ließ der Pfadvollender seine braunroten Gewänder sehen, und sie sprachen: „Es ist einer, der in die Heimatlosigkeit gezogen ist, denn er hat braunrote Gewänder an. Von dem haben wir nichts zu fürchten!"

Dann wurden sie vertrauensvoll und sprachen zueinander: „Sicherlich ist es für den Heimatlosen an der Zeit zu essen. Haben wir irgend etwas für ihn? Und sie überlegten: Wir haben da einen Honigimbiß und geschälte Zuckerrohrstengel. Und sie holten diese, begaben sich zum Pfadvollender, verbeugten sich mit dem Kopf bis auf seine Füße, umwandelten ihn dreimal feierlich und stellten sich beiseite hin. Dann sprachen sie zum Pfadvollender: „Erweise uns, o Erhabener, die Gnade, diese Speise entgegenzunehmen!"

Da überlegte der Pfadvollender: Es würde nicht recht angebracht sein, wenn ich diese Speise mit den Händen entgegennähme. Womit haben die früheren, vollkommen erleuchteten Pfadvollender so etwas entgegengenommen? Und er erkannte: Mit einer Schale.

Die Himmelskönige spenden dem Buddha eine Schale

Zu der Zeit merkten die vier großen Himmelskönige, daß die Essenszeit des Erhabenen gekommen war. Und im Augenblick kamen sie herbei, begaben sich jeder mit einer goldenen Schale zum Pfadvollender und sprachen: „Möge der Erhabene so gnädig sein, diese goldenen Schalen von uns entgegenzunehmen!" Der Pfadvollender aber dachte: Solche Schalen schicken sich nicht für einen Aszeten und nahm sie nicht an. Dann reichten ihm die Himmelskönige in derselben Weise nacheinander Schalen aus Silber, aus Katzenauge, aus Bergkristall, aus Koralle, aus Smaragd und schließlich vier ganz aus Edelsteinen bestehende Schalen. Und immer wieder dachte der Pfadvollender: Solche Schalen schicken sich nicht für einen Aszeten und nahm sie nicht an.

Dann erwog der Pfadvollender weiter: Mit welcher Art von Schalen haben die früheren Heiligen und vollkommen erleuchteten Pfadvollender so etwas entgegengenommen? Und er erkannte: Mit Schalen aus Stein!

Zu der Zeit sprach der Himmelskönig Vaischravana zu den drei andern großen Königen: „Wir haben doch vier Schalen aus Stein, die uns einst von den Nilakayika-Göttern geschenkt wurden. Als wir damals beabsichtigten, uns ihrer zu bedienen, sagte ein Nilakayika-Göttersohn namens Vairotschana zu uns: ‚Eßt nicht aus diesen Schalen, sondern bewahrt sie in einem Heiligtum auf, denn einst wird es einen Weltbesieger namens Schakyamuni geben, dem übergebt die Schalen.' Jetzt ist die Zeit und der Augenblick gekommen, o Freunde, dem Schakyamuni die Schalen zu überreichen! Laßt uns ihm unter dem Klang der Gesänge und den Tönen der Musikinstrumente die Schalen übergeben und unsere Ehrerbietung bezeigen!"

Darauf nahmen die vier großen Könige die Schalen in die Hände und begaben sich, ein jeder begleitet von seiner Dienerschaft und seinem Gefolge, mit Blumen, Weihrauch, Wohlgerüchen, Kränzen und Salben, unter dem Klang der Musikinstrumente und dem Schall von Gesängen, zum Pfadvollender. Sie bezeigten ihm ihre Ehrerbietung und überreichten dann die mit himmlischen Blumen gefüllten Schalen.

Da überlegte der Pfadvollender: Nun überreichen mir die vier Großkönige fromm und vertrauensvoll vier Steinschalen. Es schickt sich aber nicht, daß ich vier Schalen benutze, und wenn ich die Schale nur eines von ihnen entgegennähme, würden die andern drei mißgestimmt sein. Deswegen will ich alle vier Schalen annehmen und sie dann in eine Schale verwandeln.

Und der Pfadvollender nahm gnädig eine Schale von dem Großkönig Vaischravana entgegen und ebenso von den drei anderen Himmelskönigen. Dann aber formte er alle vier durch die Kraft seines Willens zu einer einzigen und tat dabei den feierlichen Ausspruch: „Weil ich in einem früheren Dasein mit Früchten gefüllte wertvolle Schalen hingegeben habe, schenken mir heute diese vier mächtigen Götter je eine prächtige Schale."

Der Buddha erkrankt. Mara will ihn zum Sterben überreden. Schakra bringt eine heilende Frucht

Als die vier Himmelskönige und die beiden Kaufherrn diese Strophe gehört hatten, freuten sie sich sehr, verbeugten sich bis auf die Füße des Buddha und gingen davon. Der Erhabene aber nahm die

Steinschale, sprengte, wie es sich gebührt, am Ufer der Nairandschana etwas Wasser auf den Boden, kehrte unter den Baum der Erleuchtung zurück, nahm die Schale und wusch sie. Da aber saurer Reisschleim, dicke Milch, Reiswasser und Honig von Natur aus kalt sind, hatte der Erhabene unter Blähungen zu leiden.

Mara sah, daß der Buddha unter kalten Blähungen litt, trat hinzu, verneigte sich mit dem Scheitel bis auf die Füße des Buddha und sprach ehrerbietig zu ihm: „Erhabener, die Zeit deines Hinscheidens ist gekommen. Warum willst du noch lange auf Erden weilen? Du solltest bald ins Nirwana eingehen!" Der Erhabene aber erkannte die Tücken Maras und antwortete ihm: „Ich gehe nicht ins Nirwana ein, Mara, du Böser! Denn ich habe noch keine Schüler, die so einsichtig und weise sind, daß sie, wenn jemand sie fragt, dem Gesetze gemäß antworten, fremde Lehrmeinungen glatt zu Boden schlagen und das wahre Gesetz fest begründen! Bis nicht alle vier Klassen der Gemeinde, Mönche, Nonnen, Laienjünger und Laienjüngerinnen, die Bewohner des Himmels, der Unterwelt und aller zehn Himmelsgegenden meine Lehre im ganzen Umfange verstehen, einen keuschen Wandel üben und über die Erkenntnis verfügen, gehe ich nicht ins Nirwana ein!" Als Mara diese Worte des Buddha vernahm, ärgerte er sich tief und verschwand von jener Stelle.

Schakra, der Götterkönig, aber bemerkte, daß Buddha, der Erhabene, an Blähungen litt. Er begab sich hinab ins Land des Rosenapfelbaumes, in ein abgelegenes Myrobalanenwäldchen. Hier nahm er eine schöne, duftende, wohlschmeckende runde Myrobalanenfrucht und eilte zum Aufenthaltsort des Buddha. Dort verbeugte er sich tief, bis hinab auf dessen Füße, stellte sich beiseite hin und sprach ehrerbietig zum Buddha: „Ich habe bemerkt, daß der Erhabene an innerlichen Blähungen leidet, darum habe ich diese Myrobalanenfrucht besorgt und biete sie jetzt ehrerbietig zum Geschenk dar. Wenn man diese Frucht ißt, hören die Blähungen auf. Darum möge der Erhabene gnädigst dieses Heilmittel von mir annehmen!" Und wirklich: kaum hatte der Erhabene die Frucht zu sich genommen, da genas er von seinem Leiden.

DIE ERSTE PREDIGT

Der Buddha will zunächst seine neue Erkenntnis für sich behalten

Als der Pfadvollender bald nach der vollkommenen Erleuchtung einsam und zurückgezogen am Fuße des Baumes Tarayana weilte, kam ihm in Hinsicht auf alle die, welche dem Treiben der Welt folgen, dieser Gedanke:

Tief ist fürwahr der Lehrbegriff, den ich gewonnen habe und zu dem ich erwacht bin. Er ist still, ruhig, erloschen, erhaben, schwer zu schauen, schwer zu verstehen, nicht durch Scharfsinn allein zu erfassen und liegt außerhalb des Bereiches der bloßen Spekulation.

Er ist wahrhaft edel, nur Einsichtigen und Weisen verständlich, enthebt aller Sünden, ist noch nie erklärt oder mitgeteilt worden und macht alle Erklärungen zunichte. Er ist das höchste Ziel, kennt keinen Hang zu Sinnenfreuden, ist tiefe Versenkung, ohne Haften, ohne Neigung zum Dasein, nicht erfaßt und nicht unterweisbar, ist ohne Unruhe, geht über den Bereich der sechs Sinne hinaus, ist ohne Vergleich, ohne verschiedene Möglichkeiten, nicht auszudrücken, ohne Rufen, ohne Lärm, ohne lautes Sprechen, ohne Beispiel, ohne Widerstreben, übertrifft jede Stütze, ist Ruhe, Abschneiden aller Elemente des Daseins, ist Leere, Wahrnehmungslosigkeit, Hinschwinden des Lebensdurstes, ist Leidenschaftslosigkeit und Vernichtung, ist das Nirwana!

Wenn ich diesen Lehrbegriff nun andern verkünden sollte, so möchten sie ihn vielleicht verstehen, und das würde mich ermüden, vergeblich anstrengen, und würde eine Lehrunterweisung zu unpassender Gelegenheit sein. Darum will ich mich nicht besonders bemühen, sondern schweigen und warten.

Brahma will den Buddha zur Verkündung der Lehre bewegen

Und zur selben Zeit entließ der Pfadvollender aus dem Innern seines Intelligenzflöckchens einen Lichtstrahl, und infolge dieses Strahles wurden alle die vieltausend Welten von Goldglanz durchdrungen.

Und der flechtentragende große Brahma, der oberste Herr über viele Tausende von Welten, erkannte durch die Macht des Buddha selbst die Überlegung, welche der Vollendete bei sich im Geiste angestellt hatte, und daß der Erhabene beschlossen hatte, sich nicht besonders zu bemühen und darum die Lehre nicht zu verkünden. Und es kam ihm der Gedanke: Dann muß ich mich selbst zu dem Pfadvollender begeben und ihn bitten, das Rad der Lehre in Bewegung zu setzen.

Damals sprach der große Brahma zu den andern Göttern seines Bereiches: „O Freunde, diese Welt ist der Vernichtung und dem gänzlichen Verderben preisgegeben! Denn der Pfadvollender ist wohl zur allerhöchsten, vollkommenen Erleuchtung erwacht, hat aber beschlossen, sich nicht besonders zu bemühen, und will darum die Lehre nicht verkünden. Wir müssen uns jetzt zu ihm begeben und ihn bitten, das Rad der Lehre in Bewegung zu setzen."

Der Buddha läßt sich dreimal bitten, bevor er einwilligt

Dann begab sich der große Brahma an der Spitze eines Gefolges mehrerer Millionen von Göttern seiner Klasse zum Pfadvollender, verbeugte sich tief, bis hinab auf dessen Füße, legte die Hände ehrerbietig zusammen und sprach zu ihm: „O Erhabener, diese Welt geht zugrunde und ist dem Verderben preisgegeben, da der Pfadvollender wohl zur allerhöchsten Erleuchtung erwacht ist, aber beschlossen hat, sich nicht besonders zu bemühen und darum die Lehre nicht zu predigen! Möge der Erhabene, der Wohlgegangene, sich anders entschließen! Es gibt doch auch Wesen von guten Eigenschaften, wohl zu unterrichten, fähig, ausgezeichnet und imstande, den Sinn der Worte des Erhabenen zu verstehen!"

Und der Pfadvollender gab Brahma durch Schweigen ein Zeichen seiner Gewogenheit; denn er empfand Mitleid und wollte aller Welt samt Göttern, Menschen und Dämonen eine Gunst erweisen. Brahma aber erkannte, weil der Vollender schwieg, seine Einwilligung, überstreute ihn mit himmlischem Sandelpulver und zerriebenem Aloeholz und hob sich hinweg, von Freude und Entzücken ganz erfüllt.

Doch der Vollendete wollte dem Licht der Lehre besondere Achtung verschaffen und beabsichtigte, für den großen Brahma durch mehrfaches Wiederholen der Bitte, die Wurzeln des Guten fortzuentwickeln. Darum stellte er in Hinsicht auf die Erhabenheit und Tiefe des Gesetzes, als er wieder allein, einsam und zurückgezogen dasaß, ein zweites Mal folgende Überlegung an:

Tief, fürwahr, ist der Lehrbegriff, zu dem ich erwacht bin. Er ist subtil, sinnvoll, schwer zu verstehen, nicht durch Scharfsinn allein zu erfassen, gehört nicht in das Reich des bloßen Verstandes, ist nur Einsichtigen und Weisen verständlich, wird angefeindet von aller Welt, ist schwer zu schauen, entfernt allen Hang nach Sinnenfreuden, ist die Befriedung aller Unruhe, das Abschneiden aller Dunkelheit, ist Leere, Wahrnehmungslosigkeit, Hinschwinden des Lebensdurstes, ist Leidenschaftslosigkeit und Vernichtung, ist das Nirwana! – Wenn ich diesen Lehrbegriff andern verkünden würde, so möchten sie mich nicht verstehen, und das würde für mich höchst mißlich sein. Deshalb will ich mich darum nicht besonders bemühen und warten.

Und wiederum erkannte der große Brahma, daß der Vollendete derart überlegte, begab sich zum Götterkönig Schakra und sprach zu ihm: „Denke dir, o Kauschika, der Pfadvollender, der Heilige, der vollkommen Erleuchtete, hat beschlossen, sich nicht besonders zu bemühen, und will die Lehre nicht verkünden! O diese Welt wird vernichtet werden! O sie wird vollständig zugrunde gehen und in das Dunkel gänzlicher Unwissenheit stürzen! Darum laß uns den Pfadvollender, den Heiligen, den vollkommen Erleuchteten, bitten, sich zu bemühen und das Rad der Lehre doch in Bewegung zu setzen! Denn nur, wenn sie darum gebeten werden, setzen die Vollendeten das Rad der Lehre in Bewegung!"

„Gut, Freund", sagte Schakra, und als die Nacht vorübergegangen war, begaben sich Schakra, Brahma, die Erd- und Luftgottheiten, die vier großen Himmelskönige und die verschiedensten Götter aller Klassen zum Pfadvollender. Und von ihrer himmlischen Schönheit und ihrem göttlichen Glanz erstrahlte der ganze Fuß des Baumes Tarayana. Angekommen, verbeugten sich die Götter mit dem Kopf bis auf die Füße des Pfadvollenders, umwandelten ihn feierlich und stellten sich beiseite hin.

Und dann legte der Götterkönig Schakra die Hände bittend vor der Brust zusammen, verneigte sich vor dem Pfadvollender und pries ihn mit der Strophe: „Steh auf, Sieger im Kampf, enthülle die Leuchte der Erkenntnis im Dunkel der Welt, da dein Geist erlöst ist und dem Vollmond gleicht, der aus dem Rachen des verschlingenden Dämons befreit worden ist."

Als Schakra ihn so anredete, schwieg der Vollendete.

Und der große Brahma sprach zum Götterkönig Schakra: „Nicht so, wie du es getan hast, o Kauschika, bittet man die Pfadvollender, die Heiligen, die vollkommen Erleuchteten, das Rad der Lehre in Bewegung zu setzen!"

Und dann warf der flechtentragende große Brahma das Obergewand auf die eine Schulter, senkte das rechte Knie auf den Erdboden nieder, verbeugte sich mit zusammengelegten Händen vor dem Vollendeten und sprach die Strophen:

„Durst quält alle Geschöpfe, o großer Mönch, und sehnsüchtig warten sie alle auf das Wasser des Gesetzes, über das du verfügst. Darum sättige ihr Verlangen durch einen Regen des Gesetzes und tränke sie, wie eine Wolke die durstige Erde tränkt!

Schon lange irren die Menschen hilflos in diesem Dasein umher, das ein dornenreiches Dickicht schlechter Lehren ist. Verkünde ihnen darum den dornenlosen, den rechten Pfad, damit sie ihm folgen und die Unsterblichkeit erlangen!

Führerlos, wie sie waren, sind die Wesen in den Abgrund der Blindheit gestürzt, aus dem kein anderer sie herausziehen kann. Entschließe du dich darum und rette die in den tiefen Abgrund Gestürzten, denn du bist der Starke, der Weise!

Nur selten ist es möglich, mit einem Mann wie du zusammenzutreffen, o Mönch. In langen Zwischenräumen, dann und wann, gleich

Udumbarablüten, erscheinen die Sieger und Führer auf der Erde. Doch jetzt ist der Augenblick gekommen, o Herr, jetzt erlöse die Wesen!"

Da überblickte der Vollendete die ganze Welt mit dem Buddhaauge und sah Wesen von niedrigem, mittlerem und hohem Können; überragende, zurückbleibende und mittelmäßige; solche von guten Qualitäten, gut zu läuternde und solche von schlechten Qualitäten, schlecht zu läuternde, leichtbegreifende und solche, die lange Erklärungen nötig haben: daneben solche, die sich an das bloße Wort klammern. Er sah drei Klassen von Wesen, die eine dem Irrtum hingegeben, die andere dem Wahren, die dritte keinem von beiden. Es war so, wie wenn ein Mann am Ufer eines Lotusteiches steht und die im Wasser aufwachsenden Blüten betrachtet, von denen einige sich unter der Oberfläche des Wassers befinden, einige in Höhe des Wasserspiegels und einige oberhalb desselben.

Ebenso überschaute der Vollendete mit dem Buddhaauge die ganze Welt und erblickte die aus drei Klassen sich zusammensetzenden Wesen.

Da überlegte der Pfadvollender: Soll ich die Lehre predigen oder nicht? Der Teil der Wesen, der dem Irrtum verbunden ist, wird sicherlich die Lehre nicht verstehen, und der Teil, welcher der Wahrheit verbunden ist, wird die Lehre ebenso sicher verstehen. Aber was den Teil angeht, der keinem von beiden fest verbunden ist, der wird die Lehre verstehen, wenn ich sie predige, und nicht verstehen, wenn ich sie nicht predige.

Und da faßte den Vollendeten tiefes Mitleid zu den Wesen dieser nach keiner Seite festgelegten Klasse, und er sprach, sowohl weil er es nun selbst als richtig erkannt hatte, als auch, weil er das Flehen des großen Brahma bemerkte, zu diesem die Strophe: „Die Tore der Unsterblichkeit sind nun, o Brahma, auf immer geöffnet für alle die welche Ohren haben zu hören. Bald werden alle Wesen in Magadha die Predigt hören und die Gläubigen, die nicht mehr auf Missetaten sinnen, durch dies Tor eintreten!"

Da erkannte der große Brahma, daß der Vollendete seiner Bitte willfahrte, war höchst erfreut, neigte sein Haupt tief hinab, bis auf die Füße des Vollendeten, und hob sich von dannen.

Zu eben dieser Zeit jubelten die Gottheiten der Erde den Gottheiten des Luftraumes laut zu und riefen: „Heute, o Freunde, hat der Pfadvollender, der Heilige, der vollkommen Erleuchtete, versprochen, das Rad der Lehre in Bewegung zu setzen! Das wird zum Heil und zum Glück für viele Menschen dienen, zur Gnade für die Welt, zum Nutzen für eine große Menge Volks, zum Heil und zum Glück für Götter und Menschen! Vermindern werden sich, o Freunde, die Scharen der Dämonen, die Scharen der Himmlischen werden zunehmen, und viele Wesen auf dieser Welt werden zum vollständigen Nirwana gelangen."

Der Buddha überlegt, wem er zuerst predigen soll

Und der Vollendete hatte getan, was zu tun ist, ausgeführt, was ausgeführt werden mußte, hatte alle Fesseln zerschnitten, alle bösen Leidenschaften herausgerissen, Schmutz und Sünden ausgestoßen und Mara, seinen Feind, niedergeschlagen. Er war in die Lehrmethoden aller Buddhas eingedrungen, war allwissend, allsehend, mit den zehn Kräften ausgestattet, hatte die vier Vollkommenheiten erreicht, die achtzehn besonderen Eigenschaften der Buddhas voll entwickelt und war mit den fünf Augen (dem fleischlichen, dem göttlichen, dem der Weisheit, dem des Buddha und dem allseitigen) ausgestattet. So betrachtete er mit seinem Buddhaauge, das kein Hindernis hemmt, die ganze Welt und dachte: Wem soll ich zuerst von allen die Lehre predigen? Welches Wesen ist rein, von guten Eigenschaften, gut zu leiten, für Belehrung empfänglich, leicht zu läutern, gering an Leidenschaft, Haß und Verblendung, von offensichtlicher Erkenntniskraft, das nur, weil es die wahre Lehre noch nicht gehört hat, verlorengeht? Solch einem Wesen will ich zuerst von allen die Lehre predigen. Denn wer das von mir gepredigte Gesetz versteht, der wird mir auch keine Ungelegenheiten bereiten.

Und weiter überlegte der Pfadvollender: Rudraka Ramaputra ist rein, von guten Eigenschaften und für Belehrung empfänglich. Er unterweist seine Schüler in der Methode, sich in die Sphäre jenseits von Bewußtsein und Nicht-Bewußtsein zu versenken. Wo hält sich dieser jetzt auf? Und er erkannte: Er ist heute vor sieben Tagen gestorben. Und gleichzeitig fielen Gottheiten zu seinen Füßen nieder und bestätigten: „So ist es, o Erhabener, so ist es, o Wohlgegangener! Heute vor sieben Tagen ist Rudraka Ramaputra gestorben." Da dachte der Vollendete: Es ist ein großer Verlust für Rudraka Ramaputra, daß er gestorben ist, ohne meine erhabene Lehre gehört zu haben. Er hätte sie gehört und verstanden und würde mir auch, wenn ich sie ihm als erstem hätte predigen können, keine Ungelegenheiten bereitet haben.

Und weiter erinnerte sich der Vollendete in derselben Weise an Arada Kalapa und überlegte: Wo mag sich der jetzt befinden? Und er erkannte, daß jener vor drei Tagen gestorben war.

Der Buddha entscheidet sich für die „edlen Fünf"

Dann fiel dem Vollendeten ein: Da gibt es doch die „edlen Fünf", die mir zur Seite standen, als ich den aszetischen Wandel übte. Die werden meine Lehrunterweisung verstehen und mir kein Hindernis in den Weg legen. Und er beschloß: Ja, ich will den „edlen Fünf" als ersten das Gesetz predigen. Dann aber dachte er: Wo weilen sie jetzt wohl? und überblickte mit dem Buddhaauge die ganze Welt. Da sah er, daß sie sich zu Benares im Gazellenhain Rischipatana aufhielten. Und der Pfadvollender bekräftigte nochmals: Fürwahr, ich will den „edlen Fünf" als ersten von allen das Gesetz predigen! Die werden auch als erste von allen meine Lehrunterweisung verstehen, weil sie einen guten Lebenswandel führen, weil sie gelehrt und von reinen Eigenschaften sind, weil sie nach dem Pfad der Erlösung streben und sich von den irdischen Fesseln freigemacht haben!

Der Buddha trifft auf dem Wege nach Benares mit einem Bettelaszeten zusammen

Nachdem der Vollendete diese Erwägungen angestellt hatte, stand er aus dem Ring der Erleuchtung auf und zog im Reiche Magadha von Ort zu Ort, bis ihn sein Weg in das Gebiet von Benares brachte.

Unterwegs sah ihn ein Bettelaszet von fern kommen, trat an ihn heran und begab sich an seine Seite. Von diesem Platze aus tauschte dann der Aszet zunächst verschiedene Begrüßungsworte mit dem Pfadvollender aus und sagte anschließend: „Deine Sinne, o ehrwürdiger Gautama, sind klar, und deine Hautfarbe ist rein, sauber und goldig glänzend. Gleich einer Brustbeere im Herbst, die von gelber Farbe, leuchtend und goldglänzend ist, gleich der Ansatzfläche einer reifen, eben vom Stiel gefallenen Palmfrucht, die auch goldglänzend, rein und lauter ist, gleich einem Halsschmuck aus edlem Gold, den ein geschickter Schmied in den Schmelzofen gebracht, gut bearbeitet und auf ein weißes Tuch gelegt hat und der dann sehr schön aussieht, rein, geläutert, goldglänzend und überaus strahlend ist, ebenso sind deine Sinne, ehrwürdiger Gautama, klar, ist die Farbe deiner Haut rein und dein Gesicht lauter. Bei wem, o ehrwürdiger Gautama, bist du als Schüler in die Lehre gegangen?"

Der Pfadvollender antwortete ihm darauf mit der Strophe: „Ich habe keinen Lehrer, und es gibt niemanden, der mir gleicht. Als einzelner bin ich zur Erleuchtung gelangt, habe die tiefste Versenkung erreicht und bin ohne alle Leidenschaften."

Der Bettelaszet sagte: „Dann gibst du dich, o Gautama, also als ein Heiliger aus?"

Der Pfadvollender antwortete: „Fürwahr, ich bin ein Heiliger hier auf Erden und ein unübertrefflicher Meister! Auf der ganzen Welt, samt Göttern, Dämonen und halbgöttlichen Wesen gibt es niemanden, der mir gleicht!"

Jener sprach: „Dann gibst du dich, o Gautama, auch für einen Sieger aus?"

Der Pfadvollender antwortete: „Als Sieger anzusehen sind Wesen meinesgleichen, die das Schwinden der bösen Neigungen erreicht haben. Ich habe alle Sünden besiegt und bin deswegen in Wahrheit ein Sieger."

Jener sagte: „Wohin, o Gautama wirst du jetzt gehen?"

Der Pfadvollender antwortete: „Nach Benares werde ich gehen und dort, in der Stadt der Kaschis, der blinden Welt ein unvergleichliches Licht anzünden. Nach Benares werde ich gehen und dort, in der Stadt der Kaschis, für die Welt, die des Gehörs beraubt ist, die Trommel der Unsterblichkeit schlagen. Nach Benares werde ich gehen und dort, in der Stadt der Kaschis, das Rad der Lehre in Bewegung setzen, das auf Erden unaufhaltsam dahinrollt."

Der Bettelaszet sprach: „Tue so, Gautama", wandte sich nach Süden und ging fort. Der Pfadvollender aber zog nach Norden gewandt weiter.

In Gaya lud der Schlangenkönig Sudarschana den Vollendeten zum Verweilen und zum Mahle ein. Von dort aus begab sich der Pfadvollender nach Rohitavastu, von dort nach Uruvilvakalpa, von dort nach Anala, von dort nach der Stadt Sarathi. Und an allen diesen Orten wurde er von den Haushaltern zum Essen und zum Übernachten eingeladen. So kam er allmählich an das Ufer der Ganga.

Die Überquerung der Ganga

Damals aber führte dieser große Strom Hochwasser und flutete bis an die höchsten Ufer hinauf. Und der Pfadvollender wollte sich ans andere Ufer übersetzen lassen und begab sich zu einem Fährmann, Dieser sagte: „Zahle erst das Fährgeld! Gautama!" „Freund, ich habe kein Fährgeld", antwortete der Vollendete und schwebte durch die Luft auf das andere Ufer. Als der Fährmann das sah, wurde er von höchster Reue erfüllt und dachte: Einen derart Verehrungswürdigen habe ich nicht übergesetzt! Und mit den Worten: „O Elend!" fiel er ohnmächtig zu Boden.

Später berichtete der Fährmann diesen Vorgang dem König Bimbisara, und dieser hob, auf die Nachricht hin, von da ab das Fährgeld für alle umherziehenden Aszeten auf.

Die Begegnung mit den „edlen Fünf"

Nach und nach kam der Pfadvollender auf seiner Wanderung über Land in die Nähe der Stadt Benares. Als er dort angelangt war, kleidete er sich bei Tagesanbruch an, nahm Schale und Obergewand und ging auf Bettelgang in die Stadt. Nach dessen Beendigung nahm er seine Mahlzeit, aß und wandte sich zurück. Darauf begab er sich weiter zum Gazellenhain Rischipatana, zu den „edlen Fünf". Diese sahen ihn von weitem her kommen und trafen miteinander die Verabredung: „Da kommt ja der ehrwürdige Aszet Gautama, der jetzt ungezügelt und üppig dahinlebt und vom Weltverzicht abgefallen ist. Früher hat er Aszese geübt und selbst da nicht vermocht, aus übermenschlichen Fähigkeiten heraus eine besondere, höhere Erkenntnis zu verwirklichen. Wieviel mehr ist er jetzt dazu unfähig, wo er seinen Bauch mit Speise füllt und sich einem Prasserleben hingibt. Fürwahr, er lebt ungezügelt und üppig, daher soll ihm keiner entgegengehen oder vor ihm aufstehen, keiner ihm Schale und Obergewand abnehmen, einen Sitz anweisen, oder ihm Wasser oder eine Fußbank geben. Die nicht gebrauchten Sitzgelegenheiten aber stellt beiseite hin, und wenn er sie findet, sagt ihm: ‚Dies sind unbenutzte Sitze, ehrwürdiger Gautama, wenn du einen davon begehrst, setze dich nur'." Der ehrwürdige Adschnata Kaundinya pflichtete dieser Verabredung innerlich nicht bei, wagte aber nicht, dagegen zu sprechen.

Die „edlen Fünf" werden zu Mönchen ordiniert

Doch je mehr sich der Pfadvollender den Fünfen näherte, desto unwohler fühlten sie sich auf ihren Sitzen. Sie bekamen Lust aufzustehen, und es war genau so, wie wenn unter dem Käfig eines eingesperrten Vogels ein Feuer angezündet wird und dieser Vogel, von der Glut gequält, Verlangen trägt, schnell auf- und davonzufliegen. Ebenso fühlten sich die Fünf, je weiter der Vollendete herankam, mehr und mehr auf ihren Sitzen beunruhigt und trugen Verlangen aufzustehen. Denn es gibt ja kein körperliches Wesen, das angesichts des Pfadvollenders sitzen bleiben könnte. Und je näher der Vollendete herankam, desto weniger konnten sie seinen Glanz und seine Majestät ertragen. Sie gerieten auf ihren Sitzen in Unruhe, brachen schließlich ihr Übereinkommen und erhoben sich. Der eine ging dem Vollendeten entgegen, der andere nahm ihm Schale und Gewand ab, der dritte brachte gar einen Sitz herbei, der vierte einen Fußschemel, der fünfte endlich reichte ihm Wasser zum Füßewaschen und sprach: „Willkommen, ehrwürdiger Gautama, nimm Platz auf dem hier für dich bereitgestellten Sitz!“ Und der Pfadvollender setzte sich auf den angebotenen Sitz. Dann tauschten die Fünf mit dem Erhabenen einige freundliche Worte aus, setzten sich an seine Seite und sprachen zu ihm: „Deine Sinne, o ehrwürdiger Gautama sind klar, und deine Hautfarbe ist rein, hast du, o ehrwürdiger Gautama, auf Grund übermenschlicher Fähigkeiten eine besondere, höhere Erkenntnis verwirklicht?“

Der Pfadvollender antwortete: „Benennt, o Mönche, den Pfadvollender nicht mit dem Titel ‚Ehrwürdiger‘. Das gereicht euch zu keinem Nutzen, Heil und Glück für die ferne Zukunft. Ich habe die Unsterblichkeit verwirklicht und den Weg gefunden, der zur Unsterblichkeit führt. Ich bin der Erleuchtete, der Allwissende, der Allsehende, bin zur Ruhe gelangt und von Sünde frei. Ich gebiete über alle Lehr-Erkenntnisse und werde euch die Lehre predigen. Eilt herbei, lauscht, merkt auf und leiht euer Ohr! Ich will euch mahnen und unterweisen, auf daß auch ihr, richtig belehrt und unterrichtet, die Sündenbefreiung des Herzens wie des Verstandes erlebt, die rechte Lehre erreicht und verkünden könnt: ‚Zu Ende ist für uns die Geburt, der heilige Wandel vollbracht und getan, was zu tun war. Hinfort werden wir niemals zu neuem Dasein geboren werden!‘“

Dann wiederholte der Erhabene den Fünfen die Gedanken und Verabredungen, welche sie bei seinem Herannahen gehabt und getroffen hatten, und schloß mit der Aufforderung: „Kommt, Mönche!“ Und sogleich verschwanden alle Merkmale und Abzeichen ihrer bisherigen Sektenangehörigkeit; sie trugen plötzlich die drei Mönchsgewänder und die Almosenschale, und ihre Haare waren geschoren. Ihr Benehmen glich dem eines seit hundert Jahren ordinierten Mönchs. So geschah gleichzeitig ihr Eintritt in den Orden, ihre Weihe und ihr Mönchstum.

Darauf fielen die Fünf zu Füßen des Vollendeten nieder, bekannten ihre Fehler, nahmen ihn als Lehrer an und bezeigten ihm ihre Liebe, lautere Zuneigung und Achtung. Und ganz von Ehrerbietung erfüllt, rüsteten sie dem Pfadvollender das Bad in einem prächtigen Lotusteich.

Der Buddha wird noch einmal zur Lehrverkündung aufgefordert

Nach dem Bade setzte sich der Pfadvollender furchtlos wie ein Löwe auf einen Sitz, die Beine in Meditationshaltung verschränkend. Und die fünf Mönche verbeugten sich tief, bis hinab auf seine Füße, und ließen sich vor ihm nieder.

Zu dieser Zeit aber strahlte der Körper des Vollendeten einen derartigen Glanz aus, daß die vieltausend Welten dadurch mit einem mächtigen Schein erfüllt wurden.

Und in diesem Augenblick fühlte kein einziges Wesen Bedrängnis, Schrecken, Furcht oder Verstocktheit. Es wurde unmöglich, das Licht, das von Sonne und Mond, von Schakra, Brahma und den Welthütern ausging, zu unterscheiden. Und alle die Wesen, die in die Höllen, in Tierleiber oder in die Welt der Hungergespenster gelangt waren, empfanden in diesem Augenblick keine Qualen mehr und waren ganz von Glück erfüllt. Und niemanden bedrängte Leidenschaft, Haß, Verblendung, Eifersucht, Neid, Stolz, Wut, Erregtheit, Zorn, Übelwollen oder Ärger. Und alle waren darauf bedacht, Liebes und Freundliches zu tun, und betrachteten einander wie Vater und Mutter.

Damals aber kamen von Osten, Süden, Westen und Norden, von oben und unten, aus allen zehn Himmelsrichtungen viele Millionen von Bodhisattvas, die in einer früheren Geburt den Wunsch zur Buddhaschaft ausgesprochen hatten, herbei, fielen zu Füßen des Pfadvollenders nieder und baten ihn, das Rad der Lehre in Bewegung zu setzen. Und ebenso taten Schakra, Brahma, die Welthüter und alle die vielen anderen vornehmen Götter, die sich in den vielen tausend Welten befinden, und sie sprachen: „Setze das Rad der Lehre in Bewegung, o Erhabener, setze das Rad der Lehre in Bewegung, o Wohlgegangener! Zum Heil und zum Glück für viele Leute, aus Mitleid mit der Welt, zum Nutzen für eine große Menge Volks, zum Heil und zum Glück für Götter und für Menschen! Bringe dar, o Erhabener, das Opfer des Gesetzes, laß herabströmen den Regen des großen Gesetzes, errichte seine Standarte, blase seine Muschel und schlage seine Trommel!"

Und zu dieser Zeit überreichte der Bodhisattva Dharmatschakrapravartin dem Pfadvollender das Rad der Lehre, das ganz mit Edelsteinen eingelegt und verschönt war. Es war mit prächtigem Schmuck aus verschiedenartigen Juwelen verziert, hatte tausend Speichen, tausend Strahlen, hatte Achse und Radkranz. Blumengirlanden, Netze aus Gold, Glöckchennetze und mehrere Glückssymbole schmückten es. Es war bunt bemalt, mit himmlischen Stoffen verschönt, duftete von himmlischen Blumen, Wohlgerüchen und Kränzen, war gesalbt und mit den besten Eigenschaften aller Art versehen.

Die Lehre vom mittleren Pfade und die vier heiligen Wahrheiten

In der ersten Wache der Nacht verhielt sich der Pfadvollender noch schweigend. In der zweiten Nachtwache hielt er ein erbauliches Gespräch, in der letzten Nachtwache aber wandte er sich feierlich an die edlen Fünf mit den Worten:

„Zwei Extreme gibt es, ihr Mönche, von denen sich der in die Heimatlosigkeit Gezogene fernhalten muß. Erstens: sich hinzugeben an die Sinnenlüste. Das ist niedrig, gemein, gewöhnlich, unedel, zwecklos, macht Zucht, Demut, Leidenschaftslosigkeit, Erlöschen, höhere Einsicht, Erleuchtung und Nirwana zunichte. Das zweite Extrem ist: Selbstkasteiung zu betreiben. Das ist leidvoll, zwecklos, voll Pein in der Gegenwart und bewirkt Qualen in künftigen Geburten.

Diese beiden extremen Pfade, o Mönche, beschreitet der Pfadvollender nicht, sondern predigt die Lehre vom mittleren Pfade. Und dieser ist: rechtes Sehen, rechtes Denken, rechtes Reden, rechtes Handeln, rechtes Leben, rechtes Streben, rechte Erinnerung und rechte Versenkung.

Und es gibt, ihr Jünger, vier heilige Wahrheiten: die Wahrheiten vom Leiden, von der Entstehung des Leidens, von der Vernichtung des Leidens und von dem Pfade, der zur Vernichtung des Leidens führt.

Und was ist Leiden? Alter ist Leiden, Krankheit ist Leiden und auch Tod ist Leiden. Mit Ungeliebten vereint zu sein, von Geliebten getrennt zu sein, erfolgloses Wünschen und Verlangen, auch das sind Leiden. Kurz: die fünf Grundlagen aller sinnlichen Regungen sind Leiden!

Und was ist die Entstehung des Leidens? Es ist die durstige Gier, die immer wieder zu neuem Dasein drängt, die von Freude und Lust begleitet ist und bald hier, bald dort sich vergnügt. Das ist die Entstehung des Leidens!

Und was ist die Vernichtung des Leidens? Es ist die restlose Aufhebung der Leidenschaft und die Vernichtung eben dieser durstigen Gier, die von Dasein zu Dasein führt, die von Freude und Leidenschaft begleitet ist, die bald hier, bald dort sich vergnügt, die hervorbringt und wieder vergehen macht. Das ist die Vernichtung des Leidens!

Und was ist der zur Vernichtung des Leidens führende Pfad? Es ist der edle achtgliedrige Weg: rechtes Sehen, rechtes Denken, rechtes Reden, rechtes Handeln, rechtes Leben, rechtes Streben, rechte Erinnerung und rechte Versenkung. Dies ist die edle Wahrheit von dem Pfade, der zur Vernichtung des Leidens führt! Das sind, ihr Mönche, die vier edlen Wahrheiten!

Und ich erkannte: Dies ist das Leiden, dies ist die Entstehung des Leidens, dies ist die Vernichtung des Leidens, dies ist der Pfad, der zur Vernichtung des Leidens führt.

Nun ist das Leid von mir genau erkannt, der Entstehung des Leidens ein Ende gemacht, die Vernichtung des Leidens verwirklicht und der zur Vernichtung des Leidens führende Pfad befolgt!

So wurde mir dadurch, o Mönche, daß ich mir Beziehungen, von denen man früher nie gehört hatte, von Grund auf und wiederholt vor Augen stellte, die höhere Erkenntnis zuteil. Es ging mir das Auge auf, es entstand mir das Wissen, die umfassende Einsicht, die Weisheit und die Unterscheidung. Helles Licht wurde mir offenbar, und ich konnte von mir aus sagen: ‚Ich bin zur allerhöchsten, vollkommenen Erleuchtung erwacht; aufgegangen ist mir die übernatürliche Erkenntnis, aufgehört hat für mich die Geburt, vollbracht ist der züchtige Wandel, erfüllt meine Aufgabe, und niemals werde ich zu neuem Dasein wiedergeboren werden'."

DIE BEKEHRUNG DER KASCHYAPAS

Der Buddha besucht Uruvilvakaschyapa

Damals gab es einen Sektenstifter namens Uruvilvakaschyapa. Er war hundertundzwanzig Jahre alt und hatte fünfhundert Schüler. In einem Wäldchen am Ufer des Flusses Nairandschana verweilte er und trieb aszetische Übungen. Alle Leute im Lande Magadha aber schätzten, achteten und ehrten ihn, sahen ihn für einen höchst verdienstvollen Mann an, und er erschien ihnen als ein Heiliger. Und der Buddha beschloß, um Kaschyapa das erhabene Gesetz zu predigen und alle Leute des höchsten Gewinnes teilhaft werden zu lassen, sich an die Nairandschana zu dem Aufenthaltsort jenes zu begeben. Er tat so, und Uruvilvakaschyapa sah den Erhabenen von weit her und richtete für ihn einen Sitz zu. Und als der Buddha angelangt war und sich gesetzt hatte, begrüßte er ihn mit den Worten: „Willkommen, großer Aszet, lange Zeit habe ich deinen Besuch nicht empfangen!" Und sie fragten einander nach dem Ergehen: „Ist der Ehrwürdige wohlauf?" und setzten sich einander gegenüber.

Der Buddha bezwingt einen Giftdrachen

Und der Buddha wandte sich an Kaschyapa: „Sei so gut, mir in deinem Feuertempel ein Plätzchen zu gewähren, wo ich die Nacht verbringen kann." Kaschyapa antwortete: „Das kann ich leider nicht; denn in jenem steinernen Tempel haust ein großer Giftdrache, und ich fürchte, er würde dir etwas zuleide tun." Der Buddha sprach: „Ich werde den Drachen des Tempels bestimmen, mir nichts Böses zu tun." Kaschyapa antwortete: „Wenn der Drache dir nichts zuleide tut, großer Aszet, dann nimm nach Gefallen dort Platz." Und der Erhabene wusch zur Zeit der ersten Nachtwache seine Hände und Füße und betrat den

Feuertempel. Wie gewöhnlich breitete er eine Streu aus und setzte sich mit verschränkten Schenkeln nieder. So meditierte er auf rechte Weise und rührte sich nicht.

Der Drache aber sah den Erhabenen von weitem, wurde von Zorn gepackt und spie giftigen Rauch. Doch der erhabene Buddha ließ mit Hilfe seiner übernatürlichen Kräfte ebenfalls Rauch aus seinem Munde hervorquellen und hüllte damit jenen giftigen Rauch ein. Als der Giftdrache das sah, setzte er in wildem Grimm seinen ganzen Körper in Flammen und ließ Feuer daraus hervorbrechen. Doch der Erhabene trat, weil er jenen Giftdrachen bezwingen wollte, in die Versenkung „Feuerglanz" ein, ließ an seinem ganzen Körper ebenfalls Flammen hervorbrechen, und ein wildes Feuer loderte in jenem Steintempel auf.

Zu der Zeit, es war um die mittlere Nachtwache, kam Kaschyapa aus seiner Hütte hervor, um nach den Sternen zu schauen. Da sah er den steinernen Tempel in Flammen stehen und dachte: O Jammer, o Jammer, der große Aszet Gautama, der eine so herrliche Erscheinung war, hat meine Worte nicht befolgt und wird jetzt vom Feuer des giftigen Drachen zu Asche verbrannt! Und er befahl allen seinen Schülern, Wasser zu holen, das Feuer zu löschen und den großen Aszeten zu retten.

Der Erhabene erkannte Kaschyapas Gedanken und entschloß sich, um jenen Giftdrachen zu unterwerfen, noch einmal in die Versenkung einzutreten. Er brachte vielfachen Feuerschein hervor und löschte damit das Feuer des Giftdrachen aus, ohne aber dessen Körper zu verletzen. Und als der Giftdrache die verschiedenen Arten von Feuer sah, erschrak er heftig, begab sich zum Platze des Buddha, kroch in seine Almosenschale hinein und blieb darin mit zusammengerolltem Körper liegen. Als der Erhabene sah, daß der Drache bezwungen war, erhob er sich aus der Meditation, nahm die Schale und begab sich hinweg zu Kaschyapas Aufenthaltsort. Kaschyapa sah ihn kommen und fragte: „Du bist am Leben geblieben, großer Aszet?!" Der Erhabene antwortete: „Ich habe mich nicht stören lassen!" Kaschyapa fragte: „Was hast du da in deiner Almosenschale?" Der Erhabene antwortete: „Das ist der Giftdrache, den du fürchtetest. Ich habe ihn bezwungen, und nun steckt er in dieser Schale." Als Kaschyapa das sah, dachte er: Der Aszet Gautama besitzt gewaltige Tugendkräfte, da er dergleichen vermag. Doch auch ich bin ein großer Heiliger.

Der Buddha läßt Feuer verlöschen und wieder aufflammen

Weiterhin weilte der Erhabene in einem Walde bei dem Dorfe, wo Uruvilvakaschyapa wohnte. Von den fünfhundert Schülern Kaschyapas aber hatte jeder drei Feuerstätten zu unterhalten und mit Opfern zu versehen, insgesamt gab es also eintausendfünfhundert Feuerstätten. Eines Morgens nun beabsichtigten die fünfhundert Schüler dort zu opfern. Doch als sie die Feuer entzündeten, brannte keines an. Die Schüler wunderten sich über diesen Vorfall, begaben sich zu Kaschyapa und berichteten ihm: „Wir wollten heute die Feuerstätten bedienen, doch ließen sie sich nicht in Brand setzen."

Als Kaschyapa das hörte, dachte er: Weil der große Aszet, der über so wunderbare Kräfte verfügt, sich hier in der Nähe aufhält, werden die entzündeten Feuer nicht anbrennen. Und er begab sich zum Erhabenen, berichtete ihm von dem Ereignis und teilte ihm seine Vermutung mit.

Der Buddha sprach zu ihm: „Möchtest du, daß die Feuer jetzt brennen?" Kaschyapa bejahte, und sogleich flammten die Feuerstätten alle miteinander auf und standen in hellem Feuer. Als Kaschyapa dies sah, dachte er: Der Aszet Gautama besitzt gewaltige Fähigkeiten, da er derartiges vermag. Doch auch ich bin ein Heiliger!

Die vier Himmelskönige lauschen der Predigt des Buddha

Einst kamen die vier Himmelskönige um Mitternacht herbei, um den Buddha zu besuchen. Ihre Körper leuchteten wie vier feurige Berge, und sie verbeugten sich mit dem Scheitel tief hinab, bis auf die Füße des Buddha, und setzten sich dann beiseite hin.

Uruvilvakaschyapa aber, der in der Nacht nach dem Lauf der Gestirne Ausschau halten wollte, bemerkte vier Feuersäulen vor dem Buddha, deren Licht weithin drang. Und er dachte: Dieser große Aszet vollzieht genau wie wir die Feueropfer, darum sieht man die vier Feuersäulen an seiner Seite. Und am nächsten Morgen suchte Uruvilvakaschyapa den Erhabenen auf und sprach ehrfurchtsvoll zu ihm: „Gestern nacht, als ich nach den Sternen schaute, bemerkte ich Feuerschein vor dem großen Aszeten. Und ich dachte: Dieser große Aszet vollzieht genau wie wir die Feueropfer. Ist es so?“

Der Buddha antwortete: „Kaschyapa, ich vollziehe keine Feueropfer. Gestern nacht aber kamen die vier Himmelskönige zu meinem Aufenthaltsort, um die Predigt zu hören, von daher rührte dieser Glanz. Es gab keinerlei anderen Feuerschein.“

Da dachte Uruvilvakaschyapa wiederum: So gewaltige übernatürliche Fähigkeiten besitzt dieser große Aszet! Doch auch ich bin ein Heiliger!

Der Buddha erkennt die Gedanken und Wünsche Uruvilvakaschyapas

Wieder weilte der Erhabene in dem Wäldchen, wo Uruvilvakaschyapa zu lehren pflegte. Damals aber wollten die Leute aus dem Lande Magadha ihre große Zusammenkunft abhalten, und es war klar, daß sie sich im Verlauf der Versammlungswoche alle zum Aufenthaltsort des Uruvilvakaschyapa begeben würden, um ihm große Ehren zu erweisen. Als die Zeit herannahte, überlegte Kaschyapa: Wenn die Leute aus dem Lande Magadha mich hier besuchen und bemerken, daß der Aszet Gautama über derartige übernatürliche Kräfte verfügt, werden sie mich sicherlich verlassen und jenem folgen. Es wäre gut, wenn er während dieser Zeit nicht hier weilte.

Der Erhabene erkannte Kaschyapas Gedanken, verbarg seinen Körper und machte sich unsichtbar. Und die Leute des Landes Magadha verehrten Kaschyapa während der ganzen Zeit, so daß er in reichem Maße Unterhaltsmittel gewann. Als alle sich wieder zerstreut hatten, überlegte Kaschyapa: In den vergangenen sieben Tagen habe ich alles, was ich brauche, in reichem Maße bekommen; wenn jetzt der große Aszet hierher käme, würde ich ihm ein Ehrengeschenk geben.

Der Erhabene wußte um die Gedanken Kaschyapas und machte sich wieder sichtbar. Kaschyapa sah ihn von ferne, überlegte und sprach ihn an mit den Worten: „Großer Aszet, bist auch du wieder da?“ Der Buddha antwortete ihm: „Ich bin wieder da.“ Kaschyapa fragte: „Warum bist du in den vergangenen sieben Tagen weggegangen?“ Der Buddha antwortete: „Hast du nicht, Kaschyapa, damals gedacht, es sei gut, wenn ich nicht hier sein würde, sobald die Leute aus Magadha kämen? Ich habe deine Gedanken erkannt und mich deshalb während der Woche nicht hier aufgehalten.“ Kaschyapa sprach weiter: „Wenn du meine Gedanken erkannt hast und darum weggegangen bist, warum kommst du denn jetzt hierher zurück?“ Der Buddha antwortete: „Hast du nicht eben wieder überlegt: Ich habe nun die Gaben, die ich brauche, erhalten; wenn nun der große Aszet hierher käme, würde ich ihm ein Ehrengeschenk machen? Ich habe diese deine Überlegung erkannt und bin deswegen zurückgekommen.“ Kaschyapa sprach: „Fürwahr, o großer Aszet, das waren meine Gedanken.“ Und dann wandte er sich ehrerbietig an den Buddha und sprach: „Großer Aszet, bitte bediene dich nach Gefallen aller Getränke und Speisen hier!“ Gleichzeitig aber dachte er wiederum: Solche gewaltige, unausdenkbare Kräfte besitzt dieser große Aszet! Doch auch ich bin ein Heiliger!

Der Buddha gebietet über Raum und Zeit

Einst kam Kaschyapa herbei und bat den Erhabenen: „Großer Aszet, bitte, komme zu Besuch zu uns, wir werden dich ordnungsgemäß mit dem Notwendigen versehen.“ Der Erhabene sagte durch Schweigen zu. Darauf richtete Uruvilvakaschyapa eigenhändig eine Schale her, bereitete Trank und Speise, suchte den Erhabenen auf und sprach zu ihm: „Aszet, Speise und Trank sind bereit; bitte, wenn es dir gefällig ist.“ Der Erhabene antwortete dem Kaschyapa: „Geh nur vorauf, ich werde schon nachkommen!“

Und nachdem Kaschyapa gegangen war, begab sich der Erhabene mit Hilfe seiner übernatürlichen Kräfte zu einem Rosenapfelbaum, nahm von dessen duftenden, schönen Früchten, füllte seine Schale reichlich und begab sich zum Wohnort Kaschyapas. Hier nahm er auf einem Sitze Platz.

Kaschyapa kam erst später an, erblickte den Erhabenen und fragte ihn: „Großer Aszet, du bist früher hierhergekommen?" Jener antwortete: „Ich bin es!" Kaschyapa fragte weiter: „Großer Aszet, was hast du dort für Dinge in der Schale?" Der Buddha sagte: „Nachdem du mich eingeladen hattest und fortgegangen warst, begab ich mich durch die Kraft der Versenkung zu einem Rosenapfelbaum, nahm diese Früchte und kam hierher. Aussehen und Duft der Früchte ist schön, wenn du sie essen möchtest, nimm sie!" Kaschyapa sagte: „Bitte, großer Aszet, iß nur selbst nach Belieben davon." Abermals aber dachte Uruvilvakaschyapa: Solch große Wunderkräfte und Fähigkeiten besitzt dieser große Aszet! Doch auch ich bin ein Heiliger!

Der Götterkönig läßt für den Buddha einen Quell hervorsprudeln

Wieder verweilte der Erhabene in dem Wäldchen, in dem Uruvilvakaschyapa seine Übungen abhielt. Und einst bereitete Kaschyapa mit eigener Hand Speise zu und begab sich auf den Weg, um sie dem Buddha anzubieten. Der Erhabene aber hatte sein Gewand angelegt, die Schale genommen, sich einen Sitz hergerichtet und gesetzt. Als Kaschyapa den Buddha sitzen sah, nahm er dessen Schale, füllte sie mit erlesenen Speisen und bot sie dem Buddha eigenhändig dar. Der Erhabene nahm die Speisen, begab sich an einen anderen Platz und aß sie. Dann brauchte er Wasser, und sogleich erkannte der Götterkönig Schakra, daß der Buddha Wasser benötigte, begab sich zu ihm, klopfte mit dem Finger auf den Erdboden, und siehe, ein sprudelnder Quell floß dahin.

Später kam Kaschyapa vorbei, sah die Wasser des Quells dahinfließen und dachte: Lange wohne ich schon hier und habe noch nie diesen Quell bemerkt. Woher mag heute so plötzlich dies Wasser kommen? Und er begab sich zum Erhabenen und befragte ihn, wer es bewirkt haben könnte. Der Buddha antwortete ihm: „Als ich gestern von dir Trank und Speise erhalten hatte, setzte ich mich nieder, um mein Mahl zu nehmen. Darauf fehlte es mir an Wasser. Dies erkannte der Götterkönig Schakra, kam schnell herbei, schlug mit dem Finger auf den Boden, und ein strömender Quell brach sprudelnd hervor; daher rührt dieses Quellwasser." Da dachte Kaschyapa wiederum: Derartige übernatürliche, kaum ausdenkbare Kräfte besitzt dieser große Aszet! Doch auch ich bin ein Heiliger!

Der Buddha wandelt ruhig durch tosende Fluten

Einst begab sich der Erhabene hinüber zu einer Insel im Flusse Nairandschana. Gerade als er das Wasser durchschritt, schwoll dieses aber plötzlich an, so daß es den Kopf eines jeden Menschen überflutet hätte. Der Erhabene befand sich mitten im Wasser; doch auf allen vier Seiten blieben die Fluten vor ihm stehen, und ruhig schritt der Pfadvollender hindurch.

Kaschyapa bemerkte den Vorgang von weitem und dachte: Der große Aszet besitzt derartige hervorragende Kennzeichen, jetzt aber treibt ihn das Wasser dahin. Und er bestieg mit seinen Schülern ein kleines Boot und fuhr auf den Fluß. Da sah er, daß der Erhabene sich mitten im Strom befand, daß aber dort, wo er wandelte, die Fluten zurücktraten. Er fragte: „Großer Aszet, bist du noch am Leben?" Der Erhabene antwortete: „Kaschyapa, mein Leben ist nicht bedroht." Kaschyapa sagte: „Großer Aszet, möchtest du nicht in dieses Boot steigen?" Da erschien der Erhabene mit Hilfe seiner übernatürlichen Kräfte plötzlich unbemerkt auf dem Boot. Als Kaschyapa dies wahrnahm, dachte er wiederum: Derartig gewaltige übernatürliche Kräfte besitzt dieser große Aszet! Doch auch ich bin ein Heiliger!

Uruvilvakaschyapa wird bekehrt

Damals wuße der Erhabene, was Uruvilvakaschyapa bei sich dachte, und sprach: „Kaschyapa, du bist weder schon zu einem Heiligen herangereift, noch im Begriff, ein Heiliger zu werden, ja du kennst nicht einmal den Weg, wie man ein Heiliger wird!" Als Kaschyapa diese Worte hörte, dachte er: Der große Aszet Gautama kennt meine tiefsten Gedanken, und dann legte er die Hände zum Buddha gewandt zusammen und sprach ehrerbietig: „Goßer Aszet, bitte, laß mich nach deinem Gesetz und deiner Ordenszucht Schüler werden, laß mich in den Orden eintreten, die Weihen empfangen und ein Mönch sein. Und weise mich an, nach der Lehre des großen Aszeten den züchtigen Wandel zu üben!" Der Erhabene sprach: „Wissen deine Schüler denn, daß du in den Orden einzutreten wünschest?" Kaschyapa antwortete: „Keiner weiß etwas davon!" Da sprach der Erhabene: „Dein Ruf ist weit verbreitet, alle kennen die Vollkommenheit deiner Weisheit, darum mußt du es deinen Schülern mitteilen; wenn sie dir beistimmen, tu ganz, wie es dir gefällt."

Die fünfhundert Schüler Uruvilvakaschyapas treten in den Orden ein

Als Kaschyapa die Worte des Buddha gehört hatte, begab er sich zu seinem bisherigen Wohnort und sprach zu seinen Schülern: „Wisset, ich beabsichtige jetzt in die Lehre des großen Aszeten Gautama einzutreten und die Weihen zu erhalten. Was wollt ihr nun tun?" Da sprach die ganze Schar ehrerbietig zu ihm: „Wir haben unsere Studien von Anfang an im Anschluß an dich, unseren Lehrer, betrieben; wenn du nun wegziehst, werden wir dir folgen und ebenfalls den züchtigen Wandel üben." Kaschyapa antwortete: „Wenn ihr mir folgen wollt, werft die Tigerfelle, Bastgewänder, Bettelstäbe und Opfergefäße alle in die Nairandschana, sonst geht fort, wohin es euch beliebt!"

Als die Schüler dies gehört hatten, warfen sie alles, was sie an Gegenständen wie Kleidern und Opfergefäßen besaßen, in die Nairandschana.

Dann kehrten sie zu Kaschyapa zurück und sprachen: „Alles, was du uns wegzuwerfen befahlst, haben wir von uns geschleudert, was soll nun geschehen? Gib uns nur, bitte, Anweisung!" Da suchte Uruvilvakaschyapa mit seinen fünfhundert Anhängern den Buddha auf und sprach: „Großer Aszet, ich habe meine Schüler in Kenntnis gesetzt, und alle haben mir zugestimmt. Nun bitte ich dich, mich in das gute Gesetz und die Ordenszucht einzuführen, mich aufzunehmen und mir die Weihen zu erteilen, so daß ich zum Mönch werde!"

Es bekehren sich auch die Brüder Uruvilvakaschyapas mit ihren Schülern

Uruvilvakaschyapa aber hatte zwei Brüder namens Nadikaschyapa und Gayakaschyapa. Jeder von diesen hatte zweihundertfünfzig Schüler, und sie führten ehemals am Ufer der Nairandschana ein züchtiges Leben und einen zurückgezogenen Wandel. Nadikaschyapa hielt sich stromabwärts an der Nairandschana auf und sah eines Tages auf dem Flusse Tigerfelle, Bastgewänder, Bettelstöcke, Opferschalen usw. von den Fluten heruntergeschwemmt werden. Bei diesem Anblick dachte er und seine Begleiter: Was mag unsern Mitbüßern für Böses zugestoßen sein, daß diese Dinge herangeschwemmt werden? Wurden sie von einem Könige bedrängt, von Räubern überfallen, von einer Feuersbrunst betroffen oder von Wasserfluten vernichtet? Sie sind unsere Mitbüßer, darum müssen wir sie aufsuchen und diese Dinge erkunden. Und Nadikaschyapa und Gayakaschyapa suchten den Ort auf, wo Uruvilvakaschyapa als Aszet gelebt hatte.

Als sie in die Nähe kamen, sahen sie, daß Uruvilvakaschyapa den gelben Mantel trug und sein Haar geschoren hatte. Er saß auf der einen Seite des großen Aszeten und hörte das herrliche Gesetz. Nachdem sie das gesehen hatten, sprachen sie zu Uruvilvakaschyapa: „Ehrwürdiger, übertrifft diese Lehre vom Eintritt in die Heimatlosigkeit deine frühere Lehre?" Jener antwortete: „Sie tut es." Da dachten Nadikaschyapa und Gayakaschyapa: Dieser große Aszet verfügt über mächtige übernatürliche Kräfte. Er muß auch eine überaus herrliche und vortreffliche Lehre besitzen. Wenn es nicht so wäre, wie würde dann der betagte Uruvilvakaschyapa – der über gute Taten aus früherem Leben verfügt und über hundertzwanzig Jahre alt ist, zu dem die Leute aus dem Lande Magadha ehrend aufsehen, den die große Menge einen Heiligen nennt – jetzt seine ursprüngliche Lehre aufgeben, sich an den großen Aszeten anschließen, in seinen Orden eintreten und seine Lehre befolgen? Da müssen auch wir so handeln. – In diesem Gedanken legten sie die Hände vor der Brust zusammen, verneigten sich tief, bis hinab auf die Füße des Buddha, und sprachen: „Erlaube, bitte, daß wir in die Lehre und Zucht des großen Aszeten eintreten, die Weihen empfangen und Mönch werden! Gestatte uns, nach der Lehre des großen Aszeten ein züchtiges Leben zu üben!"

Die erste Predigt des Buddha

Wander-jahre und Heimgang des Buddha

Thaṅka 5 – Lesung der tibetischen Beischriften siehe S. 254f.

10

5

12

4

7

11

9

6

8

1

2

3

Thaṅka 5 – Lesung der tibetischen Beischriften siehe S. 254f.

10

5

12

4

7

11

9

6

8

3 2 1

TEMPELBILD V

Die Nebenszenen des fünften Tempelbildes (S. 209) zeigen eine Reihe von Geschehnissen der Legende von Sumagadha (Schön-ohne-Fehl, wörtlich Schön-ohne-Gift. Text Seite 211 ff.) und eine Reihe anderer vom Heimgange des Buddha. (Text S. 221 ff.).

Rechts unten:

Im Hause des Anathapindada wird der Heiratsvertrag aufgesetzt.

Unten Mitte:

Sumagadha im Hochzeitswagen.

Links unten:

Sumagadha wird von der Kamelkarawane des Bräutigams abgeholt.

Links Mitte:

Sumagadha ist entsetzt beim Anblick der zerlumpten fremden Aszeten (Text S. 213).

Links oben:

Sumagadha opfert, um den Buddha herbeizurufen (Text S. 213 f.).

Oben links bis rechts:

In langen Zügen schweben die Schüler des Buddha durch die Luft herbei (Text S. 215 f.). (Die Verteilung der Fahrzeuge auf die verschiedenen Mönche, die durch Beischriften bestimmt sind, ist in einigen Fällen eine andere als die unseres Textes.) Zuletzt folgt der Buddha, geleitet von Schakra, Brahma und himmlischen Musikanten. (Bildausschnitt S. 216, Text S. 217).

Links unten:

Der Buddha wird von Sumagadha und ihrem Schwiegervater an der Haustür empfangen.

Links Mitte:

Der Buddha predigt im Hause Suschilas (Text S. 218).

Unten Mitte:

Pukkasa schenkt dem Buddha ein Paar goldfarbiger Gewänder. Der Glanz der Haut des Buddha überstrahlt den der ihm angelegten Goldgewänder (Bildausschnitt S. 224, Text S. 230 f.).

Unten Mitte:

Bekehrung des Subhadra am Sterbelager des Buddha und Tod des Erhabenen (Bildausschnitt S. 225, Text S. 235 ff.).

Rechts Mitte:

Die Verbrennung der Leiche Buddhas (Text S. 241) in einem eigenartigen, stupaförmigen Troge. Vorn ein Tisch mit Blumen und Altargeräten.

Rechts Mitte:

Der Brahmane Drona verteilt die Reliquien (Text S. 242 f.), die in Weihgefäßen enthalten sind, an die verschiedenen Bewerber. Eine Partei hat ihren Anteil bereits erhalten und zieht davon, die Reliquie unter einem Schirm vorsichtig tragend.

DIE LEGENDE VON „SCHÖN-OHNE-FEHL“ (SUMAGADHA)

Einst weilte der Buddha mit einer großen Schar von Schülern zu Schravasti im Haine des Anathapindada. Dieser Kaufmann aber war sehr tugendhaft, hatte Frauen, Sklaven und Gefolgschaft in überreicher Menge, war unabhängig und hatte so unendliche Reichtümer angesammelt, daß er daran dem Himmelskönige Vaischravana gleichkam. Er vergnügte und belustigte sich inmitten seines Gefolges beständig. Eines Tages jedoch wurde seine Frau plötzlich schwanger und gebar nach Verlauf von neun Monaten ein Mädchen von einzigartiger Schönheit, das einen unvergleichlichen Körper hatte und von Kopf bis Fuß mit allen guten Zeichen wohlversehen war. Jeder, der es ansah, wurde von Zuneigung zu ihm ergriffen. Auch allerlei glückbedeutende Vorzeichen gab es bei der Geburt des Mädchens, und darum bestimmte ihm der Vater den Namen „Schön-ohne-Fehl“.

Hundertundsechzig Meilen von Schravasti entfernt lag die große Stadt Pundravardhana. Dort gab es einen Kaufmann namens Suschila, ebenso reich wie Anathapindada. Dieser Kaufmann hatte einen Sohn namens Vrischabhadatta, ebenso schön wie Schön-ohne-Fehl. Vater wie Sohn jedoch verehrten Anhänger fremder Sekten, achteten sie hoch und waren ihnen ergeben. Sie konnten ja nicht wissen, daß Buddha, der Erhabene, höher als alle diese stand, und hatten seine unübertreffliche Lehre nie gehört.

Damals gab es einen fremden Aszeten, der früher in der Stadt Pundravardhana gelebt hatte. Der besuchte den Jüngling Vrischabhadatta und fragte ihn, warum er keine Frau nähme. Vrischabhadatta antwortete, wenn irgendein Mädchen auf der Welt ihm an Schönheit gleichkomme, wolle er es zur Frau nehmen. Da erzählte ihm der Aszet, der Kaufmann Anathapindada habe eine Tochter von einzigartiger, wunderbarer und unvergleichlicher Schönheit. Jeder, der sie ansehe, müsse sie lieben. Und er riet Vrischabhadatta, um ihre Hand anzuhalten.

Als Vrischabhadatta dies hörte, freute er sich sehr, wechselte auf den Rat jenes seine übliche Kleidung, legte das Gewand eines Aszeten an, nahm die Almosenschale und begab sich nach Schravasti. Dort angekommen, zog er, um Speise bettelnd, mit der Schale in der Hand, die Reihe der Häuser entlang. Als er an der Haustür des Anathapindada vorsprach, vernahm Schön-ohne-Fehl die Bettelworte und begab sich mit Speise und Trank hinaus, um zu spenden. Da sah Vrischabhadatta ihre Schönheit und verliebte sich heftig; und als Schön-ohne-Fehl ihn dann näher betrachtete, ging es auch ihr so, infolge des Verlaufs einer früheren Geburt. Schön-ohne-Fehl aber sah, daß Vrischabhadatta die Merkmale eines Aszeten an sich trug, und sprach leise lachend: „Du bist doch kein wirklicher Aszet! Warum hältst du dich hier auf, nimmst die Schale und bettelst um Speise?“ Als Vrischabhadatta diese Worte hörte, lächelte er ebenfalls ein wenig und nahm ihre Speise nicht. Er verließ das Haus und kehrte nach Pundravardhana zurück. Dort berichtete er seinen Eltern ehrerbietig, der Kaufmann Anathapindada in Schravasti habe eine Tochter namens Schön-ohne-Fehl, und bat den Vater, für ihn um deren Hand anzuhalten. Auf diese Nachricht reiste Suschila nach Schravasti und begab sich zu Anathapindada. Nachdem sie sich miteinander über den Fall verständigt hatten, sprach Anathapindada: „Obgleich ich meine Zusage geben möchte, müßt ihr warten, bis ich den erhabenen Buddha befragt habe. Wenn er seine Einwilligung gibt, ist es gut.“ Darauf begab sich Anathapindada zum Aufenthaltsort des Buddha, verneigte sich bis auf dessen Füße und trug ihm die Angelegenheit vor. Der Buddha erwiderte dem Kaufmann, seine Tochter sei nicht dazu ausersehen, Nonne zu werden und sich das Haar zu scheren; er möge ihr nur ruhig die Erlaubnis geben, mit jenem davonzuziehen. Wenn seine Tochter nach Pundravardhana käme, vermöge sie sehr viel Gutes und Glückbringendes für die Sache des Buddha zu tun.

Nach Einholung der Erlaubnis des Buddha begab sich Anathapindada nach Hause zurück, suchte alle möglichen kostbaren Gegenstände aus und sorgte für die Aussteuer, wie es dem Brauch der Welt entspricht. Dann verheiratete er Schön-ohne-Fehl mit dem Jüngling Vrischabhadatta.

Einige Zeit darauf speiste der Kaufmann Suschila eine Reihe von fremden Sektenanhängern in seinem Hause und ließ seiner Tochter Schön-ohne-Fehl sagen, sie möge kommen und nach Verlangen Geschenke austeilen. Schön-ohne-Fehl wußte nicht, daß fremde Sektenanhänger gespeist wurden, und nahm auf die Worte des Kaufmanns an, Schüler des Buddha wie Schariputra, Maudgalyayana und Ananda seien zur Speisung gekommen. Und vor Freude tanzend kam sie herbei. Da sah sie die fremden Aszeten, die mißgestaltet waren und Ähnlichkeit mit Krähen hatten. Sie trugen zerrissene und schmutzige Gewänder; ihre Körper rochen übel; schamlos zeigten sie ihre nackten Glieder und sahen aus wie Hungergespenster. Als Schön-ohne-Fehl diese Gestalten sah, wurde sie ärgerlich und trat beiseite. Da sprach der Kaufmann zu dem Mädchen: „Warum schrickst du vor ihnen zurück?" Das Mädchen antwortete: „Ich schrecke nicht zurück; doch mit Geschenkverteilungen wie heute sollte man möglichst der Gemeinde von Heiligen dienen und auf Gewinn hohen Tugendverdienstes achten. Was nützt es, diese fremden Sektenanhänger zu verehren, die schlechte Handlungen begehen?" Als der Kaufmann dies hörte, erschrak er und fragte: „Gibt es denn auf Erden Meister, die größer sind als diese und sie übertreffen?" Das Mädchen antwortete: „In Schravasti gibt es einen Park, den mein Vater angelegt hat. Darin weilt jetzt der erhabene Buddha. Der ist gewaltiger als alle andern und ist mein Lehrer!"

Als der Kaufmann sodann Schön-ohne-Fehl die hohen Eigenschaften des Buddha rühmen hörte, wurde er dem reinen Glauben geneigt und fragte das Mädchen: „Kannst du wohl bewirken, daß ich den erhabenen Buddha einmal zu sehen bekomme?" Das Mädchen antwortete: „Wenn du Buddha, den Erhabenen, und seine heilige Gemeinde sehen möchtest, dann laß die schönsten Speisen und Getränke zubereiten und bringe sie als Gabe dar!" Da ließ der Kaufmann durch seine Frau Speise zubereiten und sprach, nachdem alles fertig war, zu dem Mädchen: „Ich verstehe mich nicht auf das richtige Verfahren, lade du bitte den Buddha ein!" Da legte Schön-ohne-Fehl aus wunderbaren Blüten einen Ring, verneigte sich in Richtung auf den Aufenthaltsort des Buddha, verbrannte verschiedenen Weihrauch, streute

Blumen und lud den Buddha mit bittend vor der Brust zusammengelegten Händen ein: „Allwissender und höchst mitleidsvoller Buddha, der du allen Wesen ein erfreulicher Anblick bist, allen ihre Wünsche erfüllst! Heute hat sich der Kaufmann Suschila und seine ganze Verwandtschaft gläubig dir zugeneigt und möchte den Erhabenen in seinem Hause sehen. Er hat verschiedene überaus wohlschmeckende Speisen und Getränke zubereitet und möchte den Meister der Welt damit verehren. Ich lade dich jetzt ein, o Erhabener, bitte, nimm aus Mitleid, zum Nutzen und zum Glück der Geschöpfe erbarmungsvoll die Einladung an und komme zum Hause dieses Kaufmanns!"

Damals aber erhoben sich die Blumen, welche das Mädchen ausgestreut hatte, durch die übernatürlichen Kräfte des Buddha wie Wildgänse in die Luft und fielen, in Schravasti im Garten des Anathapindada angekommen, langsam vor dem erhabenen Buddha nieder. Und einer Wolke ähnlich stieg ihr überaus feiner Duft turmartig in die Höhe und drehte sich in den Lüften.

Der ehrwürdige Ananda bemerkte diese Zeichen und befragte den Buddha ehrerbietig, woher diese glückverheißenden Einladungszeichen für ihn kämen. Der Buddha antwortete: „Ananda, hundertundsechzig Meilen von Schravasti entfernt liegt eine große Stadt namens Pundravardhana, dort lebt der Kaufmann Suschila, und in der Stadt gibt es viele Anhänger fremder Lehren, die sich jetzt versammelt haben. Der Kaufmann Suschila lädt mich und die Gemeinde der Schüler soeben ein. Wir wollen uns hinbegeben und dabei ein jeder übernatürliche Verwandlungskräfte beweisen. Dadurch werden wir jene Anhänger fremder Lehren bekehren, die Gläubigen im Glauben festigen und jenen zu großem Vorteil und Glück sein. Das bedeuten die zu mir herbeigeflogenen Einladungszeichen. Läute jetzt die Glocke, rufe die Mönchsgemeinde zusammen und gib Anweisung, daß ein jeder, wenn er es für an der Zeit erkennt, seine übernatürlichen Kräfte offenbart und sich zur Bewirtung dorthin begibt!"

Und der ehrwürdige Ananda kam diesem Befehl nach und teilte der Gemeinde der Mönche feierlich mit: „Alle Heiligen, die übernatürliche Fähigkeiten entwickelt haben, ihr Ehrwürdigen, mögen aufmerksam dem Befehl des Buddha lauschen! Er ordnet an, daß alle

Der Buddha mit seinem
Gefolge über den Wolken

diese Mönche, wenn sie es für an der Zeit erkennen, unter Entfaltung ihrer übernatürlichen Kräfte sich nach Pundravardhana begeben, um sich vom Kaufmann Suschila bewirten zu lassen. Es handelt sich darum, die vielen Anhänger fremder Lehren, die es dort gibt und die sich jetzt versammelt haben, zum reinen Glauben zu bekehren, die Gläubigen im Glauben zu befestigen und großen Vorteil und Glück zu bewirken!"

Da rief der ehrwürdige Adschnata Kaundinya mit Hilfe seiner übernatürlichen Kraft einen großen Schlangenwagen hervor, setzte sich darauf, bewirkte einen feinen Regen und schwebte langsam dahin, zuckende Blitzstrahlen hinabsendend. Unter solchen Offenbarungen seiner übernatürlichen Kraft umkreiste er dreimal die Stadt Pundravardhana, ließ sich dann aus der Luft herab und betrat das Haus des Kaufmannes Suschila. Als der Kaufmann solches geschehen sah, fragte er Schön-ohne-Fehl: „Ist der dein Meister, welcher da auf einem Schlangenwagen unter derartigen Wundererscheinungen einherkommt?" Das Mädchen antwortete, es sei nicht ihr Meister, sondern einer der vom Buddha zuerst ordinierten Hauptschüler, namens Adschnata Kaundinya.

Sodann schuf sich der ehrwürdige Schariputra einen Löwenwagen, setzte sich darauf und umkreiste unter derartigen Offenbarungen seiner übernatürlichen Macht dreimal die Stadt Pundravardhana. Dann ließ er sich aus der Luft herab und betrat das Haus des Kaufmanns. Als der Kaufmann dies geschehen sah, fragte er Schön-ohne-Fehl: „Ist der dein Meister, der jetzt auf einem Löwenwagen reitend herbeikommt und unter derartigen Wundererscheinungen das Haus betritt?" Das Mädchen antwortete, es sei nicht ihr Meister, sondern sein Schüler Schariputra.

Und so kamen nacheinander alle die großen Schüler des Buddha herbei, und jedesmal erhielt Suschila von Schön-ohne-Fehl die entsprechende Auskunft. Der große Kaschyapa hatte sich auf den Gipfel eines großen Goldberges gesetzt. Der leuchtete von Schönheit, war mit den verschiedensten Bäumen und Wäldchen bestanden und wurde von Vögeln umflattert. Der große Maudgalyayana saß auf einem riesigen Elefantenwagen. Mahakatyayana hockte mit zusammengeschlagenen Beinen in einem Kristallpalast. Der hatte Säulen aus Edelsteinen aller Art, war mit vielen Juwelennetzen, echten Perlen und Halsketten eingelegt, behängt und überall verziert. Mahakauschthila saß auf einem Rinderwagen. Upali in einem goldenen Palmenwald. Der enthielt die schönsten Blumen in reicher Anzahl und wurde umflattert von den verschiedensten Vogelarten wie Kokilas und Predigerkrähen, die ihren lieblichen Gesang erschallen ließen. Purnamaitrayaniputra setzte sich auf den Gipfel eines großen Berges, der mit den vier Kostbarkeiten geschmückt war; wundervolle Fahnen und alle möglichen kostbaren Glocken hingen dort, die, vom Winde bewegt, harmonisch erklangen und alle Zuhörer erfreuten. Der ehrwürdige Anuruddha thronte auf dem Löwensitz in einem goldenen Palast, der mit Katzenauge eingelegt war. Viele edelsteinbesetzte Netze hingen davon herab und verschönten ihn. Der ehrwürdige Schronakoti saß auf einem Blütensitz; der ehrwürdige Dschotischka auf einem Pfauenwagen; der ehrwürdige Schronavinscha in einem Wald von Blüten- und Fruchtbäumen aller Art; der ehrwürdige Pilindavatsa auf einem Wildganswagen; der ehrwürdige Udayin auf einem Pferdewagen; der große Kapphina in einer Sänfte; der ehrwürdige Nanda saß in einem großen Park voll Blüten und Früchten, in dem Wildgänse, Papageien, Pfauen, Predigerkrähen, Kokilas, Dschivandschivas und alle anderen Vogelarten umherflatterten. Der ehrwürdige Rahula endlich nahm die Gestalt eines weltbeherrschenden Königs an und kam mit dem ganzen Pomp eines solchen.

Indessen erkannte auch der Erhabene, daß seine Zeit gekommen war, und trat in die Versenkung ein. Er erwog und prüfte allerseits, erhob sich dann aus der Versenkung, richtete seinen Körper auf und entließ reine Strahlen von blauer, gelber, roter, weißer und anderen herrlichen Farben. Deren Glanz verbreitete sich, überstrahlte ganz Schravasti und reichte bis zur Stadt Pundravardhana. Und als der Buddha diesen Strahl entließ, erzitterte die Erde.

Dann legte der Erhabene den Mantel an, verließ, auf allen Seiten von der Schar der Mönche seines Gefolges umgeben, Schravasti und begab sich, um den Besuch zu machen, nach Pundravardhana. Brahma der Weltenherr aber erkannte, was vorging, kam mit allen Göttern der Sphäre der Gestalten herbei, hielt sich an Buddhas rechte Seite und begleitete ihn. Entsprechend fand sich Schakra, der Götterkönig, mit den Göttern der Sphäre der Sinnlichkeit ein und geleitete Buddha auf der Linken. Liebliche Musik ertönte; fünfhundert Gandharvenkönige spielten ein tausendfaches Konzert und zogen wegbereitend vor dem Buddha voraus. Hinter dem Buddha folgten ungezählte Hunderttausende von Göttern, Drachen, Dämonen, Menschen und Unmenschen, und durch die Lüfte schwebten unzählige Göttermädchen, die blaue und weiße, Tag- oder Nachtlotusblüten, himmlische Mandaravablumen usw. in den Händen hielten oder Wohlgerüche von Sandel, Jasmin, Aloe und viele andere herrliche Düfte herabregnen ließen und damit den Buddha verehrten.

Doch als der Buddha nun an die Tore von Pundravardhana kam, fiel ihm ein, daß Pundravardhana achtzehn Tore besaß, und er überlegte: Wenn ich durch das westliche Tor eintrete, werden mich alle Leute, die sich an den anderen Toren aufhalten, nicht sehen. Darum muß ich meinen Körper in jedem der Tore zeigen und durch alle Tore zugleich einziehen. Dann sehen alle Leute meinen Körper, während ich in Wirklichkeit nur durch das westliche Tor eintrete. Nachdem der Buddha diese Überlegung angestellt hatte, zeigte er seinen Körper an allen Toren und trat durch jedes derselben ein.

In der Stadt vereinigte der Erhabene seine durch Transformation hervorgerufenen Körper und begab sich, nur mit seinem wirklichen Körper, in das Haus des Suschila. Da sprach Schön-ohne-Fehl: „Der, der da kommt, ist mein großer Meister. Es ist Schakyamuni, der Pfadvollender, der Verehrenswerte, der vollkommen Erleuchtete!" Und der Kaufmann und seine Verwandten erblickten den Buddha, der über derartige übernatürliche Kräfte verfügte und mit gewaltigen Tugendverdiensten und allen körperlichen Merkmalen ausgestattet war. Ehrfurcht ergriff sie, und einige verbeugten sich mit dem Kopf bis auf die Füße des Buddha. Schön-ohne-Fehl aber nahm Wasser, das nach einem besonders kostbaren Sandelholz duftete, und reichte es dem Buddha, damit er sich die Füße wasche. Der Buddha vollzog die Fußwaschung und setzte sich dann auf einen sehr prächtigen und kostbaren Sitz. Auch alle Mönche wuschen ihre Füße und setzten sich der Reihe nach hin. Darauf nahm Schön-ohne-Fehl reine und wohlschmeckende Speise und Trank und bot sie eigenhändig Buddha, dem Erhabenen, dar. Und auch der Kaufmann und seine Verwandten bedienten Buddha und die Mönchsgemeinde. Und nachdem alle der Reihe nach gespeist waren und die ganze Runde, Buddha wie Mönche, gebührend gegessen hatten, kamen ungezählte Hunderttausende von Brahmanen, Kaufleuten, Haushältern, Anhängern fremder Lehren, nackten Aszeten usw. in das Haus des Kaufmanns, in dem Wunsche, den Buddha zu sehen.

Und der Erhabene predigte der ganzen großen Gemeinde ordnungsgemäß das Tor der Lehre, das heißt die vier heiligen Wahrheiten vom Leiden, vom Entstehen des Leidens, von der Vernichtung des Leidens und dem Wege zur Vernichtung des Leidens. Und über seine Predigt waren alle die Anhänger fremder Lehren, deren gute Wurzeln bereits gereift waren, erfreut; und sie bekehrten sich und nahmen ihre Zuflucht zum Erhabenen. Auch der Kaufmann Suschila gewann, als er die Predigt des Buddha gehört hatte, ein reines Herz und gebührenden Nutzen. Schön-ohne-Fehl aber erlangte durch die Kraft der guten Wurzeln, die sie in einem früheren Leben gepflanzt hatte, die Frucht, in jenen Strom einzutreten, der einst aus dem Kreislauf des Daseins hinausführt.

DIE LETZTEN WOCHEN UND DER GROSSE HEIMGANG (DAS PARINIRWANA) DES BUDDHA

DIE LETZTEN WOCHEN

Der Buddha überwindet eine schwere Krankheit

Einst hatte der Erhabene, solange es ihm zusagte, im Walde der Amrapali geweilt, bis er schließlich zu dem ehrwürdigen Ananda sagte: „Komm, o Ananda, laß uns zum Dorfe Beluva gehen.“ „So sei es, Herr“, erwiderte dieser. Und der Erhabene begab sich mit einer großen Schar von Mönchen nach Beluva. Als er sich dort aufhielt, sprach er zu den Mönchen: „Geht, ihr Mönche, und verbringt die Regenzeit in der Nähe von Vaischali bei euren Freunden, Bekannten und Vertrauten; ich werde sie hier in Beluva verleben.“ Die Mönche stimmten dem Erhabenen zu und taten nach seinen Worten.

Den Erhabenen aber befiel während dieser Zeit eine schwere Krankheit. Heftige Schmerzen überkamen ihn, die ihn dem Tode nahebrachten. Doch klar, bei vollem Bewußtsein und ohne sich aus der Ruhe bringen zu lassen, ertrug sie der Erhabene. Und der Erhabene überlegte: Es wäre unpassend von mir, wenn ich ohne ein Wort für die, welche mir zu Diensten gestanden haben, und ohne Abschied von der Gemeinde der Mönche in das vollkommene Nirwana eingehen würde. Ich will diese Krankheit daher mit aller Kraft zurückdrängen und noch eine Daseinsverlängerung erstreben. Er tat so, und seine Krankheit schwand.

Und der Erhabene genas, erhob sich bald vom Krankenlager, verließ das Haus und setzte sich auf einen Sitz, der im Schatten des Hauses für ihn bereit gemacht war. Da trat der ehrwürdige Ananda an ihn heran, grüßte ihn ehrerbietig, setzte sich etwas beiseite hin und sprach: „O wie glücklich bin ich, daß der Erhabene sich wieder wohlbefindet, o wie glücklich, daß es dem Erhabenen wieder besser geht! Ich fühlte mich wie berauscht, konnte nicht rechts von links unterscheiden und nichts mehr erkennen. So verstörte mich die Krankheit des Erhabenen, und nur der eine tröstliche Gedanke blieb mir, daß der Erhabene nicht in das Nirwana eingehen würde, bevor er nicht noch ein Wort über die

Zukunft der Mönchsgemeinde geäußert hätte." – „Was verspricht sich denn, o Ananda, die Gemeinde der Mönche noch von mir? Die Lehre habe ich verkündet, ohne an ihr einen Kern und eine Schale zu unterscheiden, und es gibt keine Erkenntnisse, mit denen ich zurückgehalten hätte. Vielleicht hätte ein Lehrer, der da denkt: Ich will allein über der Gemeinde der Mönche wachen, oder: die Gemeinde der Mönche soll auf mich angewiesen sein, noch irgend etwas in Beziehung auf die Gemeinde der Mönche zu sagen. Der Pfadvollender aber hat solche Gedanken nicht, und was sollte er da noch in Hinsicht auf die Gemeinde der Mönche bestimmen?

Ich bin jetzt gebrechlich, alt, ein Greis, bin meinen Lebensweg geschritten, hochbetagt und stehe im Alter von achtzig Jahren. Und wie, o Ananda, sich ein alter Karren nur unter Schwierigkeiten fortbewegt, so kommt auch der Körper des Pfadvollenders nur unter Beschwerden von der Stelle. Deswegen, o Ananda, sucht in euch selbst die Rettungsinsel, seid euch selbst die Zufluchtsstätte und sucht keine andere Zuflucht! Nehmt die Lehre zur Rettungsinsel, die Lehre zur Zufluchtsstätte und sucht keine andere Zuflucht! Die Strebsamen, welche entweder jetzt oder nachdem ich heimgegangen bin, danach handeln, diese Mönche, o Ananda, werden als erste des höchsten Glücks teilhaftig werden."

Ananda versäumt, um Verlängerung der Lebensdauer des Buddha zu bitten

Und in der Morgenfrühe kleidete sich der Erhabene an, nahm Almosenschale und Obergewand und ging auf Bettelgang nach Vaischali hinein. Nachdem er dort seinen Bettelgang gemacht, sein Mahl eingenommen hatte und wieder zurückgekehrt war, sprach er zu dem ehrwürdigen Ananda: „Nimm, o Ananda, eine Sitzmatte, wir wollen uns zum Tschapala-Heiligtum begeben und den Tag dort verbringen!" Und der ehrwürdige Ananda gehorchte und folgte dem Erhabenen dicht auf dem Fuße.

Als der Erhabene zu dem Heiligtum gekommen war und sich auf dem hergerichteten Sitze niedergelassen hatte, verneigte sich Ananda vor ihm und nahm ein wenig beiseite Platz.

Da sprach der Erhabene zu Ananda: „Ein freundlicher Aufenthaltsort, o Ananda, ist Vaischali, lieblich sind die Heiligtümer in seiner Umgebung, und entzückend ist dies Tschapala-Heiligtum! Und, o Ananda, jemand, der die Grundlagen der vier übernatürlichen Kräfte entwickelt hat, der sie häufig übt, sie meistert, sich auf sie gründet, sie anwendet, stärkt und voll ausbildet, der kann, wenn er will, über ein Weltalter oder den Rest eines Weltalters hinaus sich am Leben erhalten. Der Pfadvollender hat diese Kräfte entsprechend entwickelt, o Ananda, und wenn er wollte, könnte er sein Leben bis über ein Weltalter hinaus verlängern."

Der ehrwürdige Ananda aber vermochte nicht, obwohl ihm der Erhabene eine so greifbare Andeutung machte und es ihm so offenbar klarlegte, den Sinn dieser Worte zu erfassen und versäumte es, den Erhabenen zu bitten: „Möge der Erhabene, der Wohlgegangene, doch ein Weltalter lang auf Erden bleiben zum Heil und zum Glück für viele Wesen, aus Mitleid mit der Welt, zum Nutzen, zum Heil und zum Wohl für Götter und für Menschen", denn sein Herz war vom Bösen besessen.

Und zum zweiten und zum dritten Male sprach der Erhabene ebenso, und wieder und wieder versäumte Ananda die Bitte.

Und dann sprach der Erhabene zum ehrwürdigen Ananda: „Geh jetzt, o Ananda, und tu, was du für an der Zeit hältst!" Und Ananda stand gehorsam von seinem Sitze auf, verneigte sich vor dem Erhabenen, umwandelte ihn feierlich und setzte sich nicht weit entfernt am Fuße eines Baumes nieder.

Mara ermahnt den Buddha, ins Nirwana einzugehen

Kaum hatte sich der ehrwürdige Ananda entfernt, da trat Mara, der Böse, an den Erhabenen heran und sprach zu ihm: „Möge der Erhabene, der Wohlgegangene, jetzt ins vollkommene Nirwana eingehen, es ist jetzt für den Erhabenen an der Zeit, dahinzuschwinden! Hat doch seinerzeit der Erhabene zu mir gesagt: ,So lange, o Böser, werde ich nicht ins vollkommene Nirwana eingehen, bis nicht meine Mönche und Nonnen, ebenso wie die Laienbrüder und Laienschwestern Hörer geworden sind, weise, geschult, ihrer Sache vertrauend, gelehrt, die Lehre kennend, die Gebote und Nebengebote haltend, von rechtem Wandel, nach den Geboten lebend, bis sie das, was sie von ihrem Lehrer gelernt haben, wieder lehren, unterweisen, mitteilen, verkünden, darlegen, auseinandersetzen und erklären können; bis sie imstande sein werden, auftretende Widersacher mit den Worten der Lehre vollauf niederzuzwingen und die Lehre auch unter Hervorbringung von Wundern zu unterweisen.' Dies alles ist jetzt der Fall, deshalb möge der Erhabene, der Wohlgegangene, ins vollkommene Nirwana eingehen! Es ist jetzt für den Erhabenen an der Zeit, von hinnen zu scheiden!"

Darauf antwortete der Erhabene Mara, dem Bösen: „Gib dir keine Mühe weiter, o Böser, bald werde ich ins Nirwana eingehen! Nach Verlauf von drei Monaten wird der Pfadvollender von hinnen scheiden."

So gab der Erhabene im Tschapala-Heiligtum klar und bei vollem Bewußtsein das Dasein auf, und als er so tat, entstand ein gewaltiges, schreckliches, haarsträubendes Erdbeben, und der Donner krachte.

Da dachte der ehrwürdige Ananda: Wie merkwürdig und wunderbar! Das war doch ein großes Erdbeben, fürwahr ein mächtiges Erdbeben, schrecken- und angsterregend, und der Donner krachte. Aus welchem Grunde und aus welcher Ursache mag denn dies große Erdbeben stattgefunden haben?

Und der ehrwürdige Ananda begab sich zum Erhabenen und befragte diesen darum mit denselben Worten.

Und der Erhabene sprach: „Einstmals, o Ananda, bald nachdem ich zur Erleuchtung gelangt war, weilte ich zu Uruvilva, am Ufer des Flusses Nairandschana, unter dem Feigenbaum eines Ziegenhirten. Da trat Mara, der Böse, an mich heran und sprach: ,Der Erhabene, der Wohlgegangene möge nun ins Nirwana eingehen! Es ist jetzt an der Zeit für den Erhabenen, von hinnen zu scheiden!' Und darauf habe ich ihm entgegnet, daß ich nicht ins Nirwana eingehen würde, bevor

Der alles überstrahlende Körper des Buddha

Der Heimgang
des Buddha

nicht Mönche, Nonnen, Laienbrüder und Laienschwestern in der Lehre wohlbewandert seien und die Gebote treulich halten würden. Jetzt eben, o Ananda, trat nun Mara, der Böse, hier beim Tschapala-Heiligtum wieder an mich heran und erinnerte mich an meine damaligen Worte. Und ich antwortete ihm: ‚Gib dir keine Mühe weiter, o Böser, bald werde ich ins Nirwana eingehen. Nach Verlauf von drei Monaten wird der Pfadvollender von hinnen scheiden.' So habe ich jetzt im Tschapala-Heiligtum klar und bei vollem Bewußtsein auf das Dasein verzichtet. Wenn aber ein Pfadvollender klar und bei vollem Bewußtsein auf das Dasein verzichtet, dann schwankt, zittert, bebt und schüttelt sich diese Erde."

Anandas Bitte kommt zu spät

Darauf sprach der ehrwürdige Ananda zum Erhabenen: „Möge der Erhabene, der Wohlgegangene, doch ein Weltalter lang auf Erden bleiben, zum Heil und zum Glück für viele Wesen, aus Mitleid mit der Welt, zum Nutzen, zum Heil und zum Wohl für Götter und für Menschen!"

„Höre jetzt auf, o Ananda! Bitte den Pfadvollender nicht weiter! Es ist jetzt nicht mehr an der Zeit, ihn zu bitten."

Aber zum zweiten und zum dritten Male bat der ehrwürdige Ananda.

„Glaubst du, o Ananda, daß der Pfadvollender die Erleuchtung besitzt?" „Ja, Herr!" „Warum also, o Ananda, quälst du dann den Pfadvollender durch dreimal wiederholtes Bitten?"

„Herr, aus dem eigenen Munde des Erhabenen habe ich es gehört und vernommen, daß jemand, der die Grundlagen der vier übernatürlichen Kräfte entwickelt hat, wenn er will, über ein Weltalter oder den Rest eines Weltalters hinaus sein Leben verlängern kann."

„Glaubst du das, o Ananda?"

„Ja, Herr!"

„Dann, o Ananda, hast du gefehlt und gesündigt, da du, obwohl der Pfadvollender solch eine greifbare Andeutung machte und es dir so offenbar klarlegte, nicht den Sinn seiner Worte erfaßtest und ihn nicht batest, zum Heil und zum Glück für viele Wesen ein Weltalter lang auf Erden zu weilen. Wenn du, o Ananda, damals den Pfadvollender gebeten hättest, würde er zweimal deine Worte zurückgewiesen haben, beim drittenmal aber hätte er dir nachgegeben. Darum, o Ananda, hast du gefehlt und gesündigt. Habe ich dir nicht früher schon mal gesagt, daß man von allem, was einem lieb und wert ist, scheiden und sich trennen muß, und daß alle unsere Beziehungen sich wandeln? Auch ist es unmöglich und ganz ausgeschlossen, daß das, was geboren, entstanden, bedingt und der natürlichen Vernichtung anheimgegeben ist, nicht zerfiele. Und ebenso unwiderruflich ist auch das Wort, mit dem ich das fernere Dasein aufgab, wegstieß und darauf in jeder Weise verzichtete. Ganz eindeutig habe ich gesagt: ‚Bald werde ich ins vollständige Nirwana eingehen. Nach Verlauf von drei Monaten wird der Pfadvollender von hinnen scheiden.' Ganz ausgeschlossen ist es, daß ich dieses Wort, um weiterzuleben, wieder in mich hineinschlucke!"

Der Buddha speist beim Schmiede Tschunda

Weiterhin begab sich der Erhabene mit einer großen Mönchgemeinde nach Pava und hielt sich dort im Mangowalde des Schmiedes Tschunda auf.

Der Schmied Tschunda hörte davon, begab sich zum Erhabenen, verneigte sich vor ihm und setzte sich etwas beiseite nieder. Und der Erhabene belehrte, bewegte, erfreute und entzückte den Schmied mit einer Predigt. Darauf sprach Tschunda zum Erhabenen: „Möge der Erhabene mir die Gunst erweisen, morgen mit der gesamten Mönchsgemeinde das Mahl bei mir zu nehmen." Und der Erhabene nahm durch Schweigen die Einladung an. Als Tschunda sah, daß der Erhabene seiner Bitte nachkommen würde, stand er auf, verneigte sich vor dem Erhabenen, umwandelte ihn und ging davon.

Nach Verlauf der Nacht ließ Tschunda in seinem Hause erlesene harte und weiche Speisen zubereiten, darunter auch ein großes Gericht Schweineweich. Dann ließ er dem Erhabenen sagen: „Es ist Zeit, Herr, das Mahl steht bereit."

Der Erhabene aber hatte sich in der Frühe angekleidet, nahm Almosenschale und Obergewand und begab sich mit der ganzen Gemeinde der Mönche zur Wohnung des Schmiedes Tschunda. Dort angelangt, ließ er sich auf dem für ihn hergerichteten Sitz nieder und sagte dann zu Tschunda: „Das Gericht Schweineweich, o Tschunda, das du bereitet hast, setze mir vor, der Gemeinde der Mönche aber gib, was du an anderen harten und weichen Speisen zubereitet hast." „Gut, Herr", antwortete Tschunda und tat so.

Dann sprach der Erhabene zum Schmiede Tschunda: „O Tschunda, was von dem Gericht Schweineweich übriggeblieben ist, vergrabe in ein Loch; denn ich kenne außer mir in der ganzen Welt samt ihren Göttern, Mara und Brahma, kein Geschöpf, sei es ein Aszet, Brahmane, Gott oder Mensch, das dies richtig verdauen könnte." „Ja, Herr", antwortete Tschunda und tat so.

Als nun der Erhabene das Mahl Tschundas, des Schmiedes, gegessen hatte, befiel ihn eine schwere Krankheit. Er bekam blutige Ruhr, und heftige Schmerzen entstanden, die ihn dem Tode nahe brachten. Der Erhabene aber ertrug sie klar und bei vollem Bewußtsein und ohne, daß er dadurch aus seiner Ruhe gebracht wurde.

Auf dem Wege nach Kuschinagara wird der Buddha müde und durstig

Darauf sprach der Erhabene zum ehrwürdigen Ananda: „Komm, o Ananda, wir wollen uns nach Kuschinagara begeben." „Gut, Herr", sagte zustimmend der ehrwürdige Ananda.

Auf dem Marsche dorthin aber verließ der Erhabene den Weg, begab sich unter einen Baum und sprach zu Ananda: „Bitte, o Ananda, lege meinen Mantel vierfach zusammen, ich bin müde und möchte mich hinsetzen." „Ja, Herr", antwortete Ananda und tat so. Dann setzte sich der Erhabene und sprach zu Ananda: „Bitte, hole mir zu trinken, ich bin durstig." Da antwortete Ananda dem Erhabenen: „Soeben, o Herr, haben fünfhundert Wagen dies Wässerchen passiert, und es ist von den Rädern zerwühlt und aufgerührt und fließt trübe dahin. Nicht weit von hier aber, o Herr, befindet sich ein Fluß, der führt klares, angenehmes, kaltes und durchsichtiges Wasser, hat schöne zugängliche Ufer und ist sehr lieblich. Dort könnte der Erhabene Wasser trinken und auch seine Glieder kühlen."

Aber ein zweites und ein drittes Mal forderte der Erhabene den Ananda mit denselben Worten auf. Da endlich antwortete der ehrwürdige Ananda: „Ja, Herr", nahm die Schale und ging an das Flüßchen. Als er aber dorthin kam, floß das Wasser plötzlich klar, lauter und ungetrübt dahin. Und der ehrwürdige Ananda dachte: Wie merkwürdig und wunderbar ist es doch bestellt um die übernatürliche Kraft und die Macht des Pfadvollenders! Jetzt, wo ich herbeikomme, fließt dieses wasserarme Flüßchen, das eben noch von Rädern zerwühlt, aufgerührt und trübe war, plötzlich klar, lauter und ungetrübt dahin.

Und er füllte die Schale mit Wasser, begab sich wieder zum Erhabenen und berichtete das Wunder, indem er hinzufügte: „Möge der Erhabene, der Wohlgegangene, dieses Wasser trinken." Und der Erhabene tat so.

Der Buddha setzt den vornehmen Malla Pukkasa in Erstaunen

Zu dieser Zeit aber befand sich der Malla Pukkasa, ein Schüler des Arada Kalapa, auf dem Wege von Kuschinagara nach Pava. Und er sah den Erhabenen unter einem Baume sitzen, kam herbei, verbeugte sich und setzte sich etwas beiseite nieder. Dann sprach er zu dem Erhabenen: „Es ist doch merkwürdig und wunderbar, o Herr, daß die in die Heimatlosigkeit Gegangenen in solcher Ruhe dasitzen können. Einstmals, o Herr, als sich Arada Kalapa auf einer Wanderung befand, verließ er die Straße und setzte sich unweit unter einem Baume hin, um den Tag dort zu verbringen. Und fünfhundert Wagen kamen ganz dicht an ihm vorbei. Ein Mann aber, der hinter dieser Wagenkarawane als Nachzügler einherzog, trat an Arada Kalapa heran und fragte ihn: ‚Hast du, o Herr, vielleicht fünfhundert Wagen vorüberkommen sehen?' ‚Ich habe sie nicht gesehen, Freund!' ‚Hast du dann vielleicht ihren Lärm gehört?' ‚Ich habe keinen Lärm gehört, Freund.' ‚Warst du denn eingeschlafen, Herr?' ,Ich war nicht eingeschlafen, Freund.' ,Warst du denn bei Bewußtsein, Herr?' ,Ja, Freund!' ,So hast du also, Herr, bei vollem Bewußtsein und wach die fünfhundert dicht bei dir vorüberziehenden Wagen weder gesehen noch ihren Lärm gehört, und doch ist dein Mantel von dem aufgewirbelten Staub bedeckt.' ,So ist es, Freund!' Da dachte der Nachzügler: Merkwürdig fürwahr und wunderbar ist es, wie ruhig die Heimatlosen dasitzen können, drückte dem Arada Kalapa seine größte Ergebenheit aus und ging davon."

Auf diese Erzählung sagte der Erhabene: „Was meinst du wohl, o Pukkasa, was schwerer zu tun und schwerer zu erreichen ist: Wenn jemand wach und bei vollem Bewußtsein fünfhundert Wagen, die dicht bei ihm vorüberziehen, weder sieht, noch ihren Lärm hört, oder daß jemand, wach und bei vollem Bewußtsein, während der Regen strömt, der Donner rollt, die Blitze zucken und es einschlägt, davon weder etwas sieht, noch den Lärm davon hört?"

„Was, o Herr, bedeuten da fünfhundert, siebenhundert, achthundert, neunhundert, zehnhundert, was hundert oder tausend Wagen? Um so viel schwerer zu tun und schwerer zu erreichen ist das, was du schilderst!"

„Einstmals, o Pukkasa, weilte ich in Buschagara, bei Atma, und in dieser Zeit regnete, donnerte, blitzte es und schlug ein, und zwei Bauernbrüder aus Buschagara und vier Ochsen wurden erschlagen. Eine große Menge Volks aber kam aus Atma herbei und begab sich dahin, wo dies geschehen war. Ich aber hatte damals Buschagara verlassen und spazierte am Tor von Buschagara unter freiem Himmel umher. Da trat ein Mann aus der Volksmenge an mich heran, grüßte mich und stellte sich etwas beiseite hin. Ich fragte ihn dann: ,Warum sind hier soviel Leute zusammengekommen, o Freund?' ,Eben, o Herr, als es regnete, donnerte, blitzte und einschlug, sind zwei Bauernbrüder und vier Ochsen erschlagen worden. Darum ist dieser Auflauf. Wo aber warst denn du?' ,Ich war hier, o Freund.' ,Hast du es denn nicht gesehen, o Herr?' ,Ich habe nichts gesehen, o Freund.' ,Hast du denn nicht den Lärm gehört?' ,Ich habe keinen Lärm gehört!' ,Warst du denn eingeschlafen?' ,Ich war nicht eingeschlafen!' ,Warst du denn bei Bewußtsein?' ,Ja, Freund!' ,So hast du also wach und bei vollem

Bewußtsein, während es regnete, donnerte, blitzte und einschlug, weder etwas davon gesehen noch den Lärm davon gehört?' ,So ist es, Freund.'

„Und dann, Pukkasa, dachte jener Mann: Merkwürdig fürwahr und wunderbar ist es, wie ruhig doch diese Heimatlosen dasitzen können. Und er drückte mir seine höchste Ehrerbietung aus, verneigte sich, umwandelte mich und ging davon."

Als der Malla Pukkasa dies gehört hatte, sprach er zum Erhabenen: „Fürwahr, o Herr, die Ehrfurcht, die ich zu Arada Kalapa hatte, die zerstreue ich wie Spreu, die der Wind verweht, die lasse ich davontreiben wie in einem reißenden Strom!"

Und dann befahl der Malla Pukkasa seinem Diener: „Freund, hole mir ein Paar goldfarbiger Gewänder aus glänzendem Stoff und fertig zum Tragen." Der Diener tat so, und Pukkasa bot die beiden Gewänder dem Erhabenen dar mit den Worten: „Möge der Erhabene so gnädig sein, diese beiden goldfarbigen Gewänder von mir anzunehmen."

„Bitte, o Pukkasa, doch lege mir nur das eine über und das andere Ananda!"

Und Pukkasa tat so. Der Erhabene aber belehrte, erhob, erfreute und entzückte ihn mit einer Predigt. Darauf stand Pukkasa auf, verneigte sich vor dem Erhabenen und ging davon.

Der Glanz der Haut des Buddha überstrahlt den von goldfarbigen Gewändern

Kaum war der Malla Pukkasa fort, da legte der ehrwürdige Ananda die tragfertigen, goldfarbigen Gewänder aus glänzendem Stoff alle beide dem Erhabenen um den Leib. Doch auf dessen Körper nahmen sie sich aus, als wenn sie keinen Glanz mehr hätten. Und der ehrwürdige Ananda sprach zum Erhabenen: „Erstaunlich und wunderbar ist es, o Herr, wie rein und lauter die Haut des Pfadvollenders strahlt! Kaum habe ich diese beiden goldfarbigen Gewänder dem Körper des Erhabenen angelegt, da scheint es, als wenn sie keinen Glanz mehr hätten."

„So ist es, o Ananda, denn bei zwei Anlässen strahlt die Haut des Pfadvollenders überaus rein und lauter: In der Nacht, in welcher er zur allerhöchsten vollkommenen Erleuchtung erwacht, und in der Nacht, in welcher er in das restlose Nirwana eingeht. Heute nacht, in der letzten Nachtwache, wird im Upavartana von Kuschinagara, im Schalawalde der Mallas, zwischen zwei Schalabäumen das Parinirwana des Pfadvollenders stattfinden!"

DER GROSSE HEIMGANG

Der Buddha läßt sich zwischen zwei Schalabäumen das Lager bereiten

Und es sprach der Erhabene zum ehrwürdigen Ananda: „Komm, Ananda, laß uns auf das andere Ufer des Flusses Hiranyavati gehen, ins Upavartana von Kuschinagara, in den Schalawald der Mallas!" „So sei es, Herr", erwiderte Ananda. Und dann begab sich der Erhabene mit einer großen Gemeinde von Mönchen eben dorthin und sprach, angekommen, zum ehrwürdigen Ananda: „Bitte, o Ananda, bereite mir zwischen einem Paar von Schalabäumen, mit dem Kopf nach Norden zu, ein Lager; ich bin müde, o Ananda, und möchte mich hinlegen." Und Ananda richtete das Lager zu. Dann legte sich der Erhabene wie ein Löwe auf die rechte Seite, bedeckte mit einem Fuß den anderen, und er war klar und bei vollem Bewußtsein.

Dazumal aber waren die beiden Schalabäume mit außer ihrer Zeit erblühenden Blumen ganz bedeckt. Diese überstreuten, überschütteten und begruben den Körper des Pfadvollenders völlig unter sich, um ihm Ehre zu erweisen. Und auch himmlische Mandaravablüten und himmlisches Sandelpulver fielen aus der Luft herab, und auch sie bestreuten, überschütteten und verdeckten den Körper des Pfadvollenders. Himmlische Musikinstrumente aber spielten in der Luft, und himmlische Gesänge ertönten, um den Pfadvollender zu ehren.

Der Buddha trifft seine letzten Anordnungen

Und der Erhabene sprach zu Ananda: „Es gibt vier sehenswerte Stätten, deren Anblick das Herz eines wohlerzogenen Gläubigen höher schlagen läßt, die Stätten, von denen es heißt: Hier ist der Pfadvollender geboren, hier ist er zur allerhöchsten vollkommenen Erleuchtung erwacht, hier hat er das allerhöchste Rad der Lehre in Bewegung gesetzt und hier ist der Pfadvollender in das restlose Nirwana heimgegangen. Diese vier Stätten, o Ananda, werden die gläubigen Mönche, Nonnen, Laienbrüder und Laienschwestern besuchen. Und die, welche sich auf der Pilgerfahrt zu einer dieser heiligen Stätten befinden und klaren Geistes vom Tode überrascht werden, alle die werden nach dem Zerfall ihres Körpers, nach dem Tode, einen guten Gang tun und in der Himmelswelt wiedergeboren werden."

Dann sprach der ehrwürdige Ananda: „Wie sollen wir uns gegen die Weiber verhalten?"

„Nicht ansehen, o Ananda!"

„Wenn wir sie aber angesehen haben?"

„Nicht anreden, o Ananda!"

„Wenn wir aber mit ihnen sprechen müssen?"

„Dann seid auf eurer Hut, o Ananda."

„Wie sollen wir mit dem Leichnam des Pfadvollenders verfahren?"

„Sorgt euch nicht darum, o Ananda, wie ihr die Gebeine des Pfadvollenders ehrenvoll bestattet. Ihr, o Ananda, sollt nach dem höchsten Ziele streben, diesem allein nacheifern und euch ihm sorgsam, angestrengt und entschlossen zuwenden. Es gibt Weise genug unter den Kriegern, Brahmanen und Haushältern, die dem Pfadvollender ergeben sind, — die werden den Leichnam des Pfadvollenders ehrenvoll bestatten."

Dann zog sich der ehrwürdige Ananda in sein Mönchsgelaß zurück, lehnte sich an den Türbalken und dachte weinend: Ich bin einer, der noch viel zu lernen und noch viel an sich zu arbeiten hat, und mein Meister, der für mich sorgte, wird nun bald in das vollkommene Nirwana eingehen.

Und der Erhabene fragte die Mönche: „Wo ist Ananda, ihr Mönche?" „Der ehrwürdige Ananda ist in sein Mönchsgelaß gegangen, lehnt am Türbalken und weint."

Da sprach der Erhabene zu einem Mönche: „Geh, o Mönch, und bestelle dem Ananda: ‚Der Meister läßt dich rufen, Freund Ananda!'" Und der Mönch führte den Auftrag aus. „Jawohl, Freund", antwortete der ehrwürdige Ananda, kam herbei, verneigte sich vor dem Erhabenen und ließ sich etwas beiseite nieder.

Und da sprach der Erhabene zu ihm: „Laß es genug sein, o Ananda, jammere und klage nicht! Habe ich dir nicht schon früher gesagt, daß man von allem, was einem lieb und wert ist, scheiden und sich trennen muß, und daß alle unsere Beziehungen sich wandeln? Auch ist es unmöglich und ganz ausgeschlossen, daß das, was geboren, entstanden, bedingt und der natürlichen Vernichtung anheimgegeben ist, nicht zerfiele. Eine lange Zeit, o Ananda, hast du dem Pfadvollender zur Seite gestanden mit unverbrüchlichen, unermeßlichen, um sein Wohl und sein Glück besorgten, liebevollen Taten von Körper, Mund und Gedanken. Du hast Gutes getan, o Ananda, sei eifrig bestrebt, dann wirst du bald ohne Sünde sein!"

Die Mallas von Kuschinagara dürfen den Buddha noch einmal sehen

„Geh jetzt, o Ananda, nach Kuschinagara und melde den dortigen Mallas: Heute, in der letzten Wache der Nacht, wird das vollständige Nirwana des Pfadvollenders vor sich gehen. Kommt herbei, damit ihr euch nicht nachher, von Reue erfüllt, sagen müßt: Im Bereich unseres Dorfes ist der Pfadvollender von hinnen gegangen, und wir haben es versäumt, ihn in seiner letzten Stunde zu sehen."

„Ja, Herr!" versprach der ehrwürdige Ananda, kleidete sich an, nahm Schale und Obergewand und begab sich mit noch einem anderen Mönch nach Kuschinagara.

Zu dieser Zeit waren aber die Mallas von Kuschinagara gerade in der Beratungshalle versammelt, um über irgend etwas Beschluß zu fassen. Und der ehrwürdige Ananda begab sich zur Beratungshalle und richtete seinen Auftrag aus.

Auf seine Nachricht hin wurden die Mallas und ihre Kinder, Schwiegertöchter und Frauen höchst betrübt, traurig und von Herzeleid erfüllt; und einige schrien, indem sie ihre Haare rauften oder die Arme in die Höhe reckten, warfen sich heftig zu Boden, wälzten sich hin und her und riefen: „Bald wird der Erhabene ins Nirwana eingehen, bald wird der Wohlgegangene gänzlich von hinnen scheiden; bald erlischt das Auge in der Welt!"

Dann zogen alle diese Mallas betrübt und traurig zum Schalawalde und begaben sich zum ehrwürdigen Ananda.

Da dachte der ehrwürdige Ananda: Wenn ich die Mallas aus Kuschinagara nun einzeln, jeden für sich, den Erhabenen begrüßen lasse, wird die Nacht vorübergehen, ohne daß alle den Erhabenen begrüßt haben. Darum will ich die Mallas nach Familienverbänden aufstellen und so den Erhabenen begrüßen lassen, mit den Worten: Der Malla Soundso samt seinen Kindern, Frauen, seiner Dienerschaft und Freunden, verneigt sich tief zu Füßen des Erhabenen.

Und der ehrwürdige Ananda tat so und erreichte auf diese Weise, daß alle Mallas schon im Verlauf der ersten Nachtwache dem Erhabenen ihre Ehrerbietung bezeigt hatten.

Der Aszet Subhadra wird vom Buddha in letzter Stunde bekehrt

Zu dieser Zeit hielt sich aber ein Wanderaszet namens Subhadra in Kuschinagara auf und hörte: Heute, in der letzten Wache der Nacht, wird der Aszet Gautama vollständig von hinnen scheiden. Und Subhadra dachte: Ich habe doch von alten und betagten Wanderaszeten, von meinen Lehrern und auch deren Lehrern sagen hören: Selten einmal entstehen Pfadvollender, Heilige, vollkommen Erleuchtete in der Welt. Und heute, in der letzten Wache der Nacht, soll das Hinscheiden des Aszeten Gautama stattfinden! Auch ist mir noch ein bestimmter Zweifel aufgestiegen, und ich vertraue dem Aszeten Gautama so sehr, daß ich glaube, er wird imstande sein, mir so die Lehre zu predigen, daß mir dieser Zweifel schwindet.

Und Subhadra begab sich zum ehrwürdigen Ananda, trug ihm sein Anliegen vor und schloß mit den Worten: „Darum möchte ich den Aszeten Gautama gern sehen." Ananda aber antwortete ihm: „Sprich nicht weiter davon, Freund Subhadra, und belästige den Erhabenen nicht. Der Erhabene ist müde."

Und dreimal wiederholte Subhadra seine Bitte und erhielt von Ananda eben dieselbe Antwort.

Der Erhabene aber hatte das Gespräch Anandas mit Subhadra angehört und sprach zu dem ehrwürdigen Ananda: „Laß es genug sein, o Ananda, halte den Subhadra nicht zurück und erlaube ihm nur, mich zu sehen! Wenn Subhadra mich etwas fragen will, so tut er es aus Wissensdurst und nicht, um mich zu belästigen. Auch wird er, was ich ihm auf seine Fragen erkläre, alsbald verstehen.“

Da sprach der ehrwürdige Ananda zu Subhadra: „Geh, Freund, der Erhabene läßt deinen Besuch zu.“

Da trat Subhadra an den Erhabenen heran, verneigte sich, wechselte mit ihm die üblichen Begrüßungsworte, ließ sich etwas beiseite nieder und fragte dann den Erhabenen: „Haben denn alle die religiösen Führer, die eine Gemeinde oder eine Anzahl von Schülern um sich sammelten und als deren Lehrer tätig waren – alle die bekannten, berühmten und von vielen Leuten hochgeachteten Sektengründer –, die Erkenntnis gewonnen, wie sie es selbst vorgeben, oder nicht? Oder haben einige sie gewonnen und andere nicht?“

Und der Erhabene sprach: „Wenn, o Subhadra, der edle achtgliedrige Pfad in einem Lehrgebäude nicht Platz hat, dann gibt es darin auch nicht die vier Grade von Weltflüchtigen, welche der Erlösung zustreben. In meinem Lehrgebäude hat der edle achtteilige Pfad seinen Platz und gibt es die vier Grade von Weltflüchtigen: den in den Strom der Erlösung Gelangten, den, der nur noch einmal ins Dasein zurückkehrt; den, der nicht mehr ins Dasein zurückkehrt, und endlich, den Heiligen. Die anderen Religionslehren aber lehren nichts von den verschiedenen Graden der Weltflüchtigen; und die Welt müßte voll von Heiligen sein, wenn diese meine Mönche hier dem edlen Pfade nachwandeln würden.“

Darauf antwortete Subhadra dem Erhabenen: „Hervorragend, o Herr, ganz überwältigend! Es ist, wie wenn man etwas Niedergefallenes wieder aufstellt, etwas Verborgenes enthüllt, einem, der in die Irre gegangen ist, den Weg zeigt, oder in der Dunkelheit eine Öllampe anbringt, damit die, welche Augen haben, sehen; so klar hat der Erhabene die Lehre nach jeder Richtung dargelegt! Darum nehme ich meine Zuflucht zu dem Erhabenen, zur Lehre und zur Gemeinde der Mönche! O könnte ich bei dem Erhabenen die Aufnahme in den Orden und die Mönchsweihe empfangen!“

„Wenn jemand, o Subhadra, früher einer fremden Sekte angehört hat und dann in meine Gemeinde aufgenommen werden will und die

Weihe erhalten möchte, muß er eine Probezeit von vier Monaten auf sich nehmen. Wenn sich die Mönche dann dazu entschließen können, nehmen sie ihn auf und erteilen ihm die Weihe zum Mönchstum. Aber ich halte es für richtig, daß die besonderen persönlichen Verhältnisse dabei berücksichtigt werden."

„Wenn es sich so verhält, o Herr, dann will ich eine Probezeit von vier Jahren auf mich nehmen, und dann mögen mich die Mönche in den Orden aufnehmen und mir die Weihe zum Mönchstum erteilen!"

Da sprach der Erhabene zu dem ehrwürdigen Ananda: „Nehmt den Subhadra sogleich in den Orden auf!" „Ja, Herr!" antwortete der ehrwürdige Ananda. Subhadra aber sagte zu dem ehrwürdigen Ananda: „Es ist ein Vorzug, ein wunderbarer Vorzug, o Freund Ananda, daß Ihr noch vom Meister persönlich zum Schüler geweiht seid!"

Die letzten Worte des Buddha

Damals sprach der Erhabene zum ehrwürdigen Ananda: „Es mag sein, o Ananda, daß euch folgender Gedanke kommt: Nun hören wir die Worte unseres Lehrers nicht mehr, und haben nicht länger einen Meister. Aber so, Ananda, sollt ihr nicht denken. Die Lehre und die Ordenszucht, in der ich euch unterwiesen und die ich euch gegeben habe, sollen nach meinem Dahinscheiden euer Meister sein."

Und weiter sagte der Erhabene zu den Mönchen: „Es könnte nun sein, ihr Mönche, daß irgendeiner von euch einen Zweifel oder eine Unsicherheit in Hinsicht auf den Buddha, seine Lehre, seine Gemeinde, den Weg oder den Pfad besäße. Darum fragt, ihr Mönche, damit ihr euch nicht später von Reue erfüllt zu sagen braucht: ‚Als der Meister mitten unter uns war, da getrauten wir uns nicht, den Erhabenen persönlich zu befragen'." Auf diese Worte schwiegen die Mönche. Und ein zweites und ein drittes Mal sprach der Erhabene dieselben Worte, und auch beim drittenmal schwiegen die Mönche. Da sprach der Erhabene: „Es könnte sein, ihr Mönche, daß ihr in ehrfürchtiger Zurückhaltung vor dem Meister ihn nicht fragt. Dann mag zunächst der Freund dem Freunde seine Bedenken mitteilen."

Doch auch darauf schwiegen die Mönche.

Da sagte der ehrwürdige Ananda zum Erhabenen: „Ein Wunder ist es, o Herr, und etwas ganz Besonderes! So klar ist es mir, daß in dieser Gemeinde der Mönche auch nicht ein einziger einen Zweifel oder eine Unsicherheit in Hinsicht auf den Buddha, seine Lehre, seine Gemeinde, den Weg oder den Pfad hat."

„Du sprichst so, Ananda, weil du es glaubst, der Pfadvollender aber weiß, daß es sich so verhält. Denn von den fünfhundert Mönchen hier ist auch der letzte in den Strom der Erlösung eingetreten, wird keiner mehr in eine üble Daseinsform gelangen, sieht jeder unverrückt in der Erleuchtung das höchste Ziel."

Und dann sprach der Erhabene zu den Mönchen: „Nur noch eins, ihr Mönche, habe ich euch jetzt zu sagen: Vergänglich sind alle Formen des Daseins, müht euch, ohne abzulassen."

Das war das letzte Wort des Vollendeten.

Der Buddha geht ins Nirwana ein

Dann durchlief der Erhabene nacheinander die vier Stufen der Versenkung. Von der vierten Stufe aus trat er in die Sphäre der Raumunendlichkeit ein, von hier aus in die Sphäre Bewußtseinsunendlichkeit, dann in die Sphäre des Nichts, in die Sphäre jenseits von Bewußtsein und Nicht-Bewußtsein, und von hier aus erreichte er das Auslöschen von Bewußtsein und Empfindung.

Da sprach der ehrwürdige Ananda zu dem ehrwürdigen Anuruddha: „Der Erhabene ist in das Parinirwana eingegangen, o Anuruddha!"

„Nein, Freund Ananda, der Erhabene ist noch nicht in das Parinirwana eingegangen, sondern hat nur das Aufhören von Bewußtsein und Empfindung erreicht."

Und der Erhabene durchlief nochmal in umgekehrter Reihenfolge alle die Sphären bis hinunter zur ersten Stufe der Versenkung. Von dieser aus erhob er sich dann wieder in die zweite, dritte und vierte Stufe, und von der vierten Stufe aus ging der Erhabene schließlich sogleich in das vollständige Nirwana ein.

Die Totenklage und Verehrung der Leiche des Erhabenen

In demselben Augenblick aber geschah ein großes Erdbeben, ein schreckliches, Entsetzen verursachendes, und der Donner krachte.

Von den Mönchen aber, die noch nicht ganz von Leidenschaften frei waren, warfen die einen die Arme in die Höhe, stürzten sich heftig zu Boden, wälzten sich hin und her und schrien: „Zu schnell ist der Erhabene, der Wohlgegangene, in das Nirwana eingegangen, zu schnell ist das Auge in der Welt erloschen!"

Die Mönche aber, welche von Leidenschaften frei waren, trugen sich gefaßt, indem sie dachten: Unbeständig sind alle Formen des Daseins, es ist ja gar nicht anders möglich.

Indessen verbrachten der ehrwürdige Anuruddha und der ehrwürdige Ananda den Rest der Nacht mit einer Besprechung über die Lehre. Schließlich aber sagte der ehrwürdige Anuruddha zu dem ehrwürdigen Ananda: „Geh, Freund Ananda, begib dich nach Kuschinagara und sprich zu den dortigen Mallas: Der Erhabene ist in das vollständige Nirwana eingegangen, tut, was euch an der Zeit erscheint." „Gut, Herr", antwortete der ehrwürdige Ananda, kleidete sich an, nahm Schale und Obergewand und ging mit noch einem anderen Mönche nach Kuschinagara.

Als die Mallas aus Kuschinagara die Nachricht vom Hinscheiden des Erhabenen erhielten, trauerten und klagten sie sehr. Dann befahlen sie ihren Dienern: „Bringt alle Wohlgerüche, Kränze und Musikinstrumente aus ganz Kuschinagara zusammen", und sie begaben sich damit und mit fünfhundert doppeltliegenden Stoffstücken nach dem Upavartana in den Schalawald, dorthin, wo sich der Leichnam des Erhabenen befand. Und mit Tänzen, Gesängen, Musikvorführungen, Kränzen und Wohlgerüchen verehrten sie den Leichnam des Erhabenen und huldigten ihm in jeder Weise. Dabei spannten sie Sonnenschutzdächer aus, errichteten Zelte und verbrachten so den ganzen Tag.

Der Leichnam des Buddha soll verbrannt werden

Dann sprachen die Mallas zu dem ehrwürdigen Ananda: „O Ananda, wie sollen wir nun mit dem Leichnam des Pfadvollenders verfahren?"

„So, wie mit dem eines weltbeherrschenden Königs."

Da umwanden die Mallas von Kuschinagara den Leichnam des Erhabenen mit einem noch nie gebrauchten Tuch, darauf mit einer dünnen Lage gezupfter Baumwolle, darauf wieder mit einem Tuch und so fort, bis sie auf diese Weise den Leichnam des Erhabenen mit fünfhundert Doppellagen umwunden hatten. Dann legten sie ihn in eine eiserne Wanne mit Öl, überdeckten diese mit einer anderen, schichteten einen Scheiterhaufen aus aller Art von wohlriechenden Substanzen auf und legten den Leichnam des Erhabenen darauf.

Vier von den vornehmsten Mallas aber, die ihr Haupt besonders gebadet und neue Kleider angelegt hatten, machten sich daran, den Scheiterhaufen des Erhabenen in Brand zu setzen, waren aber nicht dazu imstande. Da fragten die Mallas den ehrwürdigen Anuruddha, was dies wohl für einen Grund oder eine Ursache haben könnte. „Die Götter haben anders beschlossen", antwortete er. „Und was haben die Götter beschlossen?" „Der Beschluß der Götter lautet: Der ehrwürdige Mahakaschyapa befindet sich mit der großen Schar von fünfhundert Schülern auf dem Wege von Pava nach Kuschinagara, und der Scheiterhaufen des Erhabenen wird nicht eher aufflammen, bis sich der ehrwürdige Mahakaschyapa verehrend mit dem Kopf bis hinab auf die Füße des Erhabenen geneigt hat." „Wenn das der Wille der Götter ist, soll es so sein!"

Mahakaschyapa grüßt den Buddha zum letzten Male

Zu der Zeit befand sich der ehrwürdige Mahakaschyapa von Pava unterwegs nach Kuschinagara, und es begab sich, daß er die Straße verließ und sich unter einem Baum niedersetzte. Ein umherziehender Aszet aber wanderte gerade in der Gegenrichtung nach Pava und hatte sich aus Kuschinagara eine Mandaravablüte mitgenommen. Mahakaschyapa sah ihn von fern herbeikommen und rief ihn an: „Freund, kennst du unseren Meister?“ „Ja, Freund, ich kenne ihn. Heute vor sieben Tagen ist der Aszet Gautama ins vollkommene Nirwana eingegangen, und von den Bestattungsfeierlichkeiten habe ich mir diese Mandaravablüte mitgenommen.“

Da schrien einige der Mönche von Schmerz bewegt auf und weinten. Unter der Schar des Mahakaschyapa befand sich aber auch ein Mönch, der erst im Alter in die Gemeinde eingetreten war. Der sprach zu den Mönchen: „Laßt es genug sein, Freunde, quält euch nicht und laßt das Klagen, denn wir haben eigentlich Glück, wenn wir diesen großen Aszeten loswerden. Wir wurden doch sehr belästigt durch sein ewiges: ‚Dies schickt sich für euch‘ und ‚Dieses schickt sich nicht.‘ Jetzt aber können wir tun, was wir wollen, und auch lassen, was wir wollen.“

Der ehrwürdige Mahakaschyapa aber sprach zu den verzweifelten Mönchen: „Genug, ihr Freunde, hört auf zu jammern und zu klagen! Hat der Erhabene nicht früher schon gesagt, daß man von allem, was einem lieb und wert ist, scheiden und sich trennen muß und daß alle Beziehungen sich wandeln?“

Und der ehrwürdige Mahakaschyapa begab sich nach Makuta-Bandhana bei Kuschinagara, dem Heiligtum der Mallas, trat an den Scheiterhaufen des Erhabenen heran, entblößte seine rechte Schulter, legte die Hände vor der Brust zusammen, umwandelte den Scheiterhaufen dreimal feierlich nach rechts, entfernte die Tücher am Fußende und beugte sich mit dem Kopfe verehrend bis auf die Füße des Erhabenen herab. Und ebenso taten die fünfhundert Mönche.

Als Mahakaschyapa und die fünfhundert Mönche aber derart ihre Verehrung ausgedrückt hatten, da flammte der Scheiterhaufen des Erhabenen von selbst auf.

So wurde der Leib des Pfadvollenders verbrannt. Die äußere und die innere Haut, das Fleisch, die Sehnen und die Säfte hinterließen aber weder Asche noch Ruß, und nur die Knochenreste blieben übrig. Es war genau so, wie wenn man Schmelzbutter oder Öl verbrennt; auch da bleibt keine Asche und kein Ruß zurück. Trotzdem aber verbrannten von den fünfhundert Paar Hüllen nur zwei Lagen, die innerste und die äußerste.

Als dann der Leichnam des Erhabenen verbrannt war, ergoß sich aus der Luft ein Wasserstrahl hernieder und löschte den Scheiterhaufen aus, unterstützt von Wasser, das aus dem Boden hervorbrach. Gleichzeitig aber machten sich auch die Mallas daran, den Scheiterhaufen mit aller Art von duftenden Wassern zu löschen.

Darauf errichteten die Mallas um die Gebeine des Erhabenen ein Gitter aus Speeren, schichteten einen Wall von Bogen darum und ehrten, feierten und achteten die Reliquien und huldigten ihnen sieben Tage lang in der Ratshalle mit Tänzen, Gesängen, Musikvorführungen, Kränzen und Wohlgerüchen.

Die Verteilung der Reliquien

Adschataschatru, der König von Magadha, aber erfuhr, daß der Erhabene zu Kuschinagara ins Nirwana eingegangen war, und schickte an die Mallas einen Boten mit der Forderung: „Der Erhabene war ein Angehöriger der Kriegerkaste, und da auch ich ein Krieger bin, erhebe ich Anspruch auf einen Teil der Gebeine des Erhabenen. Ich will über ihnen ein Monument errichten und ein großes Fest begehen." Diese Forderung der Auslieferung eines Teiles der Reliquien des Erhabenen erhoben aber auch die Litschavis von Vaischali, die Schakyas von Kapilavastu, die letzteren mit der Begründung: „Der Erhabene ist unser vornehmster Verwandter", und noch vier andere Parteien.

Hierauf erklärten die Mallas von Kuschinagara allen Versammelten: „Der Erhabene ist in unserm Bezirk heimgegangen. Wir geben nichts von den Reliquien heraus!"

Der Brahmane Drona aber sprach zu den Anwesenden: „Hört, ihr Herren! Eins muß ich euch sagen: Bedenkt, daß der Buddha uns Sanftmut zu üben gepredigt hat. Nie könnte man es gutheißen, wenn es zu einem Streit um die Verteilung der Reliquien des Höchsten käme. Wir alle, wie wir hier zusammen sind, wollen darum acht gleiche Teile aus den Reliquien machen. Dann werden ihre Denkmäler in allen Himmelsgegenden verbreitet sein und viele Leute sich zu dem Weisen bekehren."

„Dann, o Brahmane, teile du selbst die Reliquien des Erhabenen in acht gleiche Teile."

Da tat der Brahmane Drona so und sprach sodann zu den Versammelten: „Diese Urne möchte ich mir ausbitten; auch ich will ein Denkmal über ihr errichten und ein Fest veranstalten."

Und sie schenkten dem Brahmanen die Urne.

Nachträglich hörten auch die Mauryas von Pippalivana vom Hinscheiden des Erhabenen und verlangten auch ihren Teil. Aber es hieß: Von den Reliquien des Erhabenen ist nichts mehr vorhanden, sie sind alle verteilt, nehmt euch die Asche. Und da nahmen sie die Asche mit sich.

Adschataschatru, der König von Magadha, aber und die andern alle, welche bei der Teilung bedacht worden waren, errichteten über den Gebeinen des Erhabenen ein Erinnerungsmonument und veranstalteten große Feste. Ebenso verfuhren der Brahmane Drona mit der Urne und die Mauryas von Pippalivana mit der Asche.

Auf diese Weise gab es acht Erinnerungsmonumente über den Gebeinen, ein neuntes über der Urne und ein zehntes über der Asche des Erhabenen.

VERZEICHNIS DER ÜBERSETZTEN TEXTSTELLEN

Haupttexte: *Kên-pên-shuo-i-tsʿie-yu-pu-pʿi-nai-ye-pʿo-sêng-shi* (Kyōto-Tripiṭaka, Band 18, Heft 10; Text I). – *Lalitavistara* (ed. Lefmann; Text II). – *Mahāparinibbānasutta* des *Dīghanikāya* (ed. der Pali Text Society, Band II; Text III).

Nebenquellen: *Nidānakathā* (ed. Fausböll; nur ein kurzes Stück daraus ist aufgenommen; Text IV). – *Fo-shuo-ki-ku-chang-chê-nü-tê-tu-yin-yüan-king* (Kyōto-Tripiṭaka, Band 15, Heft 7; Quelle der Sumagadha-Legende; Text V). – *Fo-pên-hing-tsi-king* (Kyōto-Tripiṭaka, Band 14, Heft 8; nur ein kurzes Stück daraus ist aufgenommen; Text VI).

Die übersetzten Stellen der Sanskrit- und Pali-Texte sind nach Seiten- und Zeilenzahl der betreffenden Ausgaben angegeben; bei den chinesischen Texten ist nur die Seite genannt.

S. 19: II, 7,21–8,2; 10,19–11,6; *S. 19:* II, 11,6–21; 13,4–5; *S. 20:* II, 13,9–20; 19,6–20,22; *S. 22:* II, 22,21–25,22; *S. 24:* II, 26,1–27,12; *S. 26:* II, 29,13–17; 38,13–39,5; *S. 27:* II, 39,6–39,18; *S. 29:* II, 41,8–21; 42,1–4; 42,9–20; 43,11–18; *S. 30:* II, 44,11–15; 47,3–8; 47,20–22; 48,13–16; 47,11–13; *S. 31:* II, 48,17–49,4; 49,19–50,4; *S. 32:* II, 51,4–52,8; *S. 33:* II, 54,18–55,10; *S. 34:* II, 55,11–57,9; 57,15–57,22; 58,3–58,11; *S. 36:* II, 64,11–21; 70,16–21; 71,1–2; *S. 37:* II, 71,5–22; *S. 39:* II, 76,8–77,21; *S. 40:* II, 78,1–19; 81,21–82,11; 82,14–83,2; *S. 42:* II, 83,3–10; 83,12–14; *S. 43:* II, 83,19–84,5; *S. 43:* II, 84,6–85,3; *S. 44:* II, 85,11–86,13; *S. 45:* II, 96,3–97,2; 98,3–5; 98,6–9; *S. 46:* II, 98,10–13; 99,17–100,3; *S. 47:* II, 100,5–19; 95,20–96,2; *S. 48:* II, 101,1–102,5; *S. 49:* II, 102,6–103,10; *S. 50:* II, 103,11–22; *S. 51:* 104,1–105,7; *S. 52:* II, 105,8; 105,10–106,5; 106,7; 107,18–108,4; *S. 59:* II, 118,3–120,12; *S. 61:* I, 10a–10b; *S. 62:* II, 123,15–124,8; 125,15–20; 126,11–22; *S. 63:* VI, 43b–44a (Kürzungen!); II, 144,3–5; *S. 64:* II, 144,10–145,7; *S. 65:* II, 145,15–146,7; *S. 66:* II, 146,8–147,3; 147,9–147,13; *S. 67:* II, 152,8–153,5; *S. 68:* II, 153,20–157,2; *S. 71:* I, 11b–12a; *S. 73:* I, 12a (Kürzungen!); *S. 75:* II, 136,10–16; 137,1–138,6; *S. 76:* II, 138,11–139,16; *S. 77:* II, 139,17–22; 140,6–141,4; *S. 78:* II, 141,5–142,22; *S. 80:* II, 143,1–3; 157,3–9; *S. 85:* II, 186,21–187,5; 187,7–10; 187,12–18; 187,20–189,8; *S. 87:* II, 189,9–190,7; *S. 87:* II, 190,8–191,11; *S. 88:* II,

191,12–192,14; *S. 89:* I, 13a–13b; *S. 91:* II, 128,17–129,11; *S. 92:* II, 129,12–130,11; 130,17–131,20; *S. 93:* II, 131,20–132,17; *S. 95:* II, 160,3–161,1; 161,10–162,2; 162,9–10; *S. 97:* II, 198,1–200,7; 200,12–14; *S. 98:* II, 200,15–201,1; 201,6–9; *S. 99:* II, 203,8–15; 204,5–8; 204,3–4; 203,16–204,2; 204,9–14; *S. 100:* II, 204,14 bis 205,15; *S. 101:* II, 205,17–18; 205,21–206,19; 207,1–15; *S. 103:* II, 209,11–210,2; *S. 104:* II, 210,2–8; 210,14–212,8; 212,12–213,3; 214,10–13; *S. 107:* II, 217,5–10; 217,12–218,18; *S. 108:* II, 220,5–222,8; *S. 110:* II, 225,5–9; 225,15–226,12; *S. 111:* II, 231,13–232,6; 225,11–12; *S. 112:* II, 229,21–230,6; 230,11–231,8; *S. 112:* II, 232,7–233,20; *S. 113:* II, 233,21–235,2; 235,5–10; *S. 115:* II, 235,21–236,10; 236,13 bis 237,2; 237,5–237,12; 237,18–238,4; *S. 121:* II, 238,12–239,21; *S. 122:* II, 240,1–22; 241,5–13; 242,20–243,3; 241,17–242,18; 243,4–12; *S. 125:* II, 243,15–244,1; 244,8 bis 245,15; *S. 127:* II, 245,16–246,2; 246,7–8; 248,7–248,12; *S. 128:* II, 248,13–250,10; 250,21–252,2; *S. 131:* II, 252,5–252,8; 252,13–253,22; *S. 132:* II, 254,1–3; 254,6 bis 255,9; 255,17–20; 256,16–257,12; *S. 134:* II, 260,17–262,5; 262,8–263,5; *S. 136:* II, 263,6–264,22; *S. 139:* II, 265,16–18; 267,9–11; 269,10–20; *S. 139, S. 141, S. 142:* I, 20a–b (Kürzungen!); *S. 142:* II, 270,15–18; I, 20b; *S. 143:* II, 273,9–15; 278,20–22; 279,13–20; 281,9–13; 282,5–283,2; 284,11–285,16; *S. 146:* II, 285,17 bis 286,9; 287,3–288,10; 289,11–20; *S. 150:* II, 299,19–300,10; *S. 150:* II, 301,8–302,18; *S. 152:* II, 302,18–20; 303,11–14; 305,5–307,9; 307,13–15; *S. 154:* II, 308,16–309,2; 309,18–21; 310,7–8; 316,19–317,2; *S. 155:* IV, 72,29–73,31; II, 317,3–8; 317,11–19; *S. 157:* II, 317,19–319,16; *S. 159:* II, 319,19–21; 320,1–322,12; 322,17–20; 323,7–10; 323,15–324,10; 325,19–326,5; 327,7–10; 328,1–2; 328,6–9; 328,20–329,2; 330,1–21; *S. 165:* II, 343,13–344,8; *S. 166:* II, 344,9–22; *S. 167:* II, 345,1–6; 345,12–17; *S. 167:* II, 345,20–348,3; *S. 169:* II, 348,4–350,5; 350,8,9,14; 350,15–351,2; *S. 173:* I, 22a–b; *S. 179:* II, 369,9–11; 377,3–8; 379,15–381,2; *S. 180:* II, 381,3–382,17; *S. 182:* II, 382,18–383,15; 383,18–384,5; 385,4–7; *S. 183:* I, 23a–b; *S. 185:* II, 392,7–20; *S. 186:* II, 393,17–394,7; *S. 186:* II, 394,8–15; 395,11–396,10; 396,11 bis 397,9; 399,9–16; 399,21–401,7; *S. 190:* II, 402,19–403,22; *S. 191:* II, 404,7; 404,9–21; *S. 191:* II, 405,1–406,22; *S. 193:* II, 407,1–11; *S. 193:* II, 407,12–408,6; *S. 194:* II, 408,6–409,14; 409,17–410,2; *S. 196:* II, 410,8–12; 411,11–18; 413,8–18; 415,9–14; *S. 197:* II, 416,13–417,15; 418,6–12; 418,20–21; *S. 199–S. 207:* I, 28a–30b (Kürzungen! Ein Teil der Wunder des Buddha ist fortgelassen). *S. 211–218:* V (Starke Kürzungen!); *S. 221:* III, 98,17–100,16; 100,20–23; 101,3–4; *S. 222:* III, 102,1–15; 102,18–103,16; 104,6–11; *S. 223:* III, 104,12–26; 105,5–7; 106,16–24; 107,7–12; 112,21–31; 113,32; 114,29–32; 108,28–30; *S. 225:* III, 115,1–8; 115,13–34; 118,27 bis 119,3; *S. 226:* III, 126,19–127,26; 127,34–128,1; *S. 227:* III, 128,2–5; 128,14–129,35; *S. 228:* III, 130,1–132,29; 133,4–133,25; *S. 230:* III, 133,26–134,12; *S. 232:* III, 137,1–138,4; *S. 232:* III, 140,17–30; 141,2–3; 141,9–25; 143,20–144,20; *S. 234:* III, 147,12–148,27; *S. 235:* III, 148,28–151,2; 151,9–24; 152,5–36; *S. 237:* III, 154,1–7; 154,23–156,3; *S. 238:* III, 156,4–34; *S. 239:* III, 156,35–37; 157,20–158,4; 158,27–36; 159,14–24; *S. 239:* III, 161,8–12; 161,34–162,5; 163,6–23; *S. 240:* III, 162,6–18; 162,26–163,3; 163,24–164,23; *S. 242:* III, 164,24–30; 165,33–166,21.

Nachtrag 1981

Seit 1928, dem Zeitpunkt der Zusammenstellung der hier in einer Faksimile-Wiedergabe neu aufgelegten „Legende vom Leben des Buddha" sind über 50 Jahre vergangen, in denen die sich mit Indien beschäftigende Fachwissenschaft bedeutende Fortschritte gemacht hat. Für unsere „Legende" wird dies dokumentiert durch zwei Neuerscheinungen: Raniero GNOLI's Ausgabe des Saṅghabhedavastu, des Sanskrit-Originals des Haupttextes I unter den bei uns oben auf S.245 verzeichneten Quellen. Seinerzeit war ich auf eine chinesische Fassung des Textes angewiesen. GNOLI's Werk trägt den Titel „The Gilgit Manuscript of the Saṅghabhedavastu of the Vinaya of the Mūlasarvāstivādins", erschienen in Rom in zwei Teilen, Part I 1977, Part II 1978. Die zweite Neuerscheinung ist Yutaku IWAMOTO's "Sumāgadhāvadāna". Dies ist eine in Deutsch abgefaßte, weitgespannte Herausgabe und Bearbeitung der verschiedenen Versionen der Erzählung von Sumāgadhā, von ihm publiziert in den „Studien zur Buddhistischen Erzählungsliteratur", Kyoto 1968, unter Nr. II. Die vierte der von IWAMOTO behandelten und übersetzten chinesischen Versionen (s.a.O.S.134-163) ist unser Text V, genannt auf S.245 und von mir oben auf S.211-218 abgekürzt übersetzt. Dieser Text steht der von IWAMOTO nach sechs Manuskripten herausgegebenen Sanskrit-Fassung der Erzählung sehr nahe, wie der Stammbaum der Versionen, bei ihm auf S.184 abgedruckt, veranschaulicht. Es zeigt sich, daß in unserem Buch zwei Namen zu verbessern sind, nämlich „Schön-ohne-Fehl" und Suschila; siehe dazu die Bemerkungen unten im alphabetischen Namenregister.

Meine Aufgabe in diesem Nachtrag sah ich in der Lesung und Übersetzung der tibetischen Beischriften zu den Illustrationen der einzelnen Szenen des Buddhalebens auf den fünf unserem Buch beigegebenen Tempelbildern (Thaṅkas). Dabei waren unerwartete Schwierigkeiten zu überwinden, denn die Thaṅkas, welche vor dem Zweiten Weltkrieg in der Ostasiatischen Abteilung des Berliner Museums für Völkerkunde unter den Nrn. ID 24239-24243 aufbewahrt wurden, waren nach dem Kriege verschwunden. Sie sind vermutlich zur Sicherstellung verlagert gewesen und den Wirren bei Kriegsende zum Opfer gefallen. Glücklicherweise hatte ich während meiner Tätigkeit am Museum fotografische Plattenaufnahmen der Bilder (im Ganzen und in Teilen) machen lassen, die sich heute im Museum für Indische Kunst in Berlin befinden. Sie sind an einigen Stellen leider unscharf, was die Lesung der Beischriften hier und da unmöglich macht. Erschwert wird die Beschäftigung mit den Beischriften auch durch Mißverständnisse oder mangelnde Sorgfalt der tibetischen Schreiber. Schreibfehler oder Defektivschreibungen sind zahlreich.

Der tibetische Lektor an der Universität Göttingen, Herr ZONGTSE, Champa Thupten, hatte die Freundlichkeit, die Lesung und Übersetzung der Beischriften mit mir durchzusprechen, wodurch manche, wenn auch nicht jede, Unklarheit behoben werden konnte. Ich danke ihm dafür recht herzlich.

Hauptverdient gemacht beim Zustandekommen dieser Faksimile-Ausgabe hat sich mein ehemaliger Schüler und Freund, Prof.Dr.Herbert HÄRTEL, Berlin, der Direktor des Museums für Indische Kunst in Dahlem. Er führte die Verhandlungen mit der Verlagsanstalt, übersandte mir bereitwilligst alle gewünschten Fotos und Vergrößerungen und unterstützte mich durch Rat und Tat, wo immer er konnte. Mein tief empfundener Dank sei ihm an dieser Stelle ausgesprochen.

Die Numerierung der Szenen folgt dem Ablauf der Legende. Die Plazierung der Szenen ist aus den beigefügten Übersichten über die fünf Thaṅkas zu ersehen.

Zur Transkription indischer Namen in unserer „Legende vom Leben des Buddha“ ist nachzutragen: Die Verbindungen tschtsch (für *cc*) und tschtschh (für *cch*) sind vermieden und vereinfacht worden.

Thaṅka 1 (Seite 16) Der Geburtszyklus

(1) 1. Der Herabstieg aus dem Tusita (–Himmel): *daṅ-po dga' -ldan-nas 'pho-ba.*
(2) Der weiße Elefant: *glaṅ-chen tha(l)-dkar.*
(3) 2. Im Mutterleib befand er sich: *gñis-pa lhums-su bźugs-pa.*
(4) (in der Tür:) Ein Devaputra bewachte die Tür: *lha'i-bu sgo (b)sruṅs;* (links neben der Tür:) Kapila(vastu): *ser-skya.*
(5) Die Mutter ging zum Lumbinīvana: *yum lumba'i 'tshal-du byon.*
(6) Auf der großen Erde sieben Schritte machte er: *sa chen gom-pa bdun bor-ba.*
(7) Brahmadatta: *'tshaṅs-byin.*
(8) (oben) Höhle des Berges „Kun-'dsin“: *ri-bo kun-'dsin-gyi phug.* (unter dem dunkelhäutigen Ṛṣi:) Asita (Akleśa, „der Unbefleckte“): *ñon-moṅs med.*
(rechts neben dem hellhäutigen:) Nalada (Nārada, Naradatta): *mis-byin.*
(9) (falsch verteilt, oben:) Asita: *ñon-moṅs med.*
(unten:) Nālada: *mis-byin.*
(10) (rechts unter der Tür:) Der Vater ging den Ṛṣis entgegen: *yab-kyis draṅ-sroṅ bsu-ba.*
(links neben der Tür:) Kapila(vastu): *ser-skya.*
(11) (oben rechts von den Ṛṣis:) Durch die beiden Seher wurden die Merkmale untersucht: *draṅ-sroṅ gñis-kyis mtshan ltas-pa.* (rechts neben Vater und Kind:) Vater: *yab,* (darunter:) Sohn: *sras.*

Thaṅka 2 (Seite 64) Die Jugend des Bodhisattva

(1) (Der Yakṣa) Śākyavardhana: *śa-kya 'phel.*
(2) Er (der Yakṣa) ging entgegen: *bsu-ba byas.*
(3) Der Śākyamuni Genannte ergriff die goldene Wanne mit Dau-

men und Zeigefinger: *sākya thub-tu gsol gser-gyi gźoṅ-pa-la mzub-mos bźes-pa.*

(4) (rechts vom Bodhisattva:) Bei Kṛmivarman lernte er das Schreiben: *srin-bu go-cha'i druṅ-du* (unter dem Bodhisattva:) *yi-ge slob-pa.*

4. Am Platz der Kunst übte er sich: *bź'i-pa bzo'i gnas-la sbyaṅ-pa.*

(5) Bei Arjuna (einem berühmten Mathematiker) Rechnen lernte er: *srid-sgrub druṅ rtsis slob-pa.*

(6) Mit Kraft (Geschicklichkeit) auf dem Nacken eines Elefanten ritt er: *sgyu-rtsal-gyis glaṅ-chen gñar źon-pa.*

(7) Den Kadaver des Elefanten mit der Spitze des großen Zehens eines Fußes warf er einen Krośa weit: *glaṅ-chen-ro źabs-kyi mthe-boṅ-rtses rgyaṅ-grags gcig-tu 'phaṅs.*
(unter dem Elefantenrüssel:) Devadatta: *lha-byin.*
(am Kopf des auf dem Rücken liegenden Elefanten rechts:) Der getötete Elefant: *glaṅ bśas-pa.*

(8) Wettkampf mit Pfeil (und Bogen): *mda' 'gran-pa.*

(9) Stärke-Wettkampf: *stobs 'gran-pa.*

(10) Schwimmübung (ohne Beschriftung).

(11) Der Reif (?) der Yaśodharā: *grags-'dsin-ma'i bskor.*

(12) Mit dem Messer (Schwert) durchschnitt er einen Baum: *ral-gris śiṅ bcog-pa.*

Thaṅka 3 (Seite 81) Die Weltentsagung

(1) Devadatta schoß einen Pfeil auf eine Wildgans *(hamsa)* ab: *la-sbyin-gyis ṅaṅ-pa-la mda' 'phaṅs-pa.*

(2) (links neben dem Boten:) Eine Nachricht wurde überbracht: *'phrin phul-ba.*
(rechts über dem Bodhisattva:) Der Bodhisattva, der im Garten saß, heilte die Wildgans: *byaṅ-chub-(sems)-dpa' skyed-mos-thsal-du gśegs-pa ṅaṅ-pa sos-pa.*

(3) (links neben dem Dunkelhäutigen:) Udāyin: *char-ka.*

(4) (unten am Söller des Hauses:) Gopā (Gopikā) von ihrem Wohnsitz aus sah (den Bodhisattva): *sa-tsho-mas khaṅ-bzaṅ-nas bltas-pa.*

(5) (Zwischen den Hauptpersonen:) Gopā (Gopikā) nahm er zur Frau (?):*sa-mtsho-ma khab-tu* (?) *bźes.*

(6) (in der Mitte, rechts neben dem Bodhisattva mit Schirm:) An den vier Stadttoren sah er:*groṅ-khyer sgo bźir gzigs-pa*
(a) den Alten: *rga-ba*
(b) den Toten: *'chi*
(c) den Kranken: *na.*

(7) (rechts unterhalb des Bettlers mit der Almosenschale:) Den Bettelmönch sah er:
(d) *dge-sloṅs gzigs.*

(8) (unter dem Bodhisattva:) Zum Bauerndorf (Ackerland) ging er: *źiṅ-pa'i groṅ-du byon-pa.*

(9) Im Schatten eines Jambu(baumes) saß er (und) machte Verehrung (seines) Vaters: *'dsam-bu grib-ma-la bźugs-pa yab-kyi phyag mdsad-pa.*

(10) (rechts unter dem Mädchen:) Mṛgajā sah den Bodhisattva: *ri-dvags-skyes-kyi(s) byaṅ-chub-sems-dp'a (m) thoṅ-ba.*
(links neben dem Mädchen:) Der Bodhisattva, aus der Stadt gekommen, nahm (Mṛgajā) zur Frau: *byaṅ-chub-sems-dp'a groṅ-khyer-nas pheb(s)-pa khab-tu źes.*

(11) (neben dem Kopf des Vaters:) Beim Vater Erlaubnis erbat er: *yab-la źu-ba gsol.*

(12) (unterhalb der Palastszene, zu 11 gehörig:) Yaśodharā sah Träume (Traumbilder): *graṅ(grags)-'dsin-mar(mas) rmis ltas byuṅ-bu.*
(links über dem Pferdeschwanz:) Er ging aus dem Hause: *khyim-nas phyuṅ-ba.*

(13) (rechts vom Pferdekopf:) Von vier Göttersöhnen gehoben, ging er im Luftraum davon: *lha'i-bu bźis bteg-nas mkh'a-la bśegs (gśegs)-pa.*

(14) Bei dem „Völlig Reinen" (Caitya,Stūpa) begab er sich in die Hauslosigkeit (vollzog er die *pravrajyā): rnam-dag druṅ-du*

rab-tu-byuṅ.

(15) Śakra (Śatakratu) schenkte (ihm) ein gelbrotes Gewand (*kāṣāya*): *(b)rgya-(s)byin-gyis ṅur-sm(r)ig phul.*

(16) (neben dem Kopf des Büßers in der Hütte:) In die Einsiedelei (āśrama) des Ārāḍakālāma ging er: *riṅ(-du')phur-gyi bsti-gnas-su gśegs-pa.*

(17) (zwischen Bodhisattva und Türhüter:) Zur Residenz des Königs kam er: *rgyal-po'i khab-du(tu) byon-pa.*
(rechts unter dem Söller des Palastes:) Er wurde von (König) Bimbisāra gesehen: *gzugs-can sñiṅ-pos (m)thon-ba.*

(18) (unter König Bimbisāra:) (Als er) bei einem Paṭala-Baum saß, kam (König) Bimbisāra herbei: *śiṅ paṭala'i druṅ-du bźugs-pa gzugs-can sñiṅ-po druṅ-du byon.*

Thaṅka 4 (Seite 176) Die Erleuchtung

(1) (unter dem nackten Bodhisattva:) Beischrift unleserlich bis auf den Anfang: (Am Ufer?) der Nairañjanā: *nai-rañjana'i. . .*
(links unterhalb der beiden Leute:) Der Vater schickte Bedienstete: *yab-kyi(s) rim-gro-ba gtaṅ.*

(2) Bad in der Nairañjanā, ohne Beischrift.

(3) Die Milch von einem Tausend bester Kühe wurde gemolken: *ba mchog stoṅ-gi 'o-ma bźos.*

(4) (rechts neben der Stehenden:) Nandabalā: *dga' stob(s).*

(5) (unter dem Bodhisattva:) Der Bodhisattva ist nach Senāyanigrāma gegangen: *byaṅ-chub-sems-dpa' sde-chan-gyi gnas-su bźegs.*
(links von dem Mädchen mit Schale:) Nandabalā bot die Milchsuppe an: *dga 'stob-ma 'o-thug phul.*
(oben zwischen den Köpfen, nur stellenweise leserlich, bezieht sich auf die Szene darüber:) Goldland . . . Śakra (nahm die Gestalt?) eines Garuḍa . . . (an die Tür?) kehrte zurück: *gser gyi yul . . . daṅ brgya-byiṅ-gyis (nam)-mkha-bdiṅ . . . sgo slar soṅ.*

(6) Eine Gottheit legte eine Erklärung über den Vajra-sitz (-Gayā?) dar: *lhas rdo-rje gdan luṅ bstan-pa.*

(7) (rechts neben der linken Hand des Bodhisattva:) Der Schlangenkönig Kālika, der blind war (und bei der Geburt des Buddha) Augen bekommen hatte, (zum) Bodhisattva ging. Das Wasser des großen Ozeans *(samudra)*, herniedergefallen, wurde zu einem Lotusteich *(puṣkariṇī): klu'i rgyal-po dus-can loṅ-ba mig thob byaṅ-chub-sems-dp'a bśegs-pa rgya-mtsho chen-po chu bab-pa rdsiṅ-du gyur.*

(Mit dem) Grassammler Svastika zusammengetroffen erbettelte er Gras: *rtsa-tshoṅ bkra-śis-(l)daṅ mjal rtsa bslaṅs.*

(8) (unter dem Buddha:) (Auf dem) Vajra-Sitz beim Bodhi-Baum saß er, besiegte den Māra (und) erlangte die vollkommene Erleuchtung: *rdo-rje-gdan-byaṅ-chub śiṅ druṅ-du bźugs,bdud btul, mṅon-par rdsogs-par saṅs-rgyas.*

(unter den Bogenschützen im Wagen:) Cupido (Amor): *dga'-rab dbyaṅ-phyug.*

(unter der anbetenden dunkelhäutigen Frau:) Die Erdgöttin legte Zeugnis ab: *sa'i lha-mos dpaṅ (spaṅ) mdsad.*

(unter den drei alten Frauen:) Māras Töchter wurden in alte Frauen transformiert: *bdud-kyi bu-mo rgan-mor byin-gyis rlabs-pa.*

(9) Sohn Rāhula ging im Wasser nicht unter: *sras sgra-gcan-'dsin chus ma nub-pa.*

(10) In der Behausung des Schlangenkönigs Mucilinda wurde er zum Schutz vor Winden mit Schlangenleibern umschlungen: *klu'i rgyal-po btaṅ-gzuṅ-gi (gnas-su) rluṅ (mi) gnod-pa'i phyir klus sbrul dkris.*

(11) Mit Uruvilvākāśyapa unterhielt er sich: *ltoṅ-rgyas 'od-gzuṅs-la gtam bdsad-pa.*

(12) (unter den beiden Kaufleuten:) Trapuṣa und Bhallika brachten (boten dar) Honig und (süßen) Brei *(manthā): ga-gon daṅ bzaṅ-pos sbraṅ-rtsi daṅ 'dag-gu(khu) phul.*

(13) Als er in einem Jambubaum-Wald saß, brachte (bot dar) Śakra eine Myrobalane (*harītakī*-Frucht): *śiṅ 'dsam-bu'i 'tshal-du*

bśugs-pa-na (b)rgya-byin-gyis a-ru-ra phul.

(14) Brahman bat (den Buddha) feierlich zu predigen: *tshaṅs-pas gsol-ba btab.*

(15) (oben:) Die Begegnung mit dem Ājīvika: *ñer-'gro daṅ mjal.* (unten:) (Auf dem Wege in) das Land Kāśī: *ka-śa'i yul.*

(16) (oben zwischen den Köpfen von zwei der fünf Asketen:) Die Fünfergruppe im Gazellenhain *(mṛgadāva)* von Ṛṣipattana (im Gespräch mit dem Buddha:) *draṅ-sroṅ-lhuṅ-ba ri dvags-kyi gnas-su lṅa-(b)sde.*

(17) (links neben dem Rad:) Für die Fünfergruppe drehte er das Rad der Lehre (=predigte er): *lṅa-(b)sde-la chos-'khor bskor-ba.* (die beiden Götter im Vordergrund:) Brahman: *tshaṅs-pa* (links), Śakra: *(b)rgya-byin* (hellhäutig, rechts). (die beiden Mönche links:) Ājñāta (kauṇḍinya): *kun-śes* (dunkelhäutig), Aśvajit: *rta-thul* (hellhäutig). (die drei Mönche rechts, von unten nach oben:) Bhadrika: *bzaṅ-ldan,* (Mahā)nāman: *miṅ-can,* Bāṣpa (Vāṣpa): *rlaṅs-pa.*

(18) Zur Wohnung Uruvilvākāśyapas:) ging er: *lteṅ-rgyas gnas-su bśegs.*

(19) (bei den drei Asketen oberhalb des Flusses:) Die Brahmanen-Jünglinge warfen ihre (asketischen) Utensilien in den Fluß Nairañjanā: *bram-ze'i khye'u-rnams-kyi(s) yo-byad chu-rluṅ nai-rañjana dor.* (links von den beiden Asketen unten, am anderen Ufer:) Nadīkāśyapa und Gayākāśyapa sahen die weggeworfenen Utensilien: *chu-kluṅ 'od-sruṅs ga-ya 'od-sruṅ(s) gyis yo-byad khyer-ba (m)thoṅ.*

Thaṅka 5 (Seite 209) Wanderjahre und Heimgang des Buddha

(1) (oben zwischen den Köpfen:) Anāthapiṇḍada: *mgon-med-zas-sbyin.* (links neben der Frau:) Bhadrā: *bzaṅ-mo.*

(2-3)(links über der rechten Hand der Frau im Wagen:) Bhadrā:

bzaṅ-mo.

(Szene ganz links, Empfang durch Kamelkarawane:) ohne Beischrift.

(4) (rechts neben den beiden Nackten:) Bindungslose (*nirgrantha*): *ce-bu (gcer-bu-pa).*

(unter der Frau, die sich schämt:) Bhadrā: *bzaṅ-mo.*

(5) (Zug der Mönche durch die Luft:) (unter dem Löwenwagen:) Śāriputra: *śa-ri-bu;* (unter dem Elefantenreiter:) Maudgalyāyana: *ma'o-ga-la;* (Pferdewagen:) ohne Beischrift; (vor dem Wald, oben:) Aniruddha: *ma 'gas-pa;* (rechts am Wildganswagen:) Kātyāyana: *ka-ta'i bu;* (links am Ochsenwagen:) Pūrṇa: *gaṅ-po;* (unter dem Mönch vor Pflanzengruppe:) Aśvajit: *rta-thul;* (unter dem Fuß des dunkelhäutigen Gottes:) Brahman: *tshaṅ (tshaṅs-pa;* (am Fuß des schirmtragenden Gottes:) Śakra: *brgya-byiṅ;* (links von der Gottheit mit Laute:) Gandharva: *dri-za-zur-phud;* (rechts von der Gottheit mit Flöte:) Kāmadeva: *'dod-lha;* zwei fliegende Mönche ohne Beischrift (ganz rechts).

(6) (links neben dem dunkelhäutigen Gott Brahman:) Puṇḍravardhana: *bu-ram-śiṅ 'phel.*

(unter den Armen der Frau:) Bhadrā: *bzaṅ-mo.*

(7) (rechts neben dem linken Bein den Anbeters:) Vṛṣabhadatta: *khyu-mchog-sbyar.*

(am Fuß der Frau:) Bhadrā: *bzaṅ-mo.*

(8) Der goldfarbenen Matte (des . . . Sitzes) Schatten? (Verdunkelung): *gser-mdog stan-pa'i grib(?)-ma 'o.*

(9) (in der Mitte unten:)Parinirvāṇa: *mya-ṅan 'das-pa.*

(unter den Asketen links:) Subhadras Verabschiedung (?): *ra(b)-bzaṅ druṅ-du btaṅ.*

(10) Mahākāśyapa: *'od-bsruṅs chen-po.*

(11) Beschriftung auf der Kuppel des Stūpa unleserlich.

(unter dem knienden Mönch links:) Kāśyapa: *'od-(b)sruṅ(s);* (links neben dem knienden Mönch rechts:)Ānanda: *kun-dga'-bo.*

(12) (rechts neben dem Reliquienverteiler, nur undeutlich lesbar:) Der Brahmane Droṇa achtfach teilte: *bram-ze bre-bos cha brgyad bgos (dgos).*

Namenregister

Dschivandschiva *(jīvañjīva)* fasanenartiger (?) Vogel, der laut vernehmlich schreit 163, 216

Dschanaketudvadscha (so korrekt, *Jñānaketudhvaja)*, ein Gott 22

Dschotischka (korrekt: Dschyotischka *Jyotiṣka, Jyotiḥpāla)* Jünger des Buddha 216

Fünfergruppe, die „edlen Fünf", die fünf ersten Jünger des Buddha, aufgezählt in Beischriften zu Thaṅka 4, Szene 17

Gandharva, eine Klasse himmlischer Musikanten, Gefolgsleute des Himmelskönigs → Dhritaraschtra 151, 217

Ganges *(Gaṅgā)*, der große heilige Strom in der nordindischen Tiefebene 139, 193

Garuda *(Garuḍa)*, adlerartig vorgestellter mythischer Vogel 27, 95, 119, 142, 152, 153

Gautama, Abkömmling des Gotama, Familienname des Buddha → Schakyamuni 5, 6, 121, 127, 133, 137, 138, 153, 180, 192 - 195, 200 - 202, 206, 235

Gaya *(Gayā)*, Stadt im heutigen Staate Bihar, südlich von Patna, in deren Bereich (Buddhagayā) der Buddha die Erleuchtung erlangte 127, 193

Gayakaschyapa *(Gayākāśyapa)*, Bettelasket, einer von drei Bettelbrüdern mit dem Namen → Kāśyapa, unterschieden nach ihren Wohnorten als Gaya-, → Nadi- und → Uruvilva-Kaschyapa 120, 207

Gayaschirscha *(Gayāśīrṣa)*, Berg bei der Stadt → Gaya 127

Godaniya *(Godānīya)*, Kontinent im Westen des Weltberges → Meru 21

Gopa *(Gopā)*, Gattin des Prinzen → Siddhartha, des späteren Buddha. Zur Verschmelzung von zwei Hauptfrauen des späteren Buddha in unseren Textauszügen siehe den oberen Absatz auf der Seite 10 unserer Einführung; vgl. auch → Mrigadscha 10,11, 73, 74, 79, 80, 83, 109, 112 - 116, 120, 173, 174

Himalaja *(Himālaya)*, „Bereich des Schnees"; Bezeichnung des Indien im Norden begrenzenden gewaltigen Gebirges 5, 39, 48, 139

Hiranyavati *(Hiraṇyavatī)*, „die Goldhaltige", Flüßchen bei → Kuschinagara 232

Indra, der „Götterfürst", in vedischen Texten einer der mächtigsten Götter, bei den Buddhisten nicht so bedeutend, weniger bei Namen genannt, weitgehend in → Schakra aufgegangen, „Herr der Dreiunddreißig" (S.106) 27

Kadali *(kadalī)*, die Bananenstaude, musa sapientium 85, 106

Kailasa *(Kailāsa)*, heiliger Berg im → Himalaja 105

Kala *(kālā)*, knotenreiche Pflanze, → Asitaki 133

Kalavinka *(kalaviṅka)*, ein Vogel mit lieblicher Stimme, der indische Kuckuck

Vaischeschika(*Vaiśeṣika*)-System, eines der sechs Hauptsysteme der hinduistischen Philosophie 71

Vaischravana *(Vaiśravaṇa)*, Beiname des Himmelskönigs → Kubera 27, 59, 60, 92, 93, 128, 181 - 183

Vanga *(Vaṅga)*, Name eines Volkes und eines Landes, das heutige Bengalen 63

Varuna *(Varuṇa)*, Name eines Schlangenfürsten 100

Vaschat *(Vaṣaṭ)*, mystischer Ausruf bei Opferdarbringungen, → Svadha 129

Veda, das heilige Wissen der Inder aus vorbuddhistischer Zeit, in den vier Veden kodifiziert 28

Videha, im Osten des Weltberges → Meru gelegener Kontinent 21

Vimalaprabha, ein Gott *(devaputra)* aus der Klasse der Śuddhāvāsa-Götter (Götter der reinen Behausungen) 139

Virudhaka *(Virūḍhaka)*, einer der Himmelskönige, Regent des Südens, Herr der → Kumbhandas 107

Virupakscha *(Virūpākṣa)*, einer der Himmelskönige, Regent des Westens, Herr der Schlangen (nāga) 107

Vischakha *(Viśākhā)*, eine der 16 Mondstationen 33

Vischnu *(Viṣṇu)*, einer der drei hinduistischen Hauptgötter, → Brahman, → Schiva 129

Vischvantara *(Viśvantara)*, ein bis zur Hingabe aller seiner Güter freigebiger Prinz, letzte Vorgeburt des Buddha, Pāli Vessantara 6

Vischvamitra *(Viśvāmitra)*, Lehrer des Prinzen → Sarvarthasiddha in den Schriftarten (nach Text II; Text I nennt als Lehrer im Schreiben *Kṛmivarman* 63, 65, 66

Vrischabhadatta *(Vṛṣabhadatta)*, Sohn des Großkaufmanns *Mūṣila* (→ Suschila) in → Pundravardhana, Gatte von → „Schön-ohne-Fehl“ 211, 212

Vyuhamati *(Vyūhamati)*, ein Gott aus der Klasse der „Dreiunddreißig“, → Schakra 99

Yak *(Jak)*, Hochgebirgsrind 153

Yakscha *(Yakṣa)*, Lokalgott, Schutzgottheit, Gefolgsmann des → Kubera, Unhold im Dienste → Maras 151

Yaschodhara *(Yaśodharā)* in unserem Text I Name einer der drei Hauptgemahlinnen des Prinzen → Sarvarthasiddha 10, 11, 58, 83, 120

Yaschovati *(Yaśovatī)*, Nebenform des Namens → Yaschodhara 10

Dalai Lama

Der Schlüssel zum Mittleren Weg

kartoniert, XI, 195 S.

ISBN 3-927862-09-6

Die in diesem Buch zusammengefaßten drei Texte des Dalai Lama veranschaulichen gleichsam die innere Architektur des tibetischen Buddhismus.

Der erste Teil beleuchtet die Fundamente: die Vier Wahrheiten der Heiligen, die Wirkungsweise des Karma und die grundlegende Bedeutung der Geistesschulung. Der zweite Teil führt ins Zentrum der Praxis. Auf sehr eindrucksvolle Weise wird dargelegt, wie der Praktizierende durch meditative Übungen den Erleuchtungsgeist entfalten kann, der das selbstsüchtige Ich durchschaut und die anderen fühlenden Wesen höher schätzt als das eigene Selbst. Im dritten und letzten Teil erläutert der Dalai Lama, was im Buddhismus Leerheit bedeutet. Mit der ausgesprochenen Absicht, Menschen ohne Zugang zu den tibetischen Originaltexten eine Quelle des Verständnisses zu öffnen, vermittelt er hier eine knapp gefaßte Einführung in die schwer zugängliche Philosophie des »Mittleren Weges«.

Diese Philosophie gilt aufgrund ihrer subtilen Analysen der Leerheit und der Selbstlosigkeit als die höchste Lehrmeinung des tibetischen Buddhismus.

Weitere Veröffentlichungen in der dharma edition

Dalai Lama
Yoga des Geistes

kartoniert, 146 S.
ISBN 3-927862-04-5

Die Jury des Friedensnobelpreises hat 1989 in Oslo Tenzin Gyatso, den 14. Dalai Lama, ausgezeichnet. Diese Auszeichnung ist ein weltweites Zeichen, ein Zeichen auch für die Wirksamkeit der Philosophie des Dalai Lama, die ihren Grund hat in der Lehre des Buddha, dem Dharma.
Auch die auf diesen Seiten gesammelten Vorträge haben - auf zweierlei Weise - den Dharma zum Inhalt: als Weg zum Weltfrieden und als Weg zum letztlichen Frieden des Geistes. Unermüdlich lehrt der Dalai Lama seine Zuhörer, wie durch Zähmung und Schulung des Geistes dauerhafter Frieden zu gewinnen ist. Er heißt die Menschen hoffen, sie könnten, wenn sie nur wahrhaft wollten, Selbstsucht in liebende Güte verwandeln.
Alle Religionen, versichert der Dalai Lama, haben eigentlich nur diese Hoffnung als ihren Sinn: Egoismus gegen Altruismus einzutauschen. Und sie haben dazu ihre je eigenen Strategien entwickelt. So spricht er ausführlich über die besonderen Methoden des Buddhismus und darüber, wie sie von den Tibetern in historischer Zeit angenommen wurden und bis heute ausgeübt werden. Er leuchtet aber auch in Grundsätze und Konsequenzen des Dharma hinein - mit der authentischen Rede dessen, der den Dharma lebt.

Weitere Veröffentlichungen in der dharma edition

Geshe Rabten

Buddhistische Philosophie und Meditation

Eine Einführung

kartoniert, 80 S.

ISBN 3-927862-07-X

Alle fühlenden Wesen suchen Glück und meiden Leid. Doch ist letztliches Glück, Befreiung aus dem Kreislauf der leidvollen Existenzen, erreichbar? Und wenn ja, welche Mittel sind dafür geeignet? Der Buddha selbst hat sich einst diese Fragen gestellt, und er hat sie beantwortet. Jeder soll die Antworten, die als die Vier Wahrheiten den Buddha-Dharma begründen, für sich neu durchdenken, für sich akzeptieren oder verwerfen. Dies jedenfalls ist Buddhismus, wie ihn Geshe Rabten in dieser knapp gefaßten Einführung interessierten Menschen aus dem Westen vorlebt und vorstellt. Detailliert geht der frühere spirituelle Berater des Dalai Lama auf Geistesschulung durch Meditation ein.

Geshe Rabten, geboren 1921 in Osttibet, studierte ab 1940 in der Kloster-Universität Sera bei Lhasa. 1959 floh er wie viele andere Tibeter vor den chinesischen Invasoren, konnte jedoch in Indien seine Studien beenden. Seit 1969 bis zu seinem Tode 1986 gab er auf Bitten des Dalai Lama westlichen Schülern Unterweisung im Buddhismus, zunächst in Indien, ab 1974 in der Schweiz und in anderen westeuropäischen Ländern.

Geshe Rabten

Essenz der Weisheit

Ein Kommentar zum Herzsutra

kartoniert, 76 S.

ISBN 3-927862-06-1

Das Herzsutra faßt die umfangreichen Sutras zur Vollkommenheit der Weisheit im zentralen Punkt zusammen, in der Lehre von der Leerheit, die wiederum in der Lehre von den Zwei Wahrheiten, der konventionellen und der letztgültigen, gründet. Mahayana-Buddhisten aller Schulen meditieren über diesen berühmten Text, der durch seine erkenntnistheoretischen Implikationen auch im Westen zu vielerlei Spekulationen und Deutungen Anlaß gab. Hier nun spricht ein tibetischer Lama zum Herzsutra. In direktem Kontakt mit dem Wortlaut, wie er von den Tibetern rezitiert wird, beantwortet er Fragen, die aus dem Text selber sich entwikkeln. Wie verhält es sich wirklich mit der »Leere«? Ist sie vielleicht doch ein »Etwas«, das die Buddhisten verehren? Oder ist sie bloß eine begriffliche Spitzfindigkeit, mit der sich die Welt gleichsam wegphilosophieren läßt, so daß wir nichts mehr mit ihr zu tun haben, uns vielleicht sogar die Verantwortung für die Welt und unser Darinsein genommen wird?

Geshe Rabten, dessen Interpretation des Herzsutra hier zum erstenmal in deutscher Sprache erscheint, hilft dem Leser durch eine klare und überraschend einfache Führung der Gedanken. Er zeigt uns: Die anscheinend so spekulative Lehre von der Leerheit besitzt einen sehr realen Kern, und sie verweigert sich keineswegs dem Verständnis.

Weitere Veröffentlichungen in der dharma edition